はしがき

　企業等の組織に関係する不正・不祥事事案の発生は、一向にとどまる気配を見せません。それどころか、むしろ増加・深刻化の傾向にあるようにも思われます。ここ数年を見渡しても、会計不正、品質不正、不正見積り、不正融資、研究不正等の重大事案がいくつも繰り返されています。中には、経営層等組織の上位者が直接関与したというもの、件数や規模が大きく、期間も長期にわたり、当該不正が組織に根付きごく当たり前のように繰り返されてきた実態があるもの、組織的な隠ぺいが図られたもの、事案を把握した後も速やかな公表がなされなかったものなど、その深刻な問題性から、社会の厳しい批判にさらされ、重い法的制裁に加え、当該企業等の信用を失墜させ、組織自体の存続さえ危ぶまれるものもあります。

　毎年のように、こうした不正・不祥事が発覚しています。同種の業界はおろか、同一企業が数年を経た後、再び重大な不正事案を引き起こすこともあります（実際のところ、これらの不正行為は最近になってにわかに発生したというのではなく、長期間続いていた逸脱行為が最近になって発覚したというパターンのほうが多いのかもしれません）。一体、何が起きているのでしょうか。

　日本の企業等の不祥事は、個人的な動機よりも組織的な動機に起因するものが大半だと言われています。企業等を構成する多くの役員や従業員はみな普通の真面目な人間です。そういう人たちが、私利私欲のためではなく、上司や自らの所属する企業等のために不正に走ってしまうのです。個々の人間の善悪の問題というよりも、不正を断ち切れない弱さに起因するようにも思われます。その真面目さ、弱さゆえにかえって根が深いともいえます。個人的な動機が絡まない、すなわち組織のためという大義名分があることから、罪悪感は乏しくなり、個々人が、不正を行うハードルはぐっと低くなります。そして、不正に慣れっこになった行動様式が定着し、引き継がれ、増殖していきます。善悪の判断も麻痺しているため（あるいは自社都合で物を見る目が

癖になっているため)、組織的な隠ぺいもごく当たり前のように行われ、その間、内部通報や内部告発もなく、不正が長期間発覚せずに脈々と継続していき、現場の不正も経営トップの耳には届かなくなります。そして、ある時、内部告発などによって不正・不祥事が露見した結果、大きな社会的批判を浴び、取り返しのつかない重大な信用失墜を招き、業績低迷のみならず、当該企業等の存立そのものも危うくすることになります。これが長期化・深刻化した不正・不祥事事案の典型的なパターンです。こうした習い性が不正を招く「企業体質」ないし「企業風土」と呼ばれるものの正体ではないでしょうか(こうした「体質」や「風土」はいったん根付くとなかなか払拭できないように思われるかもしれませんが、実は経営トップが本気になって組織の先頭に立ち強力なリーダーシップを発揮するなら、脱却することはさほど難しいことではないと思われます。企業風土は勝手に存在しているものではなく、経営トップが作り上げるものともいえます)。

　そのように考えると、不正・不祥事というものは、いつの時代になっても、あるいはどんな防止策を講じたとしても、起こるときは起こるもので、完全に防ぐことは不可能なのでしょう。それは前述したとおり、ほとんどの不正・不祥事はその組織を構成する個々の人間の弱さに由来するものだからです(これを性弱説と呼んでもよいでしょう)。また、数字上の成果に現れにくいコンプライアンス経営を遵守し、優先させることは、短期的な損益の上げ下げに左右されがちな経営者にとってはとても勇気がいることだからです。さらに、現実問題として、企業活動が多様化・グローバル化している昨今、不正リスクは山ほどあり、その内容も大小・軽重さまざまであって、不正・不祥事防止の対策といっても切りがなく、それらに一律に多大なコストを掛けることは必ずしも合理的ではありません。

　そこで忘れてはならないのが、いざ不正・不祥事が発生した後、いかにこれに対応するかということです。事後対応を誤り、より傷口を広げてしまうケースは二次不祥事とも呼ばれ、そのダメージは元の不正・不祥事のそれを

はしがき

はるかに上回ります。逆に、事後対応が適切であれば、元の不正・不祥事によるダメージは最小限で済み、場合によっては組織に対する社会的評価をかえって向上させることもあり得ます。二次不祥事の多くは隠ぺい、特に組織的隠ぺい工作に起因します。比較的小さな規模の不祥事を隠し通せた「成功体験」を有する企業等が、それより大きな不正・不祥事に直面して同様のパターンで対応してしまったがゆえに致命的ダメージを受けるという例も少なくありません。高度に情報化した現代において、情報は極めて短時間のうちに世の中に拡散されます。特にマイナス情報の足の速さは尋常ではありません。「臭いものにふた」の態度では到底乗り切ることはできません。不正・不祥事を繰り返す企業等はそのたびに対症療法的にしくみを変えるものの、真正面から組織風土と向き合うことを避ける傾向にあるように思われます。「守る」という発想ではなく、勇気をもって徹底的に膿を出すという心構え、組織風土の変革に向けた真摯な意気込みが、結果的に当該企業等の競争力の源泉ともなり、その「将来」を守ることにもつながるのではないでしょうか。不正・不祥事という「負け戦」を貴重な経験として学び、次に生かしていくしぶとさが真に強い企業等を作っていくのだと思います。

　本書で取り扱う、いわゆる日本版司法取引（合意制度）は、企業等の役職員が特定犯罪に関与するという重大な不正を引き起こした場合でも、それをリカバリーする一つのツールとなり得る、新しいしくみです。「他人」の特定犯罪の捜査・公判に協力する見返りに処分の減免というメリットを与えるというものですから、企業等としては、内部通報制度と同様に、不正の早期発見にも役立つことになります。不正の芽を早い段階で摘み取ることができれば、企業等が健全な姿に戻る可能性もそれだけ高まるともいえます。他方、この制度に対しては、たとえば、自分の上司を「売る」ことになるとか、企業等が制度の対象となる場合、「とかげのしっぽ切り」になるのではないかという見方もあり、心理的な抵抗を覚える方も少なくないと思います。また、自分の処分を軽くしたいがために虚偽の供述や証拠を提供する危険性が内在

はしがき

することも事実です。

しかし、自社の役職員の特定犯罪への関与が事実として間違いないのであれば、それが重大な不正・不祥事である以上、社会的責任を負う企業等としては、その事実にしっかりと向き合い、早期に所要の調査を遂げたうえ、速やかに捜査機関に申告して真相解明に協力していくという姿勢が求められるはずです。その結果、不正に関与した役職員や企業等が合意制度によるメリットを受けられるのであれば、これを有効かつ適切に利用していくのが賢い選択ではないでしょうか（合意制度と類似する独禁法上の課徴金減免制度も、導入当初は機能しないと言われていましたが、導入後は、制度の利用が進み不正の摘発と抑止に一定の効果があったという見方が一般的だと思われます）。

本書では、合意制度への実務対応を中心とし、それにとどまらず、企業等において不正・不祥事が発生した場合の早期発見、調査・認定の方法、社内方針の決定手続、監査役の役割からあるべきマスコミ対応まで、幅広く実務上の論点をカバーし、さらには、クロスボーダー事案への対応のあり方にも言及しております。その中で合意制度の適用事例も取り上げました。

第1章入門編は、合意制度の概要と企業活動への影響を簡潔に述べたもので、本書のサマリー部分です。

第2章制度編は、合意制度の内容をより詳しく述べた部分で、制度をより深く理解したいという場合には有用です。

第3章実務対応編は、いくつかの想定事例を基に、弁護士と法務部員の対話形式で、実務対応のあり方について説明した部分で、本書の言わば肝にあたります。

第4章番外編は、クロスボーダー事案への実務対応について、できるだけ臨場感をもたせながら社内の動きを描写したものです。企業活動がグローバル化している現在、欠かせない視点が含まれております。

事後対応事例編については、著名な不正・不祥事事例を集め、事後対応に

おける失敗例と成功例に分類し、その原因等を分析したもので、事後対応の
あり方を考えるうえで、興味深くご参照いただけるのではないかと思います。

　資料編には、本編の理解に役立つと思われる必要最小限のものを盛り込み
ました。

　本書が、みなさまの合意制度に対する理解を深め、不正・不祥事事案への
実効的対応を検討される際に、少しでもご参考になれば幸甚です。なお、本
書における解説部分は筆者らの個人的見解であり、その文責は全て筆者らが
負うものであることを申し添えます。

　最後になりますが、本書の企画、編集・校正の作業を担当していただいた
民事法研究会近藤草子氏に改めてお礼を申し上げます。

2019年（令和元年）5月

弁護士　山　口　幹　生

弁護士　入　江　源　太

ゼミナール　企業不正と日本版司法取引への実務対応
── 国際カルテルへの対応まで ──

目　次

第1章　入門編
日本版司法取引（合意制度）の概要と企業活動への影響

Ⅰ　はじめに	1
Ⅱ　日本版司法取引（合意制度）とは	3
〔図表1〕　日本版司法取引（合意制度）とは？	4
Ⅲ　日本版司法取引（合意制度）によりもたらされる効果・影響	5
1　どのような場合に適用されるのか	5
⑴　他人が自社またはその役職員の場合	5
⑵　他社またはその役職員の場合	6
2　虚偽供述（引っ張り込み）の危険性	7
3　合意制度を適切に利用できないことによるリスク	7
Ⅳ　内部調査	9
1　早期対応の必要性	9
⑴　調査、捜査協力	9
⑵　事実認定	9
⑶　協議に入るかどうかの判断など	10
2　早期発見の必要性	11
⑴　内部通報制度、社内リニエンシー制度	11
⑵　不正の早期発見ツールとしての日本版司法取引（合意制度）	12
Ⅴ　日本版司法取引（合意制度）の今後の運用の方向性	13
Ⅵ　おわりに	14

目 次

第2章　制度編

I　日本版司法取引（合意制度）のしくみ ——————— 18

Ⅱ　日本版司法取引（合意制度）の解説 ——————— 22

　1　合意制度の手続の流れ ————————————— 22

　〔図表2〕　刑事手続の流れと合意制度 ———————— 22

　〔図表3〕　協議・合意の手続の流れ ————————— 23

　　(1)　協議の開始 ———————————————— 23

　　(2)　合意の成立 ———————————————— 24

　　(3)　合意内容の履行 —————————————— 24

　　(4)　裁判における合意内容書面等の取調べ ————— 24

　2　合意制度が適用される犯罪 —————————— 25

　　(1)　刑法犯 —————————————————— 26

　　(2)　特別法犯 ————————————————— 26

　　(3)　上記に関連する犯人隠避罪等 ———————— 27

　3　合意制度の適用対象となる被疑者、被告人 ——— 27

　　(1)　「被疑者、被告人」とは ——————————— 27

　　(2)　具体例 —————————————————— 27

　　(3)　他人の刑事事件との関係（無関係でもいいのか）—— 28

　　(4)　複数の被疑者等との合意 —————————— 29

　　(5)　企業にも合意制度が適用されるのか ————— 30

　4　協力行為の内容 ——————————————— 31

　　(1)　被疑者等に求められる協力行為の内容 ————— 32

　　(2)　「真実の供述」とは ————————————— 32

　　(3)　「証拠の提出その他の必要な協力」とは？ ———— 33

　5　被疑者等が協力行為を行わなかった場合 ———— 34

　6　合意によって被疑者等が得られるメリット ———— 35

7

目　次

　　(1)　種　　類 ————————————————————— 35

　　(2)　メリットの実現性は確実か ————————————— 36

　　(3)　メリットが実現されなかった場合 ——————————— 37

　　(4)　軽い求刑の場合、どの程度軽いかわかるのか（検察官から

　　　　示されるのか）——————————————————— 37

　7　合意の不成立、合意からの離脱、合意の失効 ———————— 39

　　(1)　合意の不成立 ——————————————————— 39

　　(2)　合意からの離脱 —————————————————— 42

　　(3)　合意の失効 ——————————————————— 46

　8　弁護人の役割 ————————————————————— 48

　　(1)　被疑者等の利益確保の観点から期待される役割 ————— 48

　　(2)　第三者の引っ張り込み防止の観点から期待される役割 —— 49

　9　虚偽供述（引っ張り込み）の危険とその防止 ———————— 49

　　(1)　虚偽供述（引っ張り込み）の危険性 ————————— 50

　　(2)　虚偽供述を防止するための措置 ——————————— 50

Ⅲ　日本版司法取引（合意制度）の運用上の重要ポイント ——— 52

　1　合意制度の適用場面 —————————————————— 52

　　(1)　他人が自社または自社の役職員の場合 ———————— 52

　〔図表4〕　自社または自社の役職員に適用される場面 —————— 52

　　(2)　他人が他社または他社の役職員の場合 ———————— 55

　2　今後の課題 —————————————————————— 56

　　(1)　処分軽減の基準の必要性 —————————————— 56

　　(2)　情報開示の必要性 ————————————————— 57

第3章　実務対応編

Ⅰ　事例ア（内部型・上司 vs. 部下）——————————————— 59

　〈甲社としての対応サマリー〉 ——————————————— 60

1 会社の上司・部下の関係で司法取引（合意制度）が問題となる
事例 ———————————————————————————— 60

2 会社は司法取引の主体となるか ————————————— 62

3 事実調査 ———————————————————————— 64

(1) 事実調査の必要性、重要性 ————————————— 64

(2) 事実調査の実施体制 ————————————————— 64

(3) 事実調査の迅速性 ————————————————— 67

(4) 事実調査における留意点 ————————————— 68

〔図表5〕 事実調査の留意点 ————————————— 69

(5) 「他人」（本件のB本部長、C取締役）からのヒアリングの
当否 —————————————————————————— 82

(6) 本人（A課長）の供述の信用性判断のポイント ——— 83

(7) 乙市のD部長からのヒアリングの当否 ——————— 84

(8) A課長の供述の真偽が不明の場合 ————————— 85

(9) 事実調査の結果、A課長の話には基本的に信用性があると
考えられる場合、会社としてはどうすべきか ——————— 86

4 合意制度に関し専門家である弁護士に助言を求める必要性、
弁護人の選任、弁護費用の負担など —————————— 87

5 合意制度に関する会社としての判断など ——————— 91

(1) 判断基準 ————————————————————— 91

〔図表6〕 合意制度適用にあたっての判断基準 ————— 92

(2) 情報の取扱い ————————————————— 94

(3) 事態を漫然と放置し合意制度を利用しなかった場合、あるい
は対応が遅延したため合意制度の利用ができなかった場合、ど
のようなリスクが考えられるか（たとえば、合意制度への対応
に対し、社内に消極論がある場合） ————————————— 94

(4) 役職員に対し合意制度の利用を勧めることはできるか。
社内規程のあり方についてどのように考えたらよいか ——— 98

目　次

〔図表7〕　こんな社内規程を作ることは可能か？ ────── 100

　⑸　合意制度と取締役会 ───────────────── 100

〔図表8〕　合意制度と取締役会決議①　考慮すべき要素 ─── 102

〔図表9〕　合意制度と取締役会決議②　役割分担のあり方 ── 103

　⑹　会社としての意思決定のタイミング ─────────── 107

〔図表10〕　社内対応フロー ────────────────── 108

　⑺　社内の意思決定のメカニズム ─────────────── 109

　⑻　A課長が合意制度を利用する場合の会社としての具体的

　　　対応 ──────────────────────────── 109

　⑼　A課長の協力行為に関する勤怠管理上の考え方 ───── 111

　⑽　B本部長やC取締役が合意の意向を示している場合 ── 112

　⑾　懲戒処分に関連する問題 ─────────────── 115

6　検察官との合意を得るために、留意すべき点（供述や提供する

　証拠を信用してもらうために気をつけるべき点など） ───── 120

7　事態を漫然と放置しあるいは対応が遅延したため、リニエンシ

　ーや合意制度の利用ができなかった場合、どのようなリスクが考

　えられるか ──────────────────────────── 121

〔図表11〕　企業にとっての犯罪リスクと合意制度 ─────── 123

〔図表12〕　合意制度を利用しなかった場合のリスク ───── 123

8　監査役の対応のあり方 ───────────────────── 125

〔図表13〕　どんな場合に、企業不祥事における監査役の任務懈怠が問われ

　　　るのか ────────────────────────── 128

〔図表14〕　不祥事発生時の監査役の役割 ───────────── 129

〔図表15〕　監査役に望まれる対応 ─────────────── 131

9　会計監査人の役割など ───────────────────── 134

10　捜査機関への対応のあり方──特に強制捜査への対応 ──── 135

〔図表16〕　捜索差押え対応上の留意点① ───────────── 143

〔図表17〕　捜索差押え対応上の留意点② ───────────── 143

目　次

11　第三者委員会 ———————————————— 144

12　マスコミ等の対外応答、広報のあり方 ————————— 145

〔図表18〕　協議や合意のことを対外的に明らかにしてもよいのか？ —— 147

〔図表19〕　マスコミ対応上の留意点 ———————————— 151

Ⅱ　事例イ（内部型・上司 vs. 部下プラス会社 vs. 役職員）—— 153

〈乙社としての対応サマリー〉 ———————————— 153

1　自浄作用を発揮するための内部通報制度のあり方 ————— 154

(1)　不正の早期発見ツールとしての内部通報制度および合意制度

との関係など ——————————————— 154

〔図表20〕　不正の早期発見のツールとするために① ————— 156

〔図表21〕　不正の早期発見のツールとするために② ————— 157

(2)　社内リニエンシー ————————————— 159

〔図表22〕　社内リニエンシー制度の導入の是非① ————— 160

〔図表23〕　社内リニエンシー制度の導入の是非② ————— 161

2　事実調査のあり方（事例イの場合） ——————— 163

3　合意制度に関する会社としての判断など ——————— 165

4　合意制度よるメリットとして、会社が獲得を目指すべきもの

は何か ————————————————— 176

Ⅲ　事例ウ（外部型・会社 vs. 役職員） ————————— 182

〈丙社としての対応サマリー〉 ———————————— 182

1　事実調査のあり方（事例ウの場合） ——————— 183

2　合意制度に関する会社としての判断など ——————— 186

〔図表24〕　独禁法違反での合意制度の手続上の位置付け ———— 191

〔図表25〕　独禁法上のリニエンシーとの比較 ——————— 193

11

目　次

第4章　番外編——域外適用編
あなたの会社に国際紛争案件がやってきたら？

シーン1　端緒 ——————————————— 199

シーン2　法務部としての初期対応 ———————— 203

シーン3　取締役会にて ————————————— 210

シーン4　現場の理解を得るために ———————— 216

シーン5　証拠の評価——弁護士との話合い ———— 219

シーン6　弁護士選定 —————————————— 225

シーン7　調査の結果 —————————————— 228

シーン8　資料の作成 —————————————— 230

エピローグ1　取締役会にて——ハッピーエンド —— 234

エピローグ2-1　取締役会にて——アン・ハッピーエンド — 237

エピローグ2-2 ————————————————— 239

コラム1　合意制度の適用事例 —————————— 14

コラム2　制度導入の経緯 ———————————— 19

コラム3　ダスキン事件（株主代表訴訟）————— 96

コラム4　弁護士意見の用い方 —————————— 106

コラム5　株主代表訴訟と取締役等の善管注意義務 — 124

コラム6　監査役の損害賠償責任が認められた事例 — 131

コラム7　カーブアウトによる個人訴追の問題 —— 174

コラム8　米国の連邦量刑ガイドライン ————— 179

コラム9　課徴金減免制度（リニエンシー）における減免内容 —— 197

コラム10　ベンダー（デジタル・フォレンジックを専門とする民間業者）———————————————— 201

コラム11　AIを活用した文書分析 ——————— 202

目　次

コラム12　住友電工カルテル株主代表訴訟 ―――――――― 208

コラム13　秘匿特権（Attorney-Client Privilege） ――――― 215

コラム14　リニエンシー制度（米国）を用いることによる負担 ―― 223

事後対応事例編

〔不祥事対応事例（分析表）1〕　失敗事例 ――――――――― 240

〔不祥事対応事例（分析表）2〕　成功事例 ――――――――― 270

資料編

〔資料1〕　協議・合意制度に関する刑事訴訟法の条文（抜粋）―― 277

〔資料2〕　刑事訴訟法第350条の2第2項第3号の罪を定める政令

　　　　　（平成30年3月22日政令第51号）――――――――― 283

〔資料3〕　最高検察庁新制度準備室「合意制度の当面の運用に関する

　　　　　検察の考え方」（法律のひろば2018年4月号48頁掲載）（抜粋）

　　　　　――――――――――――――――――――――――― 285

〔資料4〕　企業等不祥事における第三者委員会ガイドライン（日本

　　　　　弁護士連合会）――――――――――――――――― 293

〔資料5〕　監査役監査基準（日本監査役協会）（抜粋）――――― 302

〔資料6〕　捜索差押許可状（サンプル）――――――――――― 304

〔資料7〕　押収品目録（サンプル）―――――――――――― 305

・事項索引 ―――――――――――――――――――――――― 306

・著者略歴 ―――――――――――――――――――――――― 313

13

凡　例

凡　例

刑訴法／法	刑事訴訟法
平成30年政令第51号	刑事訴訟法第350条の2第2項第3号の罪を定める政令
独禁法	私的独占の禁止及び公正取引の確保に関する法律
金商法	金融商品取引法
不正競争防止法	平成30年法律第33号（2019年（令和元年）7月1日施行）
入札談合等関与行為防止法	入札談合等関与行為の排除及び防止並びに職員による入札等の公正を害すべき行為の処罰に関する法律
育児・介護休業法	育児休業、介護休業等育児又は家族介護を行う労働者の福祉に関する法律
労基法	労働基準法
モデル就業規則	厚生労働省労働基準局監督課「モデル就業規則」（平成31年3月版）
日米犯罪人引渡条約	本国とアメリカ合衆国との間の犯罪人引渡しに関する条約
告発方針	独占禁止法違反に対する刑事告発及び犯則事件の調査に関する公正取引委員会の方針（平成17年10月7日最終改正平成21年10月23日）
憲法	日本国憲法
刑録	大審院刑事判決録
高刑集	高等裁判所刑事判例集
判時	判例時報

14

第1章　入門編
日本版司法取引（合意制度）の概要と企業活動への影響

I　はじめに

　いわゆる日本版司法取引とは、組織的な犯罪（企業等のかかわる経済犯罪等）の解明を目的として導入された捜査・公判協力型の協議・合意制度（以下、「日本版司法取引」または「合意制度」といいます）のことで、米国における同様の制度を参考に、2016年（平成28年）の刑事訴訟法（以下、「刑訴法」または「法」といいます）の改正により新設され、2018年（平成30年）6月1日から施行されています。

　合意制度が実際に適用された例としては、2018年（平成30年）7月に起訴された火力発電事業会社に係る不正競争防止法違反（外国公務員に対する贈賄）の事案、同年12月に起訴された自動車メーカー元代表取締役会長に係る金商法違反（虚偽有価証券報告書の提出）の事案があります。火力発電事業会社に係る事案では、法人としての会社が合意制度の主体となって不起訴となる一方、元役員らが起訴されました。これに対し、自動車メーカーに係る事案では、幹部社員らが合意制度の主体となって不起訴となる一方、元代表取締役会長らおよび法人としての会社が起訴されるなど、いずれも興味深い点が含まれています（☞コラム1　合意制度の適用事例14頁参照）。

第1章　入門編

　なお、いわゆるリニア談合事件（独禁法違反：不当な取引制限の罪）につき、同年3月、東京地検は、関与したゼネコン4社のうち、捜査に協力的だった2社の担当者2名については、逮捕せず起訴自体も見送りましたが、否認を続けていた他の2社の担当者2名は逮捕・勾留のうえ、起訴しました（法人については4社全て起訴されています）。この事案は合意制度の施行前の事案でしたが、このように、捜査へ協力したかどうかで処分等にはっきり差が付けられた点で、合意制度の趣旨に通じる取扱いといえるものでした。

2

Ⅱ　日本版司法取引（合意制度）とは

　日本版司法取引、いわゆる合意制度とは、被疑者や被告人（以下、「被疑者等」といいます）が、組織的な犯罪において中心的な役割を担った第三者（法文では「他人」という表現になっています）の犯罪を明らかにするため、検察官等に対し、真実の供述をしたり、証拠を提出するという協力行為の見返りに、自分の起訴を見送ってもらったり（不起訴処分）、起訴された場合でも軽い求刑をしてもらったりできるようにするしくみのことです。他人の刑事事件の捜査や公判に協力したかどうかで処分にメリハリがつけられるようにして、捜査機関が組織的な犯罪の立証のための証拠を得やすくしたものということができます。

　なお、米国では、被疑者が自分の犯罪事実を認めることの見返りとして不起訴や軽い求刑などのメリットを得るタイプの司法取引（自己負罪型）が認められていますが、わが国の合意制度ではこのような自己負罪型のものは認められていません。

　企業犯罪[1]でいえば、当該犯罪の実行犯である部下従業員から、自社の役員あるいは幹部職員等の上位者の関与を明らかにする供述や、それを裏付ける資料などの証拠を獲得するということが典型的な例になります。

　これまで、企業犯罪を含めた組織的な犯罪においては、犯罪の実行者が検挙された場合であっても、組織や上位者を守るために、犯罪の組織的な背景や上位者の関与については話そうとしない、あるいは組織内で自分の立場を守るために話したくても話せないという場面が多く見られました。また、捜

1　対象犯罪は特定の犯罪（法文では「特定犯罪」とされています）に限定されており（法350条の２第２項）、企業活動に関するものでは、贈収賄、詐欺、背任、業務上横領等の刑法犯、法人税法違反等の租税犯罪、独禁法違反、金商法違反などがあります。また、財政経済関係犯罪として政令で定めるものも特定犯罪とされ、本文に述べた外国公務員に対する贈賄（不正競争防止法違反）も対象に含められました〔刑事訴訟法第350条の２第２項第３号の罪を定める政令30号〈平成30年政令第51号〉〔資料２〕283頁参照）。

〔図表1〕 日本版司法取引（合意制度）とは？

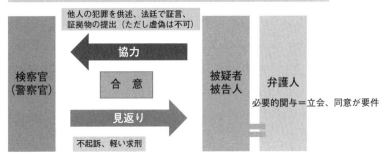

査機関と被疑者との間で「正直に話せば不起訴にする」といった約束をすることは許されないとされていたことから、組織的な犯罪の全容解明は容易に進まない状況にありました。合意制度は、捜査機関にとっては組織的な犯罪の首謀者等に関する証拠を獲得しやすくなる利点があり、実行者にとっては刑事処分の減免というメリットがあります。

Ⅲ　日本版司法取引（合意制度）によりもたらされる効果・影響

1　どのような場合に適用されるのか

⑴　他人が自社またはその役職員の場合

ア　典型例

合意制度が典型的に想定しているのは他人が自社の上位者という場合です（☞第3章実務対応編事例ア59頁、イ153頁以下参照）。前記の自動車メーカーの元代表取締役会長の事案はこのパターンにあてはまります。

なお、合意制度の対象となる犯罪の中には、実行犯である役職員を罰するとともに、法人にも刑罰（罰金）を科すという両罰規定が設けられているものがあり、その場合には、法人である企業も被疑者等または他人として、この制度の対象となる可能性があります。

イ　典型例ではないが、適用の可能性がある例

両罰規定により処罰される可能性のある会社が、他人である役員等による犯罪行為を捜査機関に申告して捜査に協力した結果、合意制度により訴追を免れるということは、一見、制度の趣旨にそぐわないようにも見えますが、たとえば、前経営陣による不正行為（犯罪）の責任追及の一環として会社がその捜査等に協力するという例を想定すると、十分にあり得る法政策ともいえます。首謀者である前経営陣を適正に処罰するという点では制度目的に合致し、株主はじめ多くのステークホルダーの利益にも沿うからです。

2　両罰規定とは、法人に所属する役員や従業員らが、法人の業務に関連して犯罪行為をした場合、個人だけでなく、法人も併せて処罰される規定です。一般的には、「法人の代表者または法人若しくは人の代理人、使用人その他の従業者が、その法人または人の業務に関し、○○条○○項の違反行為をしたときは、行為者を罰するほか、その法人に対して○億円以下の罰金を、その人に対して同項の罰金刑を科する」などと規定されます。

5

第1章　入門編

　また、会社（トップ）の方針からすれば当該犯罪行為が許容されることがないにもかかわらず、その方針に反し、役職員がこれに及んだという場合にも、会社としてはコンプライアンスを遵守する姿勢を明確に示すためにも、当該役職員の処罰を求めて捜査機関に協力するという場合もあり得る選択肢でしょう。そして、会社の協力行為により当該役職員の犯罪行為が立証されるような場合には、本来、両罰規定により処罰される会社を不起訴とするなどの合意も想定されます。必ずしも事案の詳細がわかりませんので断言はできませんが、前記の火力発電事業会社に係る不正競争防止法違反はこのパターンにあてはまる可能性があります。

　　　ウ　適用の可能性が低い例

　逆に、他人が被疑者等より組織内で立場が下（下位者）である場合は、制度の趣旨に必ずしも合致しませんので、一般的には、適用の可能性は低いと考えられます。

　また、前記イで述べたような例を除いては、会社が合意制度の当事者となり、自社の役職員等の犯罪行為に関する捜査に協力をしたことの見返りとして刑事責任の減免というメリットを得る可能性は低いように思われます。前記の自動車メーカーの元代表取締役会長に係る事案のように、トップ自らが犯罪行為に及んでいたとされるケースでは、たとえ会社が捜査に全面的に協力したとしても、会社が合意制度のメリットを完全に享受することは難しいように思われます。

　　⑵　他社またはその役職員の場合

　他人が他社またはその役職員である場合は、組織上の上下関係はありませんが、検察官が、当該他人を処罰することが組織的に行われた財政経済犯罪の解明につながると考えれば、会社が主体となる場合も含め、合意制度が適用される可能性は十分あります。たとえば、前記のリニア談合事件のように、複数の会社が関与しているケースをイメージしてもらうとよいでしょう（☞第3章実務対応編事例ウ182頁以下参照）。このような場合には、会社が他社またはその役職員の特定犯罪の捜査・公判に協力することの見返りとして刑事

6

Ⅲ　日本版司法取引（合意制度）によりもたらされる効果・影響

責任の減免を受けるということがあり得ます。

2　虚偽供述（引っ張り込み）の危険性

　合意制度では、被疑者等が、捜査機関に協力行為を行う動機は自分の処分の減免を受けることにありますので、自分が助かりたいためにウソをついて他人を引っ張り込む危険性も否定できません。その危険を防止するために、改正された刑訴法では、虚偽供述等処罰罪の新設など制度上の手当てがなされていますが、それでも十分に安心できるともいい切れません（国会における法案審議の過程でも種々の懸念が示されました）。

　したがって、自社の役職員が特定犯罪に関与した疑いが生じた場合に実施する内部調査において、当該特定犯罪を実行した従業員による上位者等の関与を示す供述には、こういう引っ張り込みの危険性があることを十分考慮に入れ、その信用性を慎重に吟味しなければなりません（具体的で詳しい供述があることに加え、それが客観的証拠・資料に裏付けられているかどうかがポイントになります）（☞第3章実務対応編79頁参照）。

3　合意制度を適切に利用できないことによるリスク

　自社の役職員が、業務に関連し、特定犯罪に何らかの関与をした場合、前記1のとおり、①共犯者である他人が社内（あるいはグループ内）だけのケースと、②社外（たとえば同業他社の役職員）にもいるケースが考えられます。

　まず、いずれのケースも、会社としては、できる限り迅速かつ的確に対応していく必要があります。合意制度を適切に利用できないことにより種々のリスクが想定されるからです。

　すなわち、①のケースで、仮に、実行者である部下が犯行を認めながらも、組織のしがらみや上位者をかばいたいといった動機から合意制度の利用に応じない場合、実行者自身が協力しようとしないことで会社としての捜査協力にも支障が生じるため、会社自体が、捜査機関の本格的な捜査対象となり、時として大々的かつ長期間の強制処分（逮捕・勾留、捜索・差押え等）等の捜

7

第 1 章　入門編

査にさらされるおそれがあります。また、部下が合意制度の利用に応じた場合であっても、それが、個人の判断に基づき、会社が知らないうちに手続が進められた場合、会社としての対応が後手に回り、捜査機関への的確な対応ができず、世間からも捜査協力の姿勢が後ろ向きととられ、場合によって責任逃れ、隠ぺいといった厳しい批判を浴びる可能性もあります。

　さらに、両罰規定のある犯罪では、実行者自身が合意制度の利用に応じなければ、会社として被疑者等の立場で同制度の適用を望んだとしても事実上難しいでしょうから、不起訴処分等のメリットを受ける機会を失うおそれがあります。そうなると、会社はある程度高額の罰金刑を覚悟しなければなりません。さらには、各種業法上の許認可欠格事由に該当してこれを取り消されるとか（たとえば建設業、廃棄物処理業、債権回収業など）、競争参加資格の停止や取引停止等の措置を受けるといった業務上の不利益、刑事手続そのものに伴う負担や犯罪や前科といった負のイメージがもたらす信用・ブランドの低下といったダメージのほうがより深刻です。

　加えて、合意制度を適切に利用できなかったことにより会社に損害が発生した場合には、株主代表訴訟リスクもつきまといます。

　他方、②のケースでは、当該犯罪に関与した同業他社ないしはその役職員との、捜査協力ないし合意の獲得に向けた「競争」の問題が生じてきます。うかうかしていると同業他社に先を越され、自社やその従業員が合意制度のメリットを享受できないおそれもあります。[3]

3　供述や提出証拠に相当程度の信ぴょう性が認められれば、捜査機関への申告は早いに越したことはないといえます。捜査は流動的性質をもっており、初期の段階での信用性のある協力行為が最も真相解明への貢献度が高く、逆に、後になればそれだけ価値（＝希少性）は失われていきます。

Ⅳ 内部調査

1 早期対応の必要性

(1) 調査、捜査協力

役職員が業務に関連し特定犯罪に関与した疑いが浮上してきた場合、会社としてまずやらなければならないことは、速やかに事実関係を調査し、その結果、特定犯罪への関与の事実が確認できれば、一刻も早く、関与した役職員を捜査に十分に協力するよう仕向けるとともに、会社としても積極的な協力姿勢を示すことです。

従業員（下位者）の供述により、社内で影響力をもつ役員ないし幹部職員（経営トップを含む）の関与が明らかになる場合もあるでしょうが、会社としては、泣いて馬謖を斬る覚悟で、毅然として捜査協力の姿勢を保持していくべきだと思います。そうすれば、関与した個人だけでなく、会社自体にも、合意制度に基づく不起訴合意、あるいは、仮に、不起訴合意が得られなかったとしても、協力姿勢がよい情状として考慮されて不起訴処分（起訴猶予）を得られる可能性が高まります（検察官には広い訴追裁量の権限が与えられており、合意が成立しなかったとしても、起訴猶予処分とすることも法律上は可能です）。そして、何より、会社自体が、このような迅速かつ全面的な捜査協力の姿勢を示すことで、不祥事の徹底究明・再発防止に向けた真摯な覚悟を世間に理解してもらいやすくなり、事態の早期収拾や今後の企業の信用・イメージの回復にも資することになると思います。

(2) 事実認定

部下が幹部から「犯行を指示された」と供述しているのに対し、当該幹部はこれを否定している場合、両者の利害は対立することになります。このような場合、会社のスタンスを決めるのは簡単ではありませんが、調査を進める中で、刑事実務に詳しい弁護士等の助言も受けながら、一定程度の事実認

第1章　入門編

定をすることも可能でしょうし、厳密な事実認定ができなかったとしても、会社の業務遂行に絡んで犯罪行為が行われたことが間違いないのなら、捜査協力の姿勢自体は変わらないはずです。[4]

　大勢にさほど影響のない細かい事実関係に食い違いがあるとしても、基本的な事実関係に間違いがなければ、大局的見地からあえて全面協力の姿勢をとるほうが賢い選択といえる場合もあるでしょう。他社との関係では、ある種の競争になりますが、いち早く捜査協力の姿勢を示すことが、時として戦略的見地から有効な防御にもなり得ます。

　もちろん、捜査機関側の事件の見立てがおよそ筋違いであるとか、主要な点で誤認があるような場合には、決して真相を曲げた安易な迎合をすべきではありません。

　(3)　協議に入るかどうかの判断など（☞第3章実務対応編91頁参照）

　協議に入るかどうかの判断の目安については、個別事案の具体的事情によるので、一概に示すことは困難ですが、基本的な事実関係や法的評価について大きな隔たりがなければ捜査機関に協力姿勢を示すのが得策で、それに加えて客観的証拠の裏付けも相応にあるのであれば、検察官に対し、弁護人を通じ、早期に協議のためのアプローチをしていくのが望ましいと思われます。

　ところで、合意制度は、検察官との一種の駆け引き的な側面があることから、できる限り、有利な条件（処分の減免）を引き出すために、あえて当初は否認ないし黙秘をするといった対応をすることも考えられなくはありませんが、事実関係が間違いないにもかかわらず、そうした態度をとることはむしろマイナスの影響が大きいと思われます。それは、前記のとおり、協力行為としての証拠の価値は時間の経過とともに陳腐化していくおそれがあることに加え、合意制度は検察官の起訴裁量権をベースにするものですので、不合理な否認や弁解ないし黙秘をして反省の態度が見られない者が、たとえ、

　4　なお、このように社内に複数の共犯者がいる場合（特に、部下職員と幹部のように立場の異なる者）、常に利益相反のおそれをはらんでいるため、原則として、それぞれ、異なる弁護人を選任するように促すべきでしょう（会社自体の弁護人とも異なる弁護士を起用したほうがよいと思われます）。

10

その後、態度を変えて協力姿勢に転じたとしても、検察官が合意しようと判断することは考えにくいからです（検察官は協議の申入れにも応じてくれないかもしれません）。

また、仮に、検察官に対し協議を持ち掛けたとしても、結果として、合意に至らないケースもあり得ます。その協議等の過程で、検察官に対し協力行為の内容を説明することで手の内を明かしてしまっている場合、不利になるのではないかという懸念をもたれるかもしれませんが、協議の過程での供述内容については、検察官は証拠として利用することができないしくみになっていますし（その供述に基づいて得られた派生証拠は利用できます）（第2章制度編40頁参照）、たとえ合意が成立しなかったとしても、検察官が被疑者等の協力姿勢を考慮して処分をしてくれることは十分期待できますので（前記のとおり、不起訴合意がなかったとしても、起訴猶予処分にしてもらえる可能性もあります）、合意に至らなかったからといって、態度を変えて否認・黙秘に転じるということは決して得策ではありません。

2 早期発見の必要性

(1) 内部通報制度、社内リニエンシー制度（☞第3章実務対応編159頁以下参照）

そもそも、企業不正の対応にあたって、問題の端緒をいち早くつかむことは非常に重要です。そして、不正の早期発見に最も役立つ制度の一つは内部通報制度といえます。このことは大多数の不正・不祥事案が内部通報により発覚していることからも明らかです。これに対し、組織内部の関係者が外部のマスコミや取締機関へ不正を申告したりネット上に発信したりという、いわゆる内部告発（第3章実務対応編93頁参照）は、会社が主体的に対応することは困難で、自浄能力がなかった現れとも見られます。最初は内部通報してみたものの、社内でとり合ってもらえなかったので内部告発に至り、その結果、当該企業が大きなダメージを受けるという例も現実にあります。内部通報制度は多くの企業で採用されていますが、必ずしも有効に機能している

とはいいがたいようです。

　そのほか、不正にかかわっていた者が自主的に申告してきた場合、その事実を社内処分にあたり有利に考慮する社内リニエンシーという制度もあります。これは、通報者の心理的な垣根を低くしようというしくみです。真相解明に協力した見返りに社内処分を軽減する点で合意制度とも似ています。よく機能すれば、不正の早期発見の手段として非常に有効だと思われます（ただ、社内でモラルハザードを招くおそれがあるなどの問題点もあり、採用している企業はごく少数にとどまるようです）。

　(2)　不正の早期発見ツールとしての日本版司法取引（合意制度）

　内部通報や社内リニエンシー等により、他の関与企業に先んじて、社内でいち早く不祥事を発見し、たとえば、カルテル等の独禁法違反の場合には、速やかに公正取引委員会（公取委）に報告をして課徴金減免の申請をするとともに、刑事手続においても、検察官と協議、合意のうえ、不起訴処分を含むできるだけ軽い処分で収めることができれば、事態の早期収拾を図り企業の信頼回復への道筋を付けることも可能です。

　役職員に向け、このような合意制度の意義を理解させ、その利用が企業のダメージを軽減することにつながり得るという認識を徹底することにより、関与者の早期申告を促し早期発見にも役立つことになります。要するに、「合意制度というものがあって、これを使えば犯罪に関与した場合でも、より重い責任のある者の捜査に協力すれば許される場合があるし、会社のダメージも軽減される可能性が大きい。だから、万が一、犯罪に及んだ場合には、早く申告しなさい」というメッセージを役職員に送ることです。

　今後のリスク管理のうえで、内部通報制度、社内リニエンシーの延長線上に合意制度を位置付けることが望まれます。

V　日本版司法取引（合意制度）の今後の運用の方向性

　日本版司法取引（合意制度）が実際にどのように運用されていくのかについては、これまでのところ適用事例が2件しかありませんので（コラム1　合意制度の適用事例14頁参照）、必ずしも定かではありませんが、2018年（平成30年）3月下旬、最高検察庁新制度準備室から「合意制度の当面の運用に関する検察の考え方」が示されましたので、参考になります（法律のひろば2018年4月号48頁以下〔資料3〕285頁参照）。この「当面の考え方」からうかがわれることは、検察当局が、少なくとも当初の段階では、合意制度について、対象事案を相当程度限定して慎重に運用していくだろうという謙抑的な姿勢です。たとえば、「処分等の軽減等をしてもなお、他人の刑事事件の捜査・公判への協力を得ることについて国民の理解を得られる場合でなければならない」、「基本的には、従来の捜査手法では同様の成果を得ることが困難な場合において、協議の開始を検討することとする」、「協議の開始を検討するに当たっては、本人の協力行為によって合意制度の利用に値するだけの重要な証拠が得られる見込みがあるかということや、協議における本人の供述につき、裏付証拠が十分にあるなど積極的に信用性を認めるべき事情がある場合でなければ合意しない」としています。

　他方で、上記適用事例からは、検察当局としては、合意制度を企業犯罪に積極的に適用したいのではないかという印象もうかがえます。したがって、企業法務関係者のみならず、その他の役員クラスにおかれても、自社が特定犯罪に関与する事態が発生した場合に備え、この制度のしくみを理解し、社内での周知とともに、有事を想定しどのように対応していくべきかということを、あらかじめ弁護士等の専門家とも相談して検討しておくことが重要ではないでしょうか。

第1章　入門編

Ⅵ　おわりに

　以上のように、日本版司法取引（合意制度）は、特に、組織的な犯罪によるダメージをできるだけ抑えたい場合には、会社として有効活用すべきしくみといえます。役員や管理職クラスの社員が犯罪行為に加担していた場合、会社に及ぼす影響はそれ自体重大ですし、当該役職員の私利私欲ではなく、会社やほかの社員への貢献を意図していたときには、なかなか割り切った判断をしにくいケースもあるでしょうが、社内外の動揺を一刻も早く沈静化させ、会社を取り巻く多くのステークホルダーに対する責任を適切に果たしていくためには、早期に、社内関与者を含め全社的に真相解明に積極的に貢献・協力していくという決断をすることが肝要です。

コラム1　合意制度の適用事例

　合意制度は、2018年（平成30年）6月から施行されていますが、これまでのところ、適用事例は2件あります。

外国公務員に対する贈賄罪事件

　第1号事例は、同年7月、東京地検が、火力発電事業会社に係る不正競争防止法違反（外国公務員に対する贈賄罪）につき、同社が捜査に協力することの見返りとして同社を不起訴とすることを合意し（贈賄行為を行った現地社員らの刑事責任も問わない）、同社の元取締役等3名を在宅起訴したという事案です。起訴事実によれば、同社が受注したタイの発電所建設事業に絡んで、2015年（平成27年）2月、現地公務員から要求されて約3900万円の賄賂を贈ったとされ、同社では、同年3月、社内で問題が発覚したことから、内部調査を進め、同年6月、東京地検に自主申告し、以来、捜査協力を行い、2018年（平成30年）6月、東京地検から協議の申入れがあり、上記のとおりの合意に至ったと

いうことです。

　合意制度の施行前から捜査に協力していたということですので、合意に基づく協力行為によって得られた証拠により真相解明に至り、上記3名を起訴することができたという関係にあるのかどうかは、定かでありません。また、役員クラスとはいえ、社内の個人が刑事責任を問われる一方で、会社自体が不起訴とされた点について、とかげのしっぽ切りではないかとの批判的な見方があります。同社は、このような合意に応じた点に関し、プレスリリースにおいて、「不正行為に関与していない多くの社員を含め、当社のステークホルダーの利益を守るために必要かつ合理的な判断であった」旨発表しております。

　なお、2018年（平成30年）12月25日、起訴された3名のうち2名（元執行役員および元部長）についての初公判が行われ、両名は事実を認め、2019年（平成31年）1月15日には、論告求刑（いずれも懲役1年6月）があり、同年3月1日、いずれも執行猶予付きの有罪判決（懲役1年6月執行猶予3年、懲役1年4月執行猶予3年）が言い渡されました。一方、残りの1名の元取締役は無罪主張（共謀して金銭を供与した事実はない）をして事実を争っている模様です。

虚偽有価証券報告書提出罪事件

　第2号事案は、2018年（平成30年）12月、同じく東京地検が、世界有数の自動車メーカーの元代表取締役会長に係る金商法違反（虚偽有価証券報告書提出罪）（報酬の過少記載）につき、元代表取締役会長の側近幹部で不正行為の実行役を務めていた2名と、捜査に協力する見返りに刑事処分を免除することで合意し、元代表取締役会長ほか1名を逮捕・勾留のうえ、起訴したという事案です（会社も両罰規定により起訴されました）。当初の逮捕・勾留事実（＝起訴事実）は、2011年（平成23年）3月期から2015年（平成27年）3月期までの5期分の合計約50億円過少に記載したというもので（①事件）、同会長は、同月10日、この事実で起訴されるとともに、今度は2016年（平成28年）3月期から2018年（平成30年）3月期までの3期分の合計約30億円についても過少記載したとして（②事件）、再逮捕・勾留されました。ただ、10日間の勾留後、東京地裁は、東京地検による勾留延長請求を却下し、準抗告も棄却するという異

15

第 1 章　入門編

例の展開をたどりました。この報酬の過少記載については、すでに受領していた報酬を過少に記載したわけではなく、2010年（平成22年）に報酬 1 億円以上の会社役員につき報酬額の開示が義務化されるという制度改正を受け、高額報酬への批判を避けるため、年間約10億円の報酬の受領を退任後に先送りしていたというもので、はたして先送りした報酬の支払が確定していたのか、開示義務が生じていたといえるのかといった争点があるようです。

　なお、元会長は、上記勾留延長請求の却下後、同月21日、別の特別背任（元会長自身の資産管理会社が運用していたデリバティブ取引による損失を会社に付け替えていたなどという事実）（③事件）により、改めて逮捕・勾留され、2019年（平成31年）に入り、勾留理由開示等の手続を経て、勾留期限の同年 1 月11日、上記③事件に加え、上記のとおり勾留延長請求が却下されていた②事件で追起訴されました（②事件については、2018年（平成30年）12月25日にすでに保釈になっていたもう 1 名の被告人および会社も追起訴されています）。この追起訴後、元代表取締役会長側から二度にわたり保釈請求がなされ、いずれも却下されていましたが（準抗告も棄却）、弁護人の交代後、三度目の保釈請求を受けた東京地裁は、2019年（平成31年） 3 月 5 日、これを許可し（保釈保証金は10億円。検察側の準抗告は棄却）、元代表取締役会長は108日ぶりに釈放されました。この間、報道によれば、このように被告人が否認したままでは保釈が認められず身柄拘束が長期化する運用は、言わば「人質司法」であるとして、国内のみならず海外からも多くの批判を受けました（さらに、この後も、検察と元会長側との攻防は続き、元会長は、同年 4 月 4 日、別の特別背任（④事件）で逮捕され、同月22日、同事実で起訴されるに至りました。この特別背任は、同会長が、2015年〜2018年に中東地域の子会社から同地域の販売代理店に計約16億8900万円を支出させ、うち計約 5 億6300万円を自身が実質所有する投資会社に送金させて会社に損害を与えたというものです。この起訴で合計 4 回目になりました）。

　肝心の裁判のほうは、第一回の公判前整理手続が2019年（令和元年） 5 月23日に開かれましたが、今後、証拠開示の範囲をめぐって協議が難航する可能性もあるようです。すなわち、弁護団は、当該会社の CEO や、検察と合意した

VI　おわりに

元側近らの供述調書について同意せず、証人尋問を求める公算が大きく、他方、東京地裁は、当該会社が検察の捜査に協力してきた経緯を踏まえ、元会長・もう１名の被告人および法人としての会社の公判を分離せずに一体で行うことを決定しており、三者全てが同意しない証拠は採用しない意向を示しているとされ、証拠の開示や採否、証人の選定などが難航し、公判前整理手続は長期化する可能性があるとのことです。初公判の時期については来春頃との見方が出ています。主任弁護人は刑事弁護の分野において著名な弁護士ということもあり、今後の裁判の行方が注目されます。

第2章　制度編

I　日本版司法取引（合意制度）のしくみ

　日本版司法取引（合意制度）は、検察官と被疑者・被告人およびその弁護人が協議し、被疑者・被告人が他人の刑事事件の捜査・公判に協力するのと引き換えに、自分の事件を不起訴または軽い求刑にしてもらうことなどを合意するという制度です（法350条の2〜350条の15）。

　すなわち、被疑者や被告人（被疑者等）が、検察官等に対し、他人、つまり自分以外の第三者の刑事事件に関し、真実の供述をしたり証拠を提出する見返りに、不起訴にしてもらったり、起訴された場合でも軽い求刑をしてもらったりできるしくみのことです。

　組織的な犯罪等における首謀者の関与状況を含めた事案の全容解明に役立つ証拠を獲得することを目的とする制度で、一定の財政経済関係犯罪も対象とされていることから、企業活動にも大いにかかわりのあるものです。たとえば、犯罪の実行犯である部下従業員から、企業の役員あるいは幹部職員等の上位者の関与を明らかにする「有罪証拠」（供述やその裏付け証拠）を効率的に獲得するということが想定されます。

　これまで、日本にはなかった制度です。実際に、何の見返りもなしに他の

共犯者の捜査・公判への協力を求めるのはとても難しいことです。そこで、協力に対するインセンティブを与えたというのがこの制度です。大きな特徴は、あくまで他人の刑事事件の捜査・公判に協力するという点です。自分の罪を認める代わりに不起訴などを約束してもらうもの（自己負罪型）ではありません。米国では両方認められていますが、日本では協力型だけが導入されたので、「日本版司法取引」と言われるわけです。独禁法上の課徴金減免制度（リニエンシー）と似た制度だといえます。

コラム2　制度導入の経緯

　日本版司法取引（合意制度）は、「時代に即した新たな刑事司法制度」を構築するための新たな証拠収集手段として、2016年（平成28年）刑訴法改正により導入されました。

司法取引制度をめぐる従来の議論

　わが国の刑事訴訟手続に司法取引制度を導入すべきか否かという議論は以前からなされていました。戦後の大改革以来の司法制度に関する抜本的改革の起点となった**司法制度改革審議会**でも議論がされましたが、2001年（平成13年）6月12日に内閣に提出された最終意見書においては、「刑事免責制度[※1]により供述を確保する捜査方法の導入は、組織的犯罪等への有効な対処方策であると認められる（組織の実態、資金源等についての供述を得る有効な手段となりうる。）。一方で、我が国の国民の法感情、公正感に合致するかなどの問題もあり、直ちに結論を導くことは困難であって、多角的な見地から検討すべき課題である」とされるにとどまりました。

　その後、しばらく具体的な検討は進みませんでしたが、2009年（平成21年）から2010年（平成22年）にかけて起きた大阪地検特捜部による郵便不正事件捜

※1　ここであげられている刑事免責制度は、2016年（平成28年）改正刑訴法で導入された「刑事免責制度」とは異なるものであり、現在の日本版司法取引（合意制度）に相当するものです。

査をめぐる不祥事をきっかけとして設置された「検察の在り方検討会議」
（2010年（平成22年）10月〜2011年（平成23年）3月）において、従来の捜査
手法について疑問が呈され、再び誤りを招かないための新たな刑事司法制度の
構築の検討を開始するよう提言されたことにより、司法取引制度の導入に向け
た検討も具体化されることになりました。

法制審議会における議論

　法務大臣の諮問機関である法制審議会は、2011年（平成23年）6月6日、新
時代の刑事司法制度特別部会を設置し、具体的な調査審議はこの特別部会にお
いて行われました。特別部会では、「取調べへの過度の依存を改めて適正な手
続の下で供述証拠及び客観的証拠をより広範囲に収集することができるように
するため、証拠収集手段を適正化・多様化する」という理念・方針で検討が重
ねられ、取調べの録音・録画制度の導入などと並んで、**日本版司法取引（合意
制度）**を導入すべきとの調査審議結果となりました。

　この背景には、従来のわが国の捜査・公判の特徴の一つとして、徹底した緻
密な取調べにより被疑者・参考人から詳細な供述を得て、これを記録した供述
調書を重要な証拠として犯罪の立証に用いるという点がありましたが、郵便不
正事件でそうであったように、このような捜査手法によりえん罪を招くおそれ
があるという指摘がされるとともに、他方で、組織犯罪においては、特に首謀
者や上位者の犯行への関与に関する供述が得られないことにより犯罪の全容が
解明できないという、従来の証拠収集手段の限界も指摘されていました。

　この特別部会の調査審議結果は、2014年（平成26年）7月14日に開催された
法制審議会総会で採択され、法相に答申されました。

国会における審議

　取調べの録音・録画制度の導入、合意制度の導入などを内容とする「刑事訴

　※2　郵便不正事件とは、偽の障害者団体などが、障害者団体向けの割引郵便制度を不正
　　　に利用したとして、2009年（平成21年）に大阪地検特捜部によって摘発された郵便法違
　　　反事件ですが、これに関連して、内容虚偽の証明書の発行にかかわったとして逮捕勾
　　　留、起訴された厚生労働省の局長（事件当時は所管課長）が無罪となったり、捜査の主
　　　任検事が証拠物であるフロッピーディスクの記録を改ざんしたことが発覚したりする
　　　など、検察捜査への信頼が大きく揺らぐ事態を招きました。

訟法等の一部を改正する法律案」は、2015年（平成27年）3月13日、第189回国会（常会）に提出され、衆参法務委員会での審議を経て、2016年（平成28年）5月24日、第190回国会（常会）において成立し、2018年（平成30年）6月1日から施行されました。

Ⅱ　日本版司法取引（合意制度）の解説

1　合意制度の手続の流れ

　刑事手続の流れの中で、合意制度を位置付ければ、〔図表2〕のとおりとなります。

　本人である被疑者等が自分の刑事手続の中で、検察官との間で協議を行い、協議が整った場合には、他人の刑事手続への協力行為（供述や証拠資料の提出）を行う見返りに自分の刑事処分を免除しまたは軽くしてもらうという合意をします。そして、この合意に基づく協力行為によって本人が供述した内容や提出した証拠資料が他人の刑事手続における証拠として用いられることになります。

〔図表2〕　刑事手続の流れと合意制度

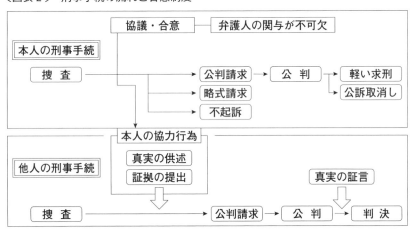

　協議・合意の手続の流れは次頁〔図表3〕のとおりです。

〔図表３〕 協議・合意の手続の流れ

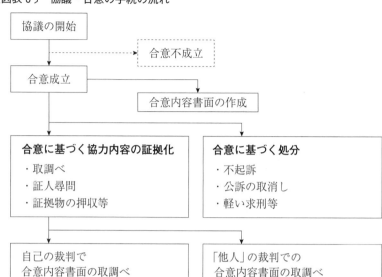

(1) 協議の開始

　協議の主体は検察官と被疑者等および弁護人です（法350条の４）。どちらか一方の当事者から協議を申し入れ、相手方が承諾することによって協議が開始されます。

　協議においては、被疑者等としては、協力できる内容（取調べまたは証人尋問において真実の供述・証言をすることや証拠物の提出やその押収への協力等）を明らかにし、他方、検察官としては、処分上のメリット（不起訴や軽い罪での起訴等）や量刑上のメリット（軽い求刑）を示すことになります（法350条の２第１項）。

　被疑者等および弁護人に異議がない場合には、協議の一部は検察官と弁護人だけで行うことができます（法350条の４ただし書）。

　なお、この協議においては、検察官は、被疑者等の供述を求めることができますが（法350条の５第１項）、警察において捜査している事件では、警察官に行わせることもできます（法350条の６第２項）。ただし、最終的に合意

に至らなかった場合には、協議の過程でなされた供述を証拠とすることはできません（法350条の5第2項）。

協議が整えば、これらの協力や被疑者等に与えられるメリットが合意内容になります。

⑵　合意の成立

合意をするには弁護人の同意が不可欠であり（法350条の3第1項）、合意が成立した場合には、その内容を記載し、被疑者等と弁護人が連署した書面（合意内容書面）が作成されます（同条2項）。

⑶　合意内容の履行

成立した合意に基づき、被疑者等および検察官の双方が合意内容を履行することになります。

通常の場合、合意成立後、検察官は、他人の刑事事件の立証に用いるため、被疑者等から、より詳細な供述を聴取して供述調書等を作成したり、その内容を裏付ける証拠物の提出を受けたり、またはその押収への協力を求めることになります。そして、検察官は、合意に基づく処分（不起訴、軽い求刑など）を行います。

⑷　裁判における合意内容書面等の取調べ

仮に、合意した被疑者が起訴され裁判になった場合、検察官は、合意内容書面を証拠として取調べ請求しなければなりません（法350条の7第1項）。これは、検察官による合意の履行を確保するためです。たとえば、検察官が不起訴を合意していたにもかかわらず、これに違反して起訴したような場合には公訴が棄却されます（法350条の13第1項）。

また、他人の刑事事件の裁判でも、合意に基づいて作成された供述調書等を証拠として用いる場合には、検察官は、合意内容書面の取調べを請求する必要があります（法350条の8）。これは、そのような証拠は、場合によっては、他人を無実の罪に引っ張り込む危険性があって慎重な評価が必要となるので（他人に罪を負わせる内容の供述は類型的に警戒すべきものというのが裁判所の姿勢です）、裁判所等にその証拠が合意に基づいたものであることをわか

っておいてもらうためです。

2 合意制度が適用される犯罪

合意制度の適用対象は全ての犯罪ではなく、特定の犯罪（以下、「特定犯罪」といいます）に限られます。そして、合意制度の対象となるには、被疑者等の刑事事件も、他人の刑事事件も、どちらもこの特定犯罪に該当する必要があります。

その趣旨は、そもそも、合意制度は組織的に行われた犯罪の全容解明を図ることを目的とするものですし、また、組織的に行われた犯罪の全容を解明するためとはいえ、一定の協力行為を行った者に刑事処分の減免というメリットを与えることが社会的に許容できる犯罪の範囲には限度があると思われるからです。たとえば、殺人罪をはじめとした裁判員裁判事件などを適用対象とすることは、現状では国民の理解が得られないと考えられたわけです。

特定犯罪に該当する限り、被疑者等の刑事事件と他人の刑事事件の両方の罪名が一致する必要はありません。また、特定犯罪であれば、被疑者等や他人が逮捕・勾留されているかどうかにかかわらず、合意制度の適用対象となります。

特定犯罪が何を指すかについては、刑訴法350条の2第2項に規定されていますが、企業活動に関係しそうな主な例をあげると、以下(1)から(3)のとおりです。

なお、特定犯罪として掲げられている財政経済関係犯罪は、組織的な背景を伴い、密かにかつ正当な経済活動を装って行われることが少なくなく、事案の解明が容易ではないことから、合意制度の対象とする必要性が高く、また、往々にして多数の者が関与する例が多いため、他の類型の犯罪と比較しても、罪を犯した者から他人の関与についての証拠を得るという制度のしくみになじみやすいと考えられます。

(1) 刑法犯

ア 公務の作用を妨害する罪

競売妨害等（刑法96条〜96条の6）。たとえば、強制執行妨害目的財産損壊等（同法96条の2）、強制執行妨害等（同法96条の3）、公契約関係競売等妨害（いわゆる談合罪も含まれます）（同法96条の6）。

イ 文書偽造の罪

公文書偽造等（刑法155条）、公正証書原本不実記載等（同法157条）。偽造公文書行使（同法158条）、私文書偽造等（同法159条）、偽造私文書等行使（同法161条）、有価証券偽造等（同法162条）、支払用カード電磁的記録不正作出等（同法163条の2）。

ウ 汚職の罪

贈収賄（同法197条〜197条の4、198条）。

エ 財産犯罪

詐欺（刑法246条）、電子計算機使用詐欺（同法246条の2）、背任（同法247条）、恐喝（同法249条）、横領（同法252条）、業務上横領（同法253条）。

(2) 特別法犯

① 租税法違反（所得税法違反、法人税法違反、消費税法違反等）

② 独禁法違反（私的独占または不当な取引制限等）

③ 金商法違反（有価証券報告書等の虚偽記載、インサイダー取引、相場操縦等）

④ その他の財政経済関係犯罪として政令で定めるもの[1]

政令で定められた財政経済関係犯罪としては、たとえば、不正競争防止法違反（外国公務員に対する贈賄罪等）、会社法違反、補助金適正化法違反、あっせん利得処罰法違反、入札談合等関与行為防止法違反[2]、犯罪収益移転防止法違反、著作権法違反、破産法違反、民事再生法違反、出

---

1 刑事訴訟法350条の2第2項3号の罪を定める政令（平成30年政令第51号）
2 たとえば、談合を行った事業者の担当者が、その談合に関与（談合を容易にする秘密情報の漏えい等）した公務員に関する証拠を提供して検察官と合意するといったケースが考えられます（その公務員が他人に該当することになります）。

資法違反などがあげられます。

⑶　上記に関連する犯人隠避罪等

上記⑴、⑵の特定犯罪に関する犯人隠避、証拠隠滅、証人威迫等（刑法103条、104条〜105条の２）も特定犯罪に含まれることになります。

3　合意制度の適用対象となる被疑者、被告人

⑴　「被疑者、被告人」とは

組織的な犯罪等において、犯罪を実行した下位者が首謀者や上位者の関与を供述しなければ、それらの者の関与を立証することは難しいのが現実です。そこで、下位者から、軽い処分とすることと引き換えに、首謀者や上位者の関与状況を含めた事案の全容解明に役立つ証拠を得るということを可能にするために設けられたのが合意制度です。

したがって、そこで想定されている、協議・合意の当事者である「被疑者・被告人」（被疑者等）というのは、組織の中で比較的下位の立場にあって、上位者（他人）から指示されて当該犯罪を実行したり、犯罪の実行そのものではないけれど、それに役立つ準備的・補助的行為を行ったりした者がその典型です。

場合によっては、他人とは異なる組織に属していても、組織同士が何らかの協力関係の下、同一または関連する犯罪を行った場合に、他人の関与の解明に役立つ証拠をもっている被疑者等も対象に含まれます。

⑵　具体例

具体的には、以下のような例が考えられます。

①　会社の財務経理部の社員（被疑者等）が、担当役員（他人）から指示されて不正な会計処理（いわゆる粉飾決算）を行い、虚偽記載のある有価証券報告書の提出（金商法197条１項１号の虚偽有価証券報告書提出罪）に加担した場合

②　会社の営業担当部長（被疑者等）が、ある工事の入札に関し、担当役員（他人）の指示に沿って、入札参加予定の他社関係者（他人）との受

注調整（独禁法89条1項1号の不当な取引制限の罪）に関与した場合

③　会社の官公庁向けの営業を担当する社員（被疑者等）が、ある役所の調達担当の係長（他人）に対し、契約発注に関し有利な取り計らいを受けたいという趣旨で、金品の供与や接待を繰り返していた場合（刑法198条の贈賄罪。役所の係長には同法197条1項の収賄罪が成立する）

なお、これらの例では、被疑者等はいずれも犯罪の実行犯ですが、実行そのものでなくてもそれを手助けした者（ほう助犯）なども被疑者等に含まれます。また、③の贈収賄罪は、共犯事件ではなく、講学上、「対向犯」と呼ばれる犯罪類型ですが、これも特定犯罪に含まれます。

⑶　他人の刑事事件との関係（無関係でもいいのか）

刑訴法350条の2第1項は、被疑者等が捜査・公判の協力を求められる事件について特に限定をせずに、「他人の刑事事件」と規定していますので、法文上は、被疑者等とは何の関係もない事件も含まれることになります。

企業犯罪に関していえば、たとえば、外国において、特定の外国公務員に対して複数の日本企業の関係者がそれぞれに贈賄を行っているケースのように、必ずしも共犯関係にない場合であっても、共通する関係者がいることなどによって他人の刑事事件についても効果的な証拠を得ている場合もあるかもしれません。

一方、国会審議では、自分の刑事責任を免れるために合意制度を悪用し、無実の他人を引っ張り込むおそれがあることが度々指摘されました[3]。この点に関し、合意制度を利用しようとする被疑者等と他人とが共犯関係にある場合には、他人の刑事事件と自分の刑事事件では証拠が共通することが多く、それを検察官に提供するということは被疑者等にとってもリスクがあるのに対し、他人の刑事事件が被疑者等に全く関係のない場合には、虚偽の証拠を提出したとしても、そのようなリスクはありません。そこから、虚偽の証拠

3　たとえば、「警察の留置場で同室になったAさんから、Aさんがやった犯行を告白された」などというウソの事実を述べた被疑者と検察官とが合意してしまうことにより、他人が無実の罪で捜査・裁判の対象とされてしまうのではないかという懸念が強く示されました。

を提出して他人を陥れてでも自分の罪を免れようとする被疑者等もいるともいえそうです。

そのため、上記のような引っ張り込みのおそれを解消するために、衆議院における刑訴法改正案の審議の過程で、検察官が合意をするか否かを判断するにあたって考慮すべき事情として、法350条の2第1項に「当該関係する犯罪の関連性の程度」という文言を追加する修正が行われました。

実務上の運用については、そもそも、共犯関係やそれに準じるような関係にない被疑者等が他人の刑事事件について信用性がある証拠を提供できるケースはあまり想定できませんので、実際には、共犯事件か、あるいは、厳密には共犯事件ではなくても、犯罪の内容・経緯、関係者などの事情が共通しているといった関連性のあるものに限られることになると思われます。

(4) 複数の被疑者等との合意

事案にもよりますが、検察官が複数の被疑者等と協議・合意をすることもあり得ます。検察官が合意制度を利用しようとするのは、被疑者等から他人の刑事事件の立証に役立つ証拠が得られると見込まれる場合ということになりますが、その見込みがあれば、協議・合意の対象となる被疑者等は一人に限られるものではなく、目的達成のために必要であれば、事案によっては、複数の被疑者等と協議・合意することも考えられます。

他人の刑事事件と共犯関係にある者が複数いた場合、それらの共犯者が同じような立場で、同じように犯行にかかわっているとは限らず、複数の者がさまざまな役割を果たしながら犯行にかかわるということが多くあります。たとえば、会社の役員と幹部従業員、下位従業員が贈賄事件に関与した場合でも、計画を練ったのは役員と幹部従業員の二人であり、下位従業員は役員から指示されて現金を役人に届けたとします。このケースでは、幹部従業員は役員との犯行計画状況について供述することが可能ですし、下位従業員は役員から指示された際の状況を供述することができます。そして、検察官は、幹部従業員および下位従業員の二人それぞれから、役員の犯行を立証するための重要な証拠が得られると考え、二人と協議を進め、両名ともに軽い処分

をしてでも役員を起訴することが適当であると考えた場合には、二人と合意をすることも考えられます[4]。前記の自動車メーカーの元代表取締役会長に係る事案でも、社内での地位や役割が異なると思われる二名と合意したとされます。

　他方で、ある犯行にかかわっている複数の者が同じような立場にあり、検察官が立証しようとしている他人との関係でも同じような証拠をもっているような場合には、検察官は、その中から立証に最適と考える者を選んで協議・合意をすることが想定されます。検察官としては、複数の者にメリットを与えてまで、重ねて同じような証拠を得ようとは考えないでしょう。その場合、検察官としては、合意制度を利用することがあり得る複数の者の犯行グループ内での地位や役割、それらの者から得られる見込みの証拠の質などを勘案して、合意をする者として最適な者を選ぶことになると思われます。したがって、必ずしも最初に協議を申し入れた者が合意にまで至るとは限りませんが、他の者に遅れて協議に入ろうとする場合には、検察官が必要な証拠はすでに他の者によって提供されているという事態も大いに想定されます。その意味では、合意によってメリットを得ようとする場合には、できる限り、早い時期に、信用性の高い証拠を提供できることを検察官に示すことが必要になるものと考えられます。

⑸　企業にも合意制度が適用されるのか

　特定犯罪のうち企業（法人）が刑事処罰の対象となる罪（つまり両罰規定が設けられているもの）については、企業（法人）も合意制度の当事者（被疑者等）となります。

　　ア　企業（法人）も刑事処罰の対象となる

　外国の中には、法人自体を犯罪実行の主体として単独で処罰する法制をとる国がありますが、わが国では、犯罪を実行することができるのは自然人に

　4　なお、第３章実務対応編の事例アでも説明しますが（☞第３章実務対応編112頁参照）、収賄側の公務員も他人に該当しますので、このケースの役員自身も、収賄罪の立証に必要な供述や証拠を提供すれば、検察官との合意を得られる可能性があります。

限られると考えられており、法人が単独で処罰されることはありません。刑法は、この考え方に立ち、処罰の対象を自然人に限っていますので、俗に、「会社ぐるみで贈賄をした」「会社の安全対策の不備によって事故が起きた」といわれるようなケースであっても、被疑者・被告人となるのはその行為をした役職員に限られ、法人が被疑者・被告人になることはありません。ただし、行政的な刑罰法規については、法人の代表者または従業員が法人の業務に関して違反行為をした場合には、その代表者らを罰するとともに、法人にも刑罰（罰金）を科すという規定が設けられる場合があります。前記のとおり、このような規定を両罰規定といいますが、特定犯罪のうち、両罰規定により法人が処罰の対象となる場合には、法人も合意制度の当事者となり得ます。

刑訴法でも、「被告人又は被疑者が法人であるときは、その代表者が、訴訟行為についてこれを代表する」（法27条）、「被告人が法人である場合には、代理人を出頭させることができる」（法283条）などの規定が置かれています。これらの規定は、法人も刑事訴訟手続の当事者である被疑者・被告人となることを前提としたものです。

　　　　イ　どのような犯罪について企業（法人）が当事者となるか

特定犯罪の中でも、贈賄罪や詐欺罪など刑法に規定されている罪については、法人が被疑者・被告人となることはありませんから、法人が合意制度の当事者となることはありません。他方で、租税に関する法律（法人税法違反など）、独禁法、金商法等の特別法違反のほか、たとえば、外国公務員贈賄罪（不正競争防止法18条）には両罰規定が設けられていますので、これらの罪については、企業（法人）も被疑者等の立場に置かれることがあり得ます。

4　協力行為の内容

被疑者等が求められる協力行為とは、組織的な犯罪において、他人（会社の上司など）の刑事事件の解明に必要となる、真実の供述やそれを裏付ける客観的な資料等を提供することです。

31

第 2 章　制度編／Ⅱ　日本版司法取引（合意制度）の解説

⑴　被疑者等に求められる協力行為の内容

　合意制度は、組織的な犯罪等における首謀者の関与状況を含めた事案の全
容解明に資する証拠を得るということを可能にするためのしくみです。

　そうした趣旨から、被疑者等には以下のとおりの行為が求められています
（法350条の 2 第 1 項 1 号）。

　①　検察官等の取調べに際して真実の供述をすること（同号イ）

　②　法廷で証人尋問を受けた場合に真実の供述をすること（同号ロ）

　③　検察官等に、証拠の提出その他の必要な協力をすること（同号ハ）

　こうした協力行為の見返りとして、被疑者等は、合意がなかった場合と比
較してより軽い処分ですむというメリットを得られるのです。

⑵　「真実の供述」とは

　「真実の供述」をすることとは、被疑者等が自らの記憶の内容に沿った供
述をするということです。供述の内容にある事実が客観的真実に合致するか
どうかは必ずしも必要とされません。この点は、偽証罪（刑法169条）におけ
る「虚偽の陳述」についても同様の解釈がされています（大判大正 3 ・ 4 ・29
刑録20輯654頁）。

　したがって、理屈のうえでは、仮に、①客観的真実とは異なる供述であっ
ても、記憶に沿った内容であれば、「真実の供述」といえますし、逆に、②
客観的真実には合致するものの、記憶に反する供述したとすれば、「真実の
供述」ではないということになります。

　もっとも、合意成立時点では、このように、「記憶」と「客観的真実」が
合致しないパターンというのはそれほど多くはないでしょう。なぜなら、被
疑者等が協議において記憶するところを供述し、検察官等が、その内容につ
いて一応の裏付けをとり、その信用性を確認したうえで、合意に至るのが通
常だからです。また、合意成立後の取調べにおいてさらに詳細な供述を聴取
する段階では、一層、厳密な裏付け捜査が行われるはずですので、その段階
で、「記憶」と「客観的真実」が合致しないことはもっと少ないでしょう。
仮に、供述内容の十分な裏付けがとれなければ、検察官としては、その供述

を他人の刑事事件の証拠として使うのを断念することになるだけです。

それでは、その後、他人の刑事事件の裁判で、被疑者等が協議における供述や合意に基づく供述とは異なる証言をした場合、たとえば、「合意した当時は○○と記憶していたけど、証言時までに××ということを思い出した」という証言をした場合、「真実の供述」をしなかったといえるでしょうか。この場合でも、証言内容が記憶に一致するものであれば、「真実」といえそうですが、特に合意後の取調べの過程では、その段階での供述が自らの記憶を踏まえてなされたものであるかどうかについて慎重に確認されているはずですから、上記の証言内容は記憶に反する内容であることが多いと思います。また、上記のとおり、通常は協議の過程あるいは合意後に検察官等が十分な裏付け捜査を行いますので、その証言内容は、多くの場合、客観的真実にも反するものになるでしょう。そもそも、供述を変更した理由そのものが疑わしいと評価されるケースのほうが多いように思われます。このような場合、偽証罪に問われるリスクは高いといえます。

(3) 「証拠の提出その他の必要な協力」とは？

「証拠の提出その他の必要な協力」とは、抽象的にいえば、自己の記憶内容を供述や証言という形で提供する以外の方法で、捜査機関の証拠収集に協力するという意味であり、具体的には、証拠物やその写し等を任意に提出したり、証拠物に関する情報（所在、種類、形状、数量、所有・管理状況など）を提供するなどして捜索・差押えの便宜を図ったりすることが含まれます。また、重要な参考人に関する情報を捜査機関に教えることも協力行為といえる場合があると思われます。

実際のケースでは、前記の協力行為としての「供述」（証言）と「証拠の提出その他の必要な協力」は、それぞれ別々のものとして存在するのではなく、他人の関与を示す供述を行うとともに、その内容を裏付ける客観的証拠等を提供するという協力行為が典型だろうと思われます。供述だけでは、その信用性の確認が困難ですし、逆に、供述をせず、証拠物だけを提供しても、証拠物と他人の事件との関連性が明らかでなく、事案の真相解明に役に立つ

第２章　制度編／Ⅱ　日本版司法取引（合意制度）の解説

とはいいがたいからです。

5　被疑者等が協力行為を行わなかった場合

　被疑者等が、合意に基づく協力行為を怠った場合、すなわち、①合意に基づく供述や証拠の提出を拒んだ場合（法350条の10第１項１号）、②協議において供述した内容が後日真実でなかったことが判明した場合（同項３号イ）、③合意に基づいて供述した内容が後日真実ではなかったことが判明した場合（同号ロ前段）、④合意に基づいて提出した証拠が後日偽造や変造されたものであることが判明した場合（同号ロ後段）には、検察官は、合意から離脱することができます（手続としては、離脱の理由を記載した書面で告知することにより行います）（同条２項）。

　離脱の効果は、合意がなかった状態に戻るということで、被疑者等は、合意に基づく軽い処分を受けられません。また、虚偽供述等処罰罪により、５年以下の懲役刑という刑罰を受ける可能性があります（法350条の15第１項）。

　なお、検察官として、被疑者等による供述や提出した証拠が真実に反するものであることが判明した場合には、当然のことながら、それらを他人の刑事事件を立証する証拠として用いることは考えられません。[5]

　仮に、このような、被疑者等による合意違反の事実が、当該被疑者等がすでにメリットを受けた後に判明した場合、仮にそれが不起訴処分であったとすれば、検察官はその不起訴処分を見直し（これを「再起」といいます）、再捜査のうえ、改めて処分することになります。他方、起訴され、すでに軽い刑罰が確定してしまっていたという場合には（略式命令の場合も含みます）、一事不再理の原則[6]の下では、同じ罪で改めて処罰することはできません。そ

5　他人の刑事事件の捜査段階で判明していれば、当該事件の起訴自体を断念することもあるでしょう。また、起訴後に判明した場合にも、そのような真実に反する証拠を検察官が立証に使うことも考えにくく、他の証拠で立証できないかどうかなど、立証戦略全体を見直さざるを得ません（それも難しければ、公訴取消しや無罪の可能性が出てきます）。
6　一事不再理の原則とは、ある刑事事件について、有罪・無罪または免訴の判決が確定した場合、再度の起訴や実体審理をすることを許さないとする刑事訴訟の原則です（憲法39条後段参照）。

34

の意味でも、検察官には、裏付け捜査を徹底することにより、被疑者等が誠実な協力をしているかどうかを慎重に吟味する姿勢が求められます。

6　合意によって被疑者等が得られるメリット

(1)　種　類
ア　不起訴（法350条の２第１項２号イ）

検察官は、犯罪の軽重および情状並びに犯罪後の情況等により訴追を必要としないときは、公訴を提起しないことができるものとされています（起訴便宜主義）（法248条参照）。合意した被疑者についても、これに基づいて起訴猶予（不起訴処分の一種）とすることができます。

これによって、被疑者は、裁判になることを回避できますから、極めて大きいメリットということができます。

イ　公訴の取消し（同号ロ）

検察官は、第一審の判決があるまで、公訴を取り消すことができます（法257条参照）。検察官が公訴を取り消した場合には、裁判所が公訴棄却の決定をします（法339条１項３号）ので、被告人は裁判手続から解放されるという大きなメリットを得ることができます。

ウ　軽い罪による起訴（同号ハ）

訴因とは起訴の対象とされた事実であり、検察官が決めるものですが、合意した被疑者について、本来適用すべき罪よりも軽い罪の訴因で起訴することができます。たとえば、収賄によって不正な行為をしたとして刑が重くされている加重収賄罪（刑法197条の３）で起訴すべきところを、罪の軽い単純収賄罪（同法197条１項前段）で起訴するような場合が考えられます。

エ　軽い求刑（同号ホ）

検察官は、証拠調べが終わった後、事実および法律の適用について意見を陳述（論告）することになっていますが（法239条１項）、実務上は、この論告に続いて、被告人をどの程度の刑に処することが適当かを述べることとなっています（求刑）。通常の求刑よりも軽い求刑をしてもらうことにより、

35

第2章 制度編／Ⅱ 日本版司法取引（合意制度）の解説

裁判所によって科される刑も軽くなることが想定されますから、被告人にとっては大きなメリットとなります。

　　オ　即決裁判手続の申立て、略式命令の請求（同号へ、ト）

　即決裁判とは、簡略な手続によって証拠調べを行い、原則として即日、執行猶予付きの有罪判決を言い渡すものであり（法350条の16以下）、早期に刑事裁判手続から解放されるうえ、執行猶予が保証されるというメリットがあります。

　また、略式命令とは、公判を開かずに書面のみの審理によって100万円以下の罰金・科料を科する簡易な手続であり（法461条）、事実関係を認めている被疑者にとってメリットが大きいものです。

　⑵　メリットの実現性は確実か

　被疑者等に与えられるメリットのうち、不起訴処分、公訴の取消し、軽い罪での起訴は、検察官の権限として認められていますので、合意をした場合には、確実に実現されます。

　ただし、不起訴処分について不服がある被害者等は検察審査会に審査を申し立てることができ（検察審査会法30条）、検察審査会において不起訴処分が不当と判断した場合には、起訴相当、不起訴不当といった議決に至ることがあります（同法39条の5など）。この場合、再度、検察官による捜査が行われることになり、その結果、検察官が起訴をすることもありますし、検察審査会の起訴議決（同法41条の6）があった場合には、指定弁護士により起訴されるということになります。

　また、軽い求刑については、求刑は裁判所に対する検察官の意見にすぎず、裁判所による量刑の判断を拘束するものではありませんので、まれではありますが、求刑を上回る判決が出されることもあります。ただし、実務上、求刑が量刑に及ぼしている影響は大きく、ほとんどのケースでは、合意に基づく求刑に見合った量刑がされることになるものと思われます。

　これに対し、訴因の追加・変更は裁判所の許可が必要ですし（法312条1項）、即決裁判手続（法350条の2第1項2号へ）および略式命令についても、

36

6　合意によって被疑者等が得られるメリット

裁判所が不相当とした場合にはこれによることができません（法350条の22、463条）。

このように、法律上は、裁判所の判断によってメリットの趣旨が実現されない場合も想定されていますが、実務上は、これらの点に関する検察官の訴訟行為が裁判所に受け入れられないということはまれですので、これらのメリットについても、ほとんどの場合、その趣旨が実現されるものと考えられます。

(3)　メリットが実現されなかった場合

検察官が合意に違反して、起訴をしたとき、公訴を取り消さなかったとき、軽い罪で起訴をしなかったとき、軽い求刑をしなかったときには、被告人は、合意から離脱することができます（法350条の10第1項1号）。もっとも、被疑者等および弁護人と合意をしておきながら、検察官がその合意に違反するということは、まず起こらないと思われます。

検察官としては合意に基づく行為をしたものの、裁判所のほうが、訴因の追加・変更を許さなかったとき、即決裁判手続の申立てを却下したとき、略式命令請求に対して正式裁判としたときには、最終的に被疑者等に与えられるメリットの趣旨が実現されないことになりますから、被告人は合意から離脱することができます（同項2号）。検察官が軽い求刑をしたにもかかわらず、裁判所が求刑よりも重い判決をした場合も同様です。

(4)　軽い求刑の場合、どの程度軽いかわかるのか（検察官から示されるのか）

求刑とは、検察官が裁判所に対して被告人をどの程度の刑に処することが適当と考えているかを示すものです。

米国では量刑ガイドライン[7]が公表されており、量刑にあたって考慮される諸情状等が数値化されていることにより、予想される量刑の幅が相当に絞り込まれるといわれていますが、わが国の検察実務においては、法律で定めら

7　連邦量刑ガイドラインとは、米国における連邦法上の犯罪に対する連邦裁判所の量刑裁量の基準を明確化・公平化するために作成されたガイドラインのことです。

第2章　制度編／Ⅱ　日本版司法取引（合意制度）の解説

れた刑の範囲内で、事件の個別具体的な情状を考慮して、検察官が求刑を決めています。もちろん、犯罪類型に応じたある程度の求刑相場のようなものはあり、経験のある弁護人であれば、ある程度の予測を立てることもできますが、当該事件について最終的にどのような求刑をするかは検察官以外にはわからないといわざるを得ません。

　前記のとおり、合意によって被疑者等が得られるメリットの一つとして、軽い求刑というものがあります。もちろん、そのような軽い求刑をしてもらえるのであれば、判決結果も軽くなることが予想されます。しかし、被疑者等にとって、実際に、合意に基づく求刑が、合意がない場合よりどの程度軽いのかがわからなければ、他人の刑事事件の捜査に協力してまで合意に応じることが適当かどうかを判断するのは困難でしょう。それでは、合意制度が効果的に活用されないことになり、検察官としても他人の刑事事件に関する有効な証拠を得ることができません。そこで、検察官から、たとえば、「本来であれば懲役5年の求刑をすることになるが、合意が成立した場合は懲役2年の求刑をする」というように、具体的にどの程度求刑が軽減されるかを示すことによって、被疑者等および弁護人が合意の判断をしやすいようにする必要があると思われます。法務省刑事局長も、国会審議において、「求刑の合意をする場合、当然、その合意に至るまでの協議の過程で、実際のその事案における適正な求刑というものがどういうものであって、……検察官にしてもらいたいと考える求刑がどういうものであるかというようなことは、当然、弁護人もその協議の過程で入りますので、その中で合意がなされます」と答弁しているところであり（2015年（平成27年）5月27日衆議院法務委員会）、実務もそのような運用がされることになりそうです。

　求刑はあくまでも裁判所に対する検察官の意見であり、裁判所は量刑にあたってそれに拘束されるものではなく、前記のとおり、ごくまれにではありますが、検察官の求刑を上回る判決が出る場合もあります。しかし、実務上、検察官の求刑が量刑に及ぼしている影響は大きいものがあります。また、検察官は、合意をした被疑者等の量刑が適切なものとなるよう、求刑をする際、

38

合意がなければしたであろう求刑も併せて明らかにしたうえで、合意に基づいたものとしての求刑をすることになると考えられますので（法務省刑事局長の2015年（平成27年）5月27日衆議院法務委員会における答弁）、ほとんどのケースでは、裁判所によって、合意に基づく求刑の範囲内での量刑がされることになるものと思われます。

7 合意の不成立、合意からの離脱、合意の失効

(1) 合意の不成立

合意は、検察官と被疑者等およびその弁護人が同意することによって成立するものであり、いずれかの一方が合意の成立を望まない場合には合意不成立となりますので、協議に入ったとしても、必ずしも合意しなければならなくなるということはありません。

ア 被疑者等が合意を望まない場合

協議が開始された場合、検察官としては、被疑者等ができる捜査・公判への協力の内容に応じて与えることができるメリットの内容も考えるということになるでしょうから、まずは、被疑者等に対し、他人の刑事事件についてどのようなことを知っているのか、どのような証拠を提供できるのかについて供述を求めてくることになるでしょう（法350条の5第1項参照）。そして、その証拠が他人の刑事事件の捜査・公判に役立つと判断した場合には、検察官から、被疑者等に与えることができるメリットの内容を提示することになります。被疑者等およびその弁護人は、そのメリットが他人の刑事事件の捜査・公判への協力の見返りとしては物足りないと考える場合には、合意をしないという対応をすることが可能です。

また、被疑者等およびその弁護人は、いったん協議に入ったとしても、協議の継続や合意を強制されるものではなく、いつでも、自由に、協議を打ち切ることができます。この場合、当然のことながら、合意制度によるメリットは得られませんが、他人の刑事事件の捜査・公判に協力することによって生じるデメリットを考え、合意をしないという選択肢も残されています。

いずれにしても、合意を成立させるか否かは被疑者等の利害に重大な影響を与えるものですので、弁護人と十分相談することが大切です。

　　イ　検察官が合意を望まない場合

　検察官は、合意制度によって、他人の刑事事件の立証に役立つ証拠を得ることを目的としています。そして、この証拠は、被疑者等が軽い処分を受けることを目当てに提供されるものですので、引っ張り込みの危険があり、その信用性については相当慎重に判断されることになります。検察官としては、被疑者等から得られる見込みの供述や証拠について、協議と並行して、可能な範囲で裏付け捜査を行い、相当の信用性があると見極めた場合でなければ合意を成立させることはないと思われます。

　したがって、被疑者等の供述が虚偽のものであると疑われるような場合はもちろん、供述自体に一応の信用性は認められるものの、これを補強するような裏付け証拠が不十分である場合には、合意しない可能性が高いと考えられます。

　また、協力の見返りとして被疑者等に与えることができるメリットは、当該被疑者等の刑事事件の罪質や犯情等も踏まえ、協力の程度に見合ったものでなければなりません。

　そのため、たとえ、被疑者等の協力がある程度有益なものであったとしても、検察官において、被疑者等が望むメリットが協力の程度に比べて過大であると判断した場合には、合意には至らないでしょう。

　検察官と被疑者等および弁護人が協議に入ったものの、話がまとまらず、合意には至らなかった場合、後記のとおり、被疑者等が話した内容などを証拠として使うことはできません（法350条の５第２項）。

　　ウ　合意が成立しなかった場合、協議の中で行った供述はどのように取り
　　　　扱われるか

　検察官は、協議の過程で、被疑者等に対し、他人の刑事事件について供述を求めることができます（法350条の５第１項）。これは、供述調書の作成等の証拠化を予定した、いわゆる取調べではなく、検察官として、被疑者等が、

合意の内容として、どのような供述ができるのかを確認するためのものです。

このように協議の過程で被疑者等から得られた供述については、その後、合意が成立しなかった場合、当該被疑者等との関係でも、また、他人との関係でも証拠として用いることはできません（法350条の5第2項）。これは、仮に合意が成立しなかった場合にも、検察官がその供述を自由に証拠とすることができるとなると、被疑者等としては、協議における供述、ひいては合意制度の利用自体をちゅうちょすることになりかねないからです。そもそも、フェアなやり方とはいえません。

国会審議における法務省刑事局長の答弁によれば、そもそも、このような供述を証拠化すること自体、全く想定されていないとのことです（2015年（平成27年）7月3日衆議院法務委員会）。

ただし、その供述等が、たとえば犯人蔵匿等（刑法103条）、証拠隠滅等（同法104条）、虚偽告訴等（同法172条）の犯罪に該当する場合、その犯罪自体の証拠として用いることは許されています（法350条の5第3項）。

なお、協議は、取調べではありませんので、供述調書は作成されず、そもそも、そのような形で証拠として利用されることはないことになります。

それでは、そのような供述内容そのものは供述調書にされないとしても、これを一種の情報あるいはその後の捜査の端緒として利用する場合はどうでしょうか。

仮に、そのような情報から派生的に得られた証拠（派生証拠）の利用を一切禁止するということになると、捜査活動への支障が大きく、いきすぎのように思われます。この点に関し、法制審議会の特別部会における議論の中で、事務当局担当者から、協議における供述から生じた証拠はおよそ使えなくなるということになれば、検察官は合意に至らない自由を失ってしまうに等しく、制度としてはあまりに偏ってしまうので、当該供述そのものの利用を禁止するにとどめるのが適切であるとの認識が示されています。これを前提とすれば、合意が成立しなかった場合でも、協議の際の供述内容を手掛かりに、別の関係者を取り調べて作成した供述調書や、任意提出を受けあるいは捜索

押収した証拠物などの利用は禁止されないことになります。

(2) 合意からの離脱

いったん、検察官と被疑者等が合意に至った後、相手方に合意違反、つまり互いに約束した事項を相手方が守らない場合や合意時の想定とは異なる事態が発生した場合でも、合意の拘束から免れないとするのは不合理で、社会正義に反することもあることから、一定の場合には、合意から離脱することが認められています。離脱ができるのは法で定められている事由がある場合に限られます。

ア　合意からの離脱事由（法350条の10）

i　検察官と被疑者等に共通する事由（同条1項1号）

一方の当事者が合意事項に違反した場合には、相手方は合意から離脱することができます。たとえば、被疑者等が合意していたはずの供述や証拠の提出を拒んだ場合や、検察官が合意に反して起訴したり重い罪で起訴したりした場合です。

ii　被告人の離脱事由（同項2号）

被告人は、検察官には合意事項違反がなかった場合でも、裁判所が検察官の意見に従わなかった結果として合意された内容が実現されなかったときなどには、合意から離脱することができます。すなわち、裁判所が、訴因や罰条の追加、撤回、変更を許可しなかった場合（同号イ）、検察官の求刑より重い判決を下した場合（同号ロ）、即決裁判手続の申立てを却下しまたは取り消した場合（同号ハ）、略式命令請求をした事件につき通常の審判手続をとることとした場合（同号ニ）です。

iii　検察官の離脱事由（同項3号）

検察官は、①被疑者等が協議において供述した内容が後に真実でなかったことが判明した場合（同号イ）、②合意に基づいて供述した内容が後に真実ではなかったことが判明した場合（同号ロ前段）、③合意に基づいて提出した証拠が後に偽造や変造されたものであることが判明した場合（同号ロ後段）には、合意から離脱することができます（同条2項）。

イ　離脱の効果

前記のとおり、検察官に合意違反がある場合、被疑者等に離脱が認められることになりますが、その場合、被疑者等は合意に基づく協力行為を行う義務から解放されます。すでに協力行為として供述や証拠の提出を行っている場合でも、それらを証拠として使うことはできません（法350条の14第1項）。また、検察官が不起訴合意に違反して起訴したときなどは公訴棄却等となり（法350条の13）、合意によるメリットとほぼ同様の効果が得られます。[8]

もっとも、検察官が一方的な合意違反をして被疑者等にメリットを与えないということは通常考えにくいと思います。むしろ、検察官としては、被疑者等の側に合意違反がある、すなわち、被疑者等が十分な供述や証拠提出をしない、あるいは虚偽の供述や偽造等のある証拠を提出したと主張して離脱したうえ、通常の処分をした結果、合意違反をめぐる争いが生じることが多いのだろうと推測されます。[9]

他方、被疑者等に合意違反があった場合、検察官に離脱が認められることになりますので、検察官は、被疑者等に見返り（軽い処分）を与える必要はなくなります。すでに軽い処分をしてしまった場合、不起訴処分であれば、これを見直し、改めて起訴処分をすることも可能ですが、裁判において軽い刑罰が確定してしまったときには、一事不再理の原則により、改めて裁判をやり直すということはできません。ただし、被疑者等が虚偽の供述をしたり、偽造した証拠を提出したりしていたような場合には、被疑者等は、虚偽供述等処罰罪により、5年以下の懲役刑という刑罰を受ける可能性があります

8　検察官が軽い求刑をするとの合意に反し、それより重い求刑をした場合でも、最終的に軽い量刑を得られるような制度的手当ては特段なされていません。しかし、合意離脱書面は、当該被告人の事件の裁判で必ず取り調べられるようになっていますので（法350条の7第3項）、仮に検察官の合意違反が認定された場合、その事実は裁判所の量刑判断に少なからず影響することになると考えられます。

9　被疑者等の刑事事件の審理を担当する裁判所にとって、どちらの当事者に合意違反があったかという他人の刑事事件にかかわる事項を認定するのは容易ではなく、過大な負担になるのではないかとの指摘もあります。こうした観点からすれば、検察官としては、被疑者等による合意違反を明確に認定でき、かつ、虚偽供述罪や偽証罪でも起訴できる程度の証拠を確保したうえで対応することが望まれるのではないでしょうか。

第 2 章　制度編／Ⅱ　日本版司法取引（合意制度）の解説

（法350条の15第 1 項）。

　　ウ　証拠の取扱い

　当事者は、相手方が合意に違反した場合、合意から離脱することができますが、それまでに検察官に提供された証拠がある場合、その取扱いは、どちらの当事者が合意に違反したのかによって異なることになります。

　ⅰ　被疑者等が合意に違反した場合

　被疑者等が

　ⓐ　協議において供述した内容が真実でないことが後に判明した場合

　ⓑ　合意に基づいて供述した内容が真実ではなかったり、あるいは合意に基づいて提出した証拠が偽造・変造したものであることが後に判明したりした場合

には、検察官は合意から離脱することができますが（法350条の10第 1 項 3 号）、そもそも、これらの証拠は信用できないものですから、検察官が他人の刑事事件の立証に用いることはあまり考えられません。

　それでは、仮に、このような証拠が他人の刑事事件で取り調べられた後に上記ⓐ、ⓑの事実が判明した場合はどうなるでしょうか。合意からの離脱は書面による告知により行われますが（法350条の10第 2 項）、この書面も、合意内容書面とともに、他人の刑事事件の裁判に提出されることになっています（法350条の 8 、350条の 7 第 2 項、3 項）。これにより、被疑者等に上記の合意違反があった事実は、他人の刑事事件を審理する裁判所にもわかりますので、当該証拠が信用できないものであることも当然認識されることになります。

　なお、被疑者等が、合意したにもかかわらず、それに従って供述や証言をしない、あるいは証拠の提出を拒んだ場合、これも合意違反になりますが（法350条の10第 1 項 1 号）、通常、その段階では、いまだ他人の刑事事件の裁判に使えるだけの証拠は得られていませんので、証拠の取扱いが問題になることはないと思われます。もっとも、離脱により、合意は、将来に向かって解消され、それ以前に得られた証拠に影響を及ぼしませんし、被疑者等が合

44

意した協力行為の一部は履行するが、そのほかの協力行為を拒むこともあり得ることですので、その段階で検察官において立証に利用できる証拠があると判断する場合には、その利用が妨げられることはありません。

ⅱ　検察官が合意に違反した場合

検察官に合意違反があった場合、検察官は、被疑者等が協議においてした供述や合意に基づいてした供述または提供した証拠をその被疑者等の刑事事件の裁判でも、他人の刑事事件の裁判でも、証拠として用いることはできません（法350条の14第1項）[10]。検察官による合意の履行を確保するため、このような制限が設けられました。

ただし、被疑者等や他人に異議がない場合には、証拠として使うことも許されます（法350条の14第2項）。これは、検察官の事後的な合意違反によって、被疑者等の供述・証言や提供した証拠の信用性そのものがなくなってしまうわけではないため、仮に当事者に異議がないのであれば、証拠とすることも認めてもよいという趣旨です。

なお、被疑者等が合意どおりに協力行為をするのであれば、検察官として、あえて合意違反をするということは基本的に考えられません。実際上は、検察官に合意違反があるように見えるケースは、検察官において被疑者等が十分な協力行為をしないと判断して合意から離脱した場合に生じるのではないかと思われますので、前記のとおり証拠の取扱いが問題になることはないのではないかと思われます。

エ　すでに軽い処分を受けた被疑者等が、合意内容を履行しない場合

ⅰ　不起訴処分の場合

被疑者等が合意に基づき自分の刑事事件を不起訴処分にしてもらったにもかかわらず、①他人の刑事事件に関する供述または証言をしない、あるいは

10　たとえば、検察官が不起訴の合意をしていたにもかかわらず、被疑者等を起訴する処分を行った場合などは、被疑者等の裁判では公訴棄却の判決がされますし（法350条の13第1項）、そうでない場合であっても（同条2項）、他人の関与を示す供述や証拠それ自体が被疑者等の裁判でどうしても必要になるものではありませんので、主として、他人の刑事事件の裁判で証拠として利用できないとされることに意味があると考えられます。

45

証拠の提供を拒んだ場合（法350条の10第1項1号）や、②被疑者等が虚偽の供述や証言をし、または偽造・変造された証拠を提出した場合（同項3号）、検察官は、合意から離脱したうえ、不起訴処分を見直し（これを「再起」といいます）、改めて当該事件を起訴することができます。

　ⅱ　軽い罪での起訴や軽い罪への訴因変更あるいは軽い求刑の場合で、すでに当該被疑者等に対し軽い量刑による判決が言い渡されて確定してしまったとき

　この場合には、一事不再理の原則により、被疑者等の裁判をやり直すことはできません。被疑者等が虚偽の供述や証言をし、または偽造・変造された証拠を提出した場合には、被疑者等は偽証罪（刑法169条）や虚偽供述等処罰罪（法350条の15第1項）等により処罰される可能性はありますが、被疑者等がそもそも協力行為をしない場合（供述・証言や証拠提出の拒否）には、逃げ得を許す格好になってしまいます。おそらく、検察官としてはそのようなことが起こらないように、合意に至る前に、被疑者等の協力姿勢ないし合意履行の確実性を慎重に吟味するでしょうし、被疑者等に対し判決が言い渡される前に、被疑者等による協力行為が実行されるよう、手続の進行を調整するといった工夫をするでしょうから、実際にそのような事態が生じる可能性は高くないと思われます。

　なお、被疑者等に対する判決が確定する前であれば、検察官としては当該について量刑不当による控訴申立て（法382条の2）を検討することになると思われます。

　⑶　合意の失効

　合意に基づいて不起訴となった事件について、検察審査会による起訴相当、不起訴不当の議決がされた場合には、合意は効力を失います（法350条の11）。

　　ア　検察審査会への申立てと議決

　不起訴とする合意に基づいて検察官が事件を不起訴とした場合であっても、その不起訴処分に不服がある被害者等は、検察審査会に審査の申立てをすることができます（検察審査会法30条）。

申立てを受けた検察審査会は、審査の結果、起訴が相当であるという議決（起訴相当議決）、不起訴が不当であるという議決（不起訴不当議決）、不起訴が相当であるという議決（不起訴相当議決）のいずれかをすることとなりますが（検察審査会法39条の5第1項）、起訴相当議決または不起訴不当議決がされた場合には、検察官は、その議決を参考にして、起訴すべきか否か（不起訴の当否）を検討し、改めて起訴・不起訴の処分をしなければなりません（同法41条）。

　　イ　合意の失効

　不起訴とする合意に基づいて不起訴にした事件について検察審査会が起訴相当議決または不起訴不当議決をした場合には、その事件について成立した合意は効力を失います（法350条の11[11]）。この場合にまで不起訴とする合意の効力が維持され、再度の処分時にも検察官がその履行を義務付けられるとすることは、検察官の不起訴処分の当否の判断について民意を反映させるという検察審査会制度の趣旨に根本から反することになるからです。

　したがって、検察審査会が起訴相当議決または不起訴不当議決をした事件については、検察官・被疑者等の双方ともに、その前になされた合意に拘束されることがなくなり、検察官は起訴をすることが可能となりますし、被疑者等もそれ以降は協力行為をする必要がなくなります。

　　ウ　供述等の扱い

　検察審査会の起訴相当議決または不起訴不当議決を受けて再検討した結果、検察官がその事件を起訴した場合でも、起訴されて被告人となった者（以下、「当該被告人」といいます）が協議においてした供述、合意に基づいてした協力行為により得られた証拠、これらに基づいて得られた証拠（派生証拠）は、

---

[11]　このほかに、起訴議決（検察審査会法41条の6第1項）がされた場合にも合意の効力が失効するとされていますが、これは起訴相当議決がされた後の再捜査において、不起訴とする合意が成立した場合のことを想定したものと考えられます。もっとも、起訴相当議決がされた事件について、他人の刑事事件の捜査・公判に協力することの見返りとして、その段階で、不起訴の合意をするというケースは、実務上、あまり想定されないと思われます。

第 2 章　制度編／Ⅱ　日本版司法取引（合意制度）の解説

原則として、当該被告人の刑事事件において証拠として用いることができません（法350条の12第 1 項）。

　もっとも、①検察審査会の議決の前にした当該被告人の供述が虚偽であったり、提出された証拠が偽造・変造されたものであったりした場合、②当該被告人が合意に基づくものとしてした協力行為（供述、証拠の提出等）が虚偽供述等処罰罪（法350条の15第 1 項）、犯人蔵匿罪（刑法103条）、証拠隠滅罪（同法104条）、偽証罪（同法169条）、虚偽告訴罪（同法172条）等に該当する場合において、これらの罪に係る事件において用いるとき、③証拠とすることについて当該被告人に異議がないときには、当該被告人の刑事事件において証拠とすることができます（法350条の12第 2 項）。

　このように、合意した当該被告人との関係では証拠の使用に制限がありますが、合意に基づいて得られた証拠を他人の刑事事件の証拠として使用することについて制限する規定はありません。したがって、検察官は、検察審査会の議決によって合意の効力が失われたとしても、被疑者等の協力行為によって得られた証拠を他人の刑事事件の捜査・公判に使用することはできることになります。

8　弁護人の役割

　法律上、弁護人は、被疑者等とともに、検察官との協議に参加し（法350条の 4 ）、検察官と被疑者等との間で合意をするには、弁護人の同意がなければならないこととされています（法350条の 3 第 1 項）。このように、合意制度において、弁護人は、極めて重要な役割を果たすことになりますが、それには、依頼者である被疑者等の利益を確保するという観点はもちろんのこと、第三者である他人を引っ張り込むことを防止するという観点からの役割も期待されています。

⑴　被疑者等の利益確保の観点から期待される役割

　合意をするため必要な協議の開始は、検察官から持ち出されることもありますし、被疑者等から持ち出されることもあります。いずれの場合も、法律

の専門家ではない被疑者等は合意制度のしくみを理解できていない場合が多いでしょう。また、協議を始めることが自分にとって利益になるのか否かの判断がつかない場合も多いものと思われます。合意に至らなかった場合には、協議の過程でした供述などが使用されることはないとはいえ（法350条の5第2項）、第三者である他人の刑事事件の捜査・公判に協力することによって生じる有形無形の影響は否定できず（そのような協力が判明することにより組織内での立場が悪化することも想定されます）、被疑者等としては、当初からメリットが得られる見込みがない、あるいは得られるメリットに魅力がないとすれば、協議を開始すること自体を避けたいところです。

そのため、弁護人は、まず、被疑者等に対して、合意制度のしくみをわかりやすく説明するとともに、被疑者等にとって合意制度を利用することの有利・不利を見極め、合意をすることによってどのようなメリットが得られる見込みがあるかといった点などについて的確なアドバイスをするという役割が期待されます。

また、実際に協議が行われる際には、被疑者等がする協力行為の内容やその見返りとして受けられるメリットの内容について、弁護人と検察官が交渉して具体的に決めていくということになるものと思われます。

(2) 第三者の引っ張り込み防止の観点から期待される役割

被疑者等が他人の刑事事件の捜査・公判に協力することの見返りとして、自分の事件を不起訴にしてもらうなどのメリットを得るという制度は、そのメリットを得たいがために無実の他人を引っ張り込む危険をはらんでいます。今回導入された合意制度においては、このような危険があることを意識し、無実の他人を引っ張り込んでしまうことがないよう、後記9(2)のとおり、弁護人の手続への必要的関与をはじめ、いくつかの担保措置が講じられています。

9　虚偽供述（引っ張り込み）の危険とその防止

合意制度において、被疑者等が、他人の刑事事件の解明に役立つ証拠を提

第 2 章　制度編／Ⅱ　日本版司法取引（合意制度）の解説

供する動機は自分の処分の減免を受けることにありますので、被疑者等がウ
ソをついて他人を引っ張り込む危険性が内在していることは確かです。その
危険を防止するために、弁護人の必要的関与、合意内容書面の必要的取調べ、
虚偽供述等処罰罪の新設といった制度上の手当てがなされました。

(1)　虚偽供述（引っ張り込み）の危険性

　合意に基づく供述は、制度として、自分が有利な処分を受けることを動機
としてなされるものであることを前提としています。そのため、他人に刑事
責任を転嫁することによって、自分が罪を免れたり軽くしようとして、わざ
と虚偽の事実をでっち上げたり、事実をねじ曲げて供述する危険性があるこ
とは否定できません。引っ張り込みの危険性と呼ばれているところです。

(2)　虚偽供述を防止するための措置

　今回の法改正では、このような危険性があることを前提とし、次のような
制度上の手当てがなされました。

　ア　弁護人の必要的関与（法350条の 3 、350条の 4 ）

　協議には弁護人が関与することが必要的とされ（被疑者等に弁護人がいない
場合には協議自体ができません）、また、合意には弁護人の同意が不可欠で、
合意内容書面には弁護人の連署が必要です。これは、被疑者等が、検察官に
迎合するなどして虚偽の供述をすることがないよう、弁護人から十分な法的
助言とチェックを受けつつ、合意のための適切な判断ができることを保障し
ようという趣旨に基づきます。仮に、被疑者等が虚偽供述をすれば刑罰を受
けるおそれがあるので、弁護人の役割は重要です。

　また、検察官が他人の刑事事件の証拠を得たいがために、被疑者等を誘導
して特定の供述を得ようとする事態も想定されないではありませんが、弁護
人を協議・合意に必要的に関与させることにより、そのような事態が起きる
ことを防止できると考えられています。この点に関し、被疑者等の弁護人は、

12　そもそも、弁護人は、弁護士倫理上、無実の他人を罪に陥れることを避けなければな
　らない義務を負っていると考えられます。弁護人としては、被疑者等の利益のためにも、
　自らの職業倫理のうえでも、被疑者等の供述や提供する証拠の信用性を吟味し、疑問が
　あれば、被疑者等を問い質し、真偽の確認などを行うことになると思われます。

50

他人の弁護人ではないことから、他人の関与に関する供述の虚偽性を判断するのは難しいという見方もあります。しかし、一般的に接見時などに供述の信用性をチェックすることは弁護士倫理としても求められることです。また、多くの場合は、被疑者等の刑事事件と他人の刑事事件は共犯事件か、少なくとも相当程度の関連性が認められ、関係する事実や証拠が共通すると思われますので、判断材料がないわけではありません。そして、たとえ虚偽と断定するのは困難であっても、供述だけなのか、それともそれを裏付ける他の証拠があるのかどうかを被疑者等に確かめることによって、その供述が一応の信用性があるかどうかは被疑者等の弁護人にも相応の判断は可能だと思われます。

　　イ　合意内容書面の必要的取調べ（法350条の8、350条の9）

　合意に基づく供述（証言）が、解明の対象となる他人の刑事事件の証拠として使われる場合には、その裁判において、検察官は、合意内容書面等の証拠調べを請求しなければなりません。これは、問題となる供述（証言）が合意に基づくものであることを、他人、その弁護人、そして裁判所にも知らせることにより、十分な反対尋問のチェックや慎重な証拠評価を促すものです。これも、引っ張り込みの危険性を排除するためのしくみです。

　　ウ　虚偽供述等処罰罪の新設（法350条の15）

　虚偽供述や偽造・変造証拠の提出をした場合、5年以下の懲役に処せられます（これまで、法廷における虚偽証言には偽証罪がありましたが、捜査機関に対する虚偽供述には罰則規定がありませんでした）。

　　エ　その他

　以上のような制度的手当てを前提とし、検察官としても、裏付け捜査の徹底や厳密な信用性判断を行うようになるという運用面での工夫も指摘されています。実際に、他人の関与を示す被疑者等の供述がどんなにもっともらしくても、検察官が、その供述だけで、他人を起訴することはないと考えてよいと思います。

Ⅲ 日本版司法取引（合意制度）の運用上の重要ポイント

1 合意制度の適用場面

⑴ 他人が自社または自社の役職員の場合

　合意制度において被疑者等の協力行為によって解明の対象となる他人が自社または自社の役職員の場合に考えられる適用場面は、〔図表4〕で示したとおりであり、適用される可能性があるのは、基本的には、被疑者等と他人

〔図表4〕 自社または自社の役職員に適用される場面

被疑者等	他人	適用可能性
従業員	幹部従業員、役員	(a)
	会社	(b)
	幹部従業員、役員および会社	(c)
幹部従業員	従業員	(d)
	役員	(a)
	会社	(b)
	役員および会社	(c)
下位役員	従業員、幹部従業員	(d)
	上位役員	(a)
	会社	(b)
	上位役員および会社	(c)
上位役員	従業員、幹部従業員、下位役員	(d)
	会社	(b)
会社	役員等	(e)

＊網掛け部分は適用可能性あり。

は、組織ないし立場において、前者が下、後者が上という関係にある場合ということになります。

　具体的には、たとえば、従業員、幹部従業員または下位役員が、組織において自分より上位者からの指示で、談合やカルテルを遂行したというケースで、他人である上位者（幹部従業員、役員または上位役員）の関与を示す供述や客観的証拠を提供するという場合が典型です（〔図表4〕(a)の場合）。また、談合やカルテル等は両罰規定が定められていますので（独禁法95条1項1号）、この他人に会社が加わる場合もあり得ます（〔図表4〕(c)の場合）。合意制度が適用された前記の自動車メーカーに係る金商法違反の事案では、元代表取締役会長らが、部下である幹部従業員に指示して犯行に及んだというものであり、当該幹部従業員らが元代表取締役会長らの犯行への関与を示す供述や証拠を提出したことの見返りに不起訴となる一方で、元代表取締役会長らと会社が起訴されたというものですから、この類型にあてはまります。

　これに対し、他人が会社だけという場合は（〔図表4〕(b)の場合）、実際に合意制度が適用されることは考えにくいでしょう。両罰規定により会社の刑事事件が問題になる場合、会社の業務に関して犯罪行為を行った従業員または役員に関する証拠があれば、基本的には会社に関する証拠も足りているので、検察官として、あえて従業員または役員から処分の軽減を見返りとして会社の関与を証明するための証拠を収集すべき必要性は乏しいと考えられるからです。

　また、他人が被疑者等より組織内で立場が下の者である場合（〔図表4〕(d)の場合）は、一般に、上の立場にある者が下の立場の者の犯行を解明するための協力をする見返りに自らは処分の軽減を受けるということは、合意制度の趣旨に必ずしも合致しませんので、個別事情にもよりますが、典型的な例としては考えにくいでしょう。

　ただし、〔図表4〕(e)の場合のように、たとえば、会社が被疑者等として、他人である役員等による犯罪行為を捜査機関に申告し、会社自身は合意制度により訴追を免れるということは、〔図表4〕(d)の場合と同様、一見すると、

53

第2章　制度編／Ⅲ　日本版司法取引（合意制度）の運用上の重要ポイント

制度の趣旨にそぐわないようにも思われますが、たとえば、前経営陣による不正行為（犯罪）の責任追及の一環として会社がその捜査等に協力するという例を想定すると、十分あり得るように思います[13]。首謀者である前経営陣を適正に処罰するという点では制度目的にむしろ合致しますし、会社のそうした行動は株主はじめ多くのステークホルダーの利益にも沿うものだからです[14]。

　また、会社（トップ）の方針としては当該犯罪行為を許容していないにもかかわらず、その方針に反し、役職員が当該犯罪行為に及んだ場合に、会社としてはコンプライアンスを遵守する姿勢を明確に示すため、当該役職員が処罰されることを承知で捜査機関に協力するという場合もあり得ます。そして、会社の協力行為により当該役職員の犯罪行為が立証できる場合には、会社自体も不起訴とするなどの合意制度の運用も想定されます。前記の火力発電事業会社に係る外国公務員に対する贈賄の事案はこの類型にあてはまるように思われます。

　なお、以上は、従業員、幹部従業員、下位役員、上位役員、会社がそれぞれ被疑者等として単独で対象となる場面を想定しておりますが、〔図表4〕(a)については、併せて、会社も「被疑者等」として適用対象となることも考えられます。つまり、両罰規定がある場合、実行者に加えて会社自身も協力行為を行い、合意に基づき処分の減免を受けることも制度上あり得るということです。

13　米国では、たとえばカルテルに関与した役職員が、司法当局と企業の司法取引から除外され、個人として刑事罰の対象とされることがあり、「カーブアウト」（carve out）と呼ばれています。

14　合意制度の適用第1号事件となった前記の火力発電事業会社に係る不正競争防止法違反（外国公務員に対する贈賄）においては、関与した役員等が起訴され、会社自体は合意に基づき不起訴となりました。この点について、会社が助かるために当該役員を売った、とかげのしっぽ切りではないかという批判的な見方も一部にあるようですが、会社は、イコール経営陣ではなく、それ自体一個の社会的存在として、不正にかかわらなかった多くの従業員をはじめ社内外の多くのステークホルダーの利益を担う立場にありますので、一概に上位者である会社が下位の立場にある当該役員を切り捨てたという評価をすることはできないように思われます（☞第3章実務対応編170頁等参照）。

54

第2章　制度編／Ⅲ　日本版司法取引（合意制度）の運用上の重要ポイント

(2)　他人が他社または他社の役職員の場合

　複数の会社が関与したカルテル事案などのように、他社または他社の役職員が関係する企業関連犯罪において、検察官が組織的に行われた犯罪の全容解明につながると考えた場合には、自社またはその役職員について、合意制度が適用される可能性があります。

　ア　他社またはその役職員が他人となる場合とはどのような場合か

　合意制度は、検察官の立場からすると、主として、組織的に行われた犯罪における上位者を処罰することを目的として、上位者の関与を示す証拠を得ようとするものですので、典型的には、自社の上位役員を他人として、被疑者等である下位役員や従業員と協議・合意をするという場面が想定されます。これに対し、他人が他社またはその役職員である場合には、組織内における上下関係ということではありませんが、被疑者等となっている会社またはその役職員の刑事責任を減免しても他の会社またはその役職員を処罰することが組織的に行われた財政経済犯罪の解明につながると検察官が考えれば、合意制度が適用される可能性は十分あります。

　具体的な適用場面は事案に応じてさまざまであると思われますが、たとえば、次のようなケースでは、検察官が合意制度を利用しようと考える可能性があります。

①　事案の全容が十分に明らかになっていない段階で、ある会社またはその役職員が積極的に捜査・公判に協力することにより、複数の会社が関与した大規模なカルテル事案（独禁法違反事件）の全容が明らかになる場合

②　ある会社またはその役職員が積極的に捜査・公判に協力することにより、外国公務員に対して極めて高額な賄賂を渡したり、過去にも同様の犯罪を行っていた他の会社が再び外国公務員への贈賄に及んだりしたというような、より悪質な会社の犯罪を摘発することができる場合

55

イ　他社またはその役職員が他人となる可能性がある場合の自社の対応は
どうすればよいか

　このような場合には、自社または自社の役職員が被疑者等となったことが
判明した時点で、会社として、他社または他社の役職員が関連する犯罪を行
っている疑いがあるか否かも含めて的確に事実調査を行い、そのような証拠
を自社側から提供できるのであれば、弁護士と相談のうえ、合意制度の利用
を検察官に持ち掛けることを検討する必要があります。

　このように他社またはその役職員の犯罪への関与の解明に協力するという
ことは、言わば告げ口になり、当該他社を含む同業会社との今後の関係や業
界内における自社の立場を慮ってためらわれるかもしれませんが、企業が社
会的責任を果たすうえで不正との決別は不可欠であり、それを怠った場合の
株主代表訴訟リスクもあることに照らせば、むしろ積極的な対応が望ましい
といえます。また、他に関与した会社もこれと同じような考え方をすること
は十分あり得ますので、そうなると合意制度の利用で先を越される可能性も
あります。必ずしも「早い者勝ち」というわけではないでしょうが、出遅れ
は不利に働きかねないため、早急な検討・対応が望まれます。

2　今後の課題

(1)　処分軽減の基準の必要性

　合意制度の運用において、被疑者等に与えられるメリットとして、どの程
度の処分の軽減を受けられるのかについての基準は、現段階では、検察当局
から、何ら示されていません。

　米国においては、連邦量刑ガイドライン（☞コラム8　米国の連邦量刑ガイ
ドライン179頁参照）が公表され、量刑にあたって考慮される情状等が数値化
されているため、予想される量刑の幅が絞り込むことができます。これに対
し、わが国の検察実務においては、法律で定められた刑の範囲内で、事件の
個別具体的な情状を考慮して、検察官が求刑を決めています。もちろん、犯
罪類型に応じたある程度の求刑相場のようなものはあり、経験のある弁護人

第2章　制度編／Ⅲ　日本版司法取引（合意制度）の運用上の重要ポイント

であれば、ある程度の予測を立てることもできますが、当該事件について最終的にどのような求刑をするかは検察官以外わからないといわざるを得ません。もちろん、検察官との協議の中で、合意がなかったとした場合の処分（求刑）内容と合意が成立した場合の処分（求刑）内容の両方が示され、具体的にどの程度の軽減がされるかが示されることになると思われますが、実際に協議に入らなければわからないことです。

　このように、検察官に対し合意制度の適用を申し入れるかどうかを判断するにあたって、処分軽減の目安がないということは、企業関係者から見れば、予見可能性が乏しく、使い勝手がよくないといえるでしょうし、翻って考えると、検察当局としても、今後、組織的犯罪に関する有力な証拠を獲得していくうえである種の足かせとなりかねません。

　そうした観点からは、処分軽減の基準がオープンになることが望ましいといえますが、裁判所の量刑裁量に関係する事柄でもありますので、容易ではないでしょう。

(2)　情報開示の必要性

　少なくとも合意制度の適用事例（2例）を見る限り、他人の刑事事件の公判において合意内容書面の取調べが行われる前の段階で、検察当局から、具体的な合意内容等について公表されてはいないようです。

　他方、米国では、公表時期は司法省の裁量に委ねられているようですが、通常は、合意した時点で、企業名、被疑事実の内容、企業側が合意した罰金の額、起訴の有無、起訴猶予する場合の条件のほか、カーブアウトされる役職員の氏名等まで、比較的詳細な内容が公表されています。その背景には、米国では自己負罪型の司法取引が頻繁に行われその件数が多いため、運用の適正性を情報開示によりチェックする機会を担保するという事情があるといわれています。

　わが国の合意制度は、捜査・公判協力型ですが、引っ張り込みの危険が内在し、場合によってはえん罪を招く可能性もあることから、その運用の適正性をチェックする必要性は高いといえます。

57

第2章　制度編／Ⅲ　日本版司法取引（合意制度）の運用上の重要ポイント

　したがって、今後、検察当局には、運用の透明性を高め、運用の適正性や制度そのものに対する信頼性を確保する見地から、合意制度の運用に関する情報開示のあり方を検討し、適切に説明責任を果たしていくことが期待されます。

第3章　実務対応編

I　事例ア（内部型・上司 vs. 部下）

> 　甲社の経理課長Ａは自分の遊興費を工面するために会社の資金3000万円を着服していたことが判明し、甲社はＡ課長を業務上横領の被疑者として検察庁に告訴した。
>
> 　ところで、Ａ課長は、内部調査に対し、横領事件について当初から素直に犯行を認めていたが、「営業本部長Ｂから裏金を作るように指示された。Ｂ本部長の話では、営業担当役員であるＣ取締役の指示で裏金を作り、乙市が発注する工事の入札業者に指名してもらうために、乙市の土木建設部長のＤに現金を渡すということであった」という話をしていた。

　この事例では、「他人」として、さらに公務員である乙市のＤ土木建設部長もかかわってきますので、外部型にも該当してきます。

※関係者に成立する可能性のある犯罪

　●Ａ：業務上横領（刑法253条）（法定刑は10年以下の懲役）、贈賄（同法198

第 3 章　実務対応編／Ⅰ　事例ア（内部型・上司 vs. 部下）

条）（法定刑は 3 年以下の懲役または250万円以下の罰金）

- ● B および C：業務上横領および贈賄の（共謀）共同正犯（上記罰条に加え、刑法60条）
- ● D：受託収賄（刑法197条 1 項）（法定刑は 7 年以下の懲役）

〈甲社としての対応サマリー〉

① 　甲社としては、速やかに調査体制を整え、A 課長から十分なヒアリングおよびその供述を裏付ける客観資料の確保に努める。併せて、B 本部長や C 取締役からもヒアリングを行い、A 課長の申告が信用できるものかどうかを確かめる。
② 　A 課長の申告が基本的に信用できると判断した場合には、甲社として積極的に捜査機関へ協力していくとの方針を決める。
③ 　そのうえで、A 課長およびその弁護人と十分な打合せをしたうえで、A 課長による検察官への協議・合意の申入れをサポートする。
④ 　B 本部長や C 取締役も、A 課長と同趣旨の供述をし、検察官との協議・合意の意向を示している場合は、その実現性も見極めながら、②と同様の対応をする。
⑤ 　捜査協力の必要性に応じ、上記①の社内の調査体制は維持する。
⑥ 　本件が、甲社のガバナンス・内部統制に起因し、また組織の風土が影響していると認められ、十分な背景・原因の分析とともに再発防止策の検討が必要と認められる場合には、捜査の進展を見つつ、第三者委員会等の設置を検討する。

1　会社の上司・部下の関係で司法取引（合意制度）が問題となる事例

【法務部員】　先生、今日は、わが社の法務部で問題になっている件について相談したいことがあり、うかがいました。

【弁護士】　久しぶりにお会いしましたが、P さんが私の事務所に来るのは何か困った問題が起きたときだけですね。今回はどのようなことが問題になっ

ているのですか。

【法務部員】　先生、そんな意地悪を言わないでくださいよ。

　実は、弊社の経理課長のＡが競馬にのめり込み、馬券代を工面するために会社の資金3000万円を着服していたことが判明しました。会社ではＡ課長を業務上横領の被疑者として検察庁に告訴したのですが、横領事件について内部調査をしていた中で、Ａ課長が、「営業本部のＢ本部長から裏金を作るように指示されました。Ｂ本部長の話では、営業担当役員であるＣ取締役の指示で裏金を作り、乙市が発注する工事の入札業者に指名してもらうために、乙市の土木建設部のＤ部長に現金を渡すということでした」という話を始めたんです。こんな話がいきなり飛び出してきて、法務部では扱いに困ってしまっておりまして。

　法務部長からは、「最近、新聞で読んだ『日本版司法取引』というものが関係するのではないか」という話があり、先生に教えてもらってこいと指示を受けました。

　先生、「日本版司法取引」という言葉は聞いたことがありますが、どのようなものなのでしょうか。

【弁護士】　Ａ課長のことは私も知っていますが、競馬が好きでしたからね。困ったものです。

　ところで、法務部長のおっしゃった「日本版司法取引」というのは、正式には「合意制度」といいまして、他人の刑事事件の捜査などに協力する見返りに、自分の刑事責任を軽くしてもらったり、免除してもらったりする制度のことです（☞第２章制度編18頁参照）。2018年（平成30年）６月から始まった制度で、適用事例がまだ２件しかないので、あまりなじみがないかもしれないですね。

【法務部員】　私もほとんど知識がありません。ただ、2018年（平成30年）、有名自動車メーカーの元代表取締役会長の事件でこの司法取引が使われたということで、大きな話題になっていましたので、私自身もそうですが、社内でも関心は結構高くなっています。社内のお偉いさんが「うちは大丈夫か」

61

第3章　実務対応編／Ⅰ　事例ア（内部型・上司 vs. 部下）

なんて、心配するようなことを言っています。それはそれとして、この制度、ちょっと聞いた感じでは、なんだか、自分が助かりたいばかりに他人を売るようで、違和感をもってしまいます。ところで、今回の事件で、司法取引、つまり、合意制度は、具体的にどのように関係してくるのでしょうか。

【弁護士】　たとえば、A課長が検察官に対し、B本部長やC取締役が行ったかもしれない事件の捜査について協力するということを約束して、A課長が犯した事件について不起訴にしてもらうということが考えられますね。B本部長やC取締役については何罪が問題になりそうですか。

【法務部員】　公務員にお金を渡したことですよね。贈賄罪（刑法198条）ということでしょうか。

【弁護士】　そうですね。A課長には贈賄罪の共犯が成立する可能性もあり、そちらを不起訴にしてもらうという可能性もあります。つまり業務上横領罪については起訴、贈賄罪の共犯については不起訴という場合です。

　ちなみに、合意制度の適用対象となる犯罪は、「特定犯罪」に限定されています（☞第2章制度編25頁参照）。賄賂を贈った側の贈賄罪も賄賂を受け取った側の収賄罪（刑法197条）もともにこの特定犯罪にあたります（法350条の2第2項1号）。

2　会社は司法取引の主体となるか

【法務部員】　以前、新聞で読んだ事件では、会社自体が合意制度で罪を免れたというようなことが書かれていたと記憶していますが、今回の件では弊社自体は問題にならないのですか。

【弁護士】　さすがに法務部員だけあって、その手の新聞報道は気にかけているのですね。感心です。確かに、合意制度の初適用事例では、会社が検察官と合意することによって不起訴とされましたね（☞コラム1　合意制度の適用事例14頁参照）。

　そのケースは、外国公務員に対する不正の利益の供与という不正競争防止法違反（不正競争防止法21条2項7号、18条1項）の罪に関するもので、会社

62

も両罰規定（同法22条1項3号）によって刑事責任の対象となるものでしたので、会社が合意制度の当事者となりました。ただ、今回のケースで問題となりそうな贈賄罪には両罰規定がありませんので、会社が合意制度の当事者となることはありません。

【法務部員】　同じ贈賄事件といっても、会社自体が処罰される場合とそうでない場合があるのですね。

　ところで、会社が合意制度の当事者にならないとすると、会社として、今回のケースについては、合意制度に関し検討する必要はないということになるのでしょうか。

【弁護士】　そんな他人事は言っていられないでしょう。仮にA課長の話が本当だとしたら、役員が会社の業務を行ううえで犯罪を行ったことになりますから、会社にとって、大きな信用低下を招く深刻な事態です。そのような不祥事が起きた場合に、会社がどのような対応をしたかということは社会の厳しい評価にさらされることになります。会社としては、その社会的責任を自覚して事態の収拾にあたり、一刻も早く社会的な信用を回復するために適切な行動をとっていく必要があります。

【法務部員】　以前に弊社の役員セミナーに来ていただいた際にも先生はそのようなお話をされましたね。不祥事が起きた際に会社が適切な事後対応を怠れば、会社に対しても執ような捜査が行われ、イメージダウンにつながるし、業務にも支障が生じるという話をされていました。逆に、会社が捜査に協力して真相解明に積極的な姿勢を示せば、その会社は自浄作用が働いていると評価されて社会的な信用を取り戻すことができるともおっしゃっていましたよね。

【弁護士】　そのとおりです。よく覚えていましたね。今回のケースでも、A課長の話が信用できるのであれば、いくら会社の業務のうえで行われたことであったとしても、贈賄行為という犯罪によって利益を得ることなどあってはならないことですので、会社としても、社会的責任を担っている以上、捜査に誠実に協力しなければならないということになるのではないでしょうか。

第3章 実務対応編／Ⅰ 事例ア（内部型・上司 vs. 部下）

検察官と合意をするかどうかはＡ課長自身の判断であって、もちろん無理強いすることは許されませんが（☞本章98頁参照）、少なくともＡ課長に合意制度の利用を促すことはできると思います。会社としても、合意制度の当事者ではなかったとしても、捜査機関に協力していくというスタンスで臨んでいくべきだと思います。

3 事実調査

⑴ 事実調査の必要性、重要性

【法務部員】 それでは、会社としては、まず何をしなければならないかということですが、やはり、Ａ課長の話が信用できるのかどうかを確かめる必要がありますよね。

【弁護士】 そのとおりです。もしかすると、Ａ課長は自分の業務上横領が発覚した腹いせにでたらめを言って、Ｂ本部長やＣ取締役を巻き込もうとしている可能性（引っ張り込みの危険性）（☞第2章制度編50頁参照）も考えられますので、まずは、しっかりとかつスピーディーに事実調査を行って、Ａ課長の話の真偽を確かめることが必要です。この事実調査が、それ以降の、会社としての方針決定や対応の全てのベースとなってきます。つまり、事実調査の結果、Ａ課長の申告が基本的に正しいと認定できるのであれば、合意制度への適用や捜査協力には積極的に対応していくことになりますが、逆の場合には、慎重な対応が求められます。

　本件のケースは基本的には内部型ですが、典型的な外部型（後記の事例ウ）の場合、すなわち他社も特定犯罪に関与している場合には（☞第2章制度編55頁参照）、合意獲得に向け一種の競争のような状態が生じますので、事実調査はとても大切になります。

⑵ 事実調査の実施体制

【法務部員】 わかりました。ところで、このようなケースで事実調査を行う場合には、どのような体制で行ったらよいのでしょうか。最近では、企業不祥事が起きた場合に外部の弁護士などによって第三者委員会を立ち上げて調

査を行ってもらうということが多いように承知していますが、今回も第三者
委員会を立ち上げて事実調査を行う必要があるのでしょうか。

【弁護士】　確かに、第三者委員会による調査が一種のトレンドのようになっ
ていますね。その理由について、どう思いますか。

【法務部員】　そのほうが外部に信用してもらえるからですか。

【弁護士】　そうですね。そこが最も大きな点だと思います。企業等が不祥事
を起こした場合、自前で調査をして、その結果を外部に示しても、内容次第
ではありますが、客観性に乏しいので自社に不利になるような調査結果はあ
えて出さないのではないか、つまりお手盛りではないかという目で見られる
おそれがあります。それよりも、外部の独立した専門家で構成される委員会
に依頼して、中立公正な立場で調査をしてもらうほうが適切な場合があると
いうことです。日弁連でも第三者委員会に関するガイドライン（☞〔資料４〕
293頁参照）を作っています。

【法務部員】　そうすると、今回のケースでも第三者委員会を立ち上げたほう
がよいということになりますか。

【弁護士】　一概にそうともいえません。どのような調査体制とするかという
ことは、あくまで手段であって、それ自体が調査内容の真実性や妥当性を保
証するというものではありません。また、独立した委員だけですと会社の内
情を理解するにも相当時間が掛かりますので、迅速性・機動性に優れている
とはいえません。それに今回のケースは刑事事件で、しかも、今後、賄賂を
受け取ったとされる公務員に対する捜査も予想されます。捜査機関は、捜査
上、保秘を重視しますので、その面からも、第三者委員会方式がなじむとも
思えません。日弁連のガイドラインでも、企業等が弁護士に対し内部調査へ
の参加を依頼することによって、調査の精度や信ぴょう性を高めようとする
内部調査型と、企業等から独立した委員のみをもって構成され、事実調査の

1　最近、このような委員会の名称として、社外調査委員会、独立調査委員会といったも
のもあるようですが、主に会社と利害関係のない独立した立場の専門家等で構成される
という意味では、ここでいう第三者委員会と同様に位置付けられます。

結果に基づき、原因を分析し、必要に応じて具体的な再発防止策等を提言する第三者委員会の二つのタイプをあげています。要するに、ケースバイケースで、内部調査型か第三者委員会型かを使い分けるということだと思います。

【法務部員】　結局、どうすればよいということですか。

【弁護士】　今回のケースでは、迅速に調査を実施して、Ａ課長の話が信用できるかどうかを早期に見極めて捜査機関に協力していくことが主眼にありますので、まずは第三者委員会を立ち上げるよりも、内部調査型が適切だと思います。つまり、会社内部で本件に関与していない社員で調査に適した人材を集め、そこに外部の公正中立性のある専門家を加えた調査チームを編成するのがよいのではないでしょうか。専門家としては、調査能力に優れた弁護士のほか、お金が絡んだ事案ですので会計処理の実務に通じた会計士、Ｅメール等の電子データの分析に長けたデジタル・フォレンジックのエキスパート等が考えられます。

【法務部員】　そうすると、第三者委員会は必要ないということでしょうか。

【弁護士】　これは御社の判断次第ですが、たとえば、今回のケースに対する社会の見方として、企業風土に絡んだ根深い原因・背景が潜んでいるとか、実効性のある徹底した再発防止策を講じなければ信用回復はおぼつかないというようなことがあるのであれば、内部調査を実施したうえで、その後、さらに、第三者委員会を立ち上げるということも考えられます。

【法務部員】　なかなか面倒臭いことになりますね。

【弁護士】　会社が多くのステークホルダーに対しその責任を誠実に果たしていくためですので、面倒臭がっていてはいけません。急がば回れともいいますよ。

【法務部員】　社内で調査チームを組む場合、どのような人材が適しているといえるでしょうか。

【弁護士】　まず、法務部門、コンプライアンス部門、内部監査部門などの管理部門から、適任者を選ぶことが考えられます。また、お金絡みのことですから、経理部門からの人選も必要だと思いますが、経理課長がＡ課長とい

うことを考えると、A課長の上司や部下では調査担当者としてふさわしいとはいいにくいですね。経理部門の内情を知っているという意味で、現在は他部署に異動しているが、以前経理部門に在籍していた経験のある社員をメンバーに加えるという選択肢はあると思います。また、本件贈賄は官公庁向けの営業の業務遂行の過程で行われたことですから、その種の業務の実態を知る営業部門からの人選も必要でしょう。ただし、B本部長やC取締役のラインにいる役職員ですと、不当な影響を受けるおそれがあって中立性に問題がありますので、ライン外から適切な人を選ぶべきでしょう。これらの内部人材に外部の専門家を加えたメンバーで調査チームを構成するというイメージです。

【法務部員】　この調査チームの組織上の位置付けや権限について留意すべき点はありますか。

【弁護士】　調査チームの責任者は、たとえば、コンプライアンス担当役員とし、社長に直接ぶら下がる組織とすべきです。つまり、通常の業務遂行のラインではなく、ダイレクトに、社長に報告しその指示・指揮を受けることとすべきです。調査へ不当な影響が及ぶことを避けるためです。また、調査の実効性を担保するため、社長から、あらかじめ、全役職員に対し、調査へ協力することを業務として命令してもらうことも必要でしょう。社長から全社員へ向けたEメールを送信するということなども考えられますね。

(3)　事実調査の迅速性

【法務部員】　この種の調査には、どのくらいの期間をかけるものなのでしょうか。

【弁護士】　これは事案によりけりです。ただし、すでに業務上横領でA課長を告訴している以上、捜査機関がいつ捜査を始めてもおかしくありません。捜査機関において、裏金の一部が贈賄資金になっていたことを先に突き止めてしまえば、合意制度が適用される余地は小さくなってしまいます。ですか

2　事案にもよりますが、捜査機関に告訴してもすぐに捜査を始めてくれるわけではありません。中には、捜査着手まで長期間がかかる場合もあります。

ら、あまり長々と時間をかけるのはよくありませんね。本件のケースは比較的単純な事案のようですので、せいぜい数週間から1か月といったところでしょうか。ただし、事案によっては、不正行為が長期に及んでいたり、不正の手口が複雑であったりすると、数か月あるいはそれ以上の期間が必要になることもあるでしょう。いずれにしても、**迅速性・機動性**が求められることはいうまでもありません。調査チームのメンバーも本来の業務があるでしょうし。

【法務部員】　事実調査に時間を掛けすぎて、その間に当該社員が会社には無断で検察官と協議・合意をしてしまうといったことは考えられますか。

【弁護士】　当該社員が内部調査に素直に応じていて、会社に対し特段不信感をもっていなければ、通常はそういうことは考えられません。ただし、当該社員に対し、会社の調査が消極的であるとか、上位者の責任を殊更に矮小化しようとしているとか、調査が遅々として進まず会社としての方針が曖昧であるといった印象をもたせてしまうと、自分に責任を押しつけられることをおそれるなどといった不信感から、会社には無断で検察官へ協議・合意の申入れをしてしまう可能性はあります。会社として、そのこと自体を禁止するわけにはいきませんが（☞本章98頁参照）、やはり、当該社員の協力を得て調査を進め、会社としての方針を決定したうえで、協議・合意の申入れをしてもらいたい、少なくとも無断で動くのはやめてもらいたいところです。ですから、当該社員に会社としてのスタンスに不信感を抱かれないよう、適切なコミュニケーションを確保することに気をつけなければなりません。

(4)　事実調査における留意点

ア　一般的な留意点

【法務部員】　事実調査を進めるにあたっての留意点を教えてください。

【弁護士】　一般的な留意点は、〔図表5〕のとおりです。

　そのポイントについて説明しますと、まず、調査に速やかに着手することが重要です。ただ、一見して箸にも棒にも掛からないような情報については無視してよいと思います。問題は、その見極めです。もたらされた情報の重

〔図表5〕　事実調査の留意点

速やかな着手	対応の遅れによるダメージ 合意制度利用のための判断材料の入手
調査体制の確立・整備	平時から基本となる体制を想定・用意 調査チームへの明確な権限付与と社内への周知徹底 代表取締役・コンプライアンス担当役員直轄の組織
ヒアリングにおける留意点	真相解明の重要性を理解させる 協議・合意制度のメリットを理解させる 組織ぐるみの隠ぺい、口裏合わせの疑念を招く言動は厳禁
証拠保全の必要性	証拠隠滅の疑念を招く行為は厳禁 電子データを含む証拠保全の徹底
他人の関与を示す証拠の収集	会社による調査の限界と時間との兼ね合い 客観証拠の重視 捜査手続に詳しい弁護士からのアドバイス
保秘の徹底	情報漏れによる捜査妨害・証拠隠滅のおそれ 他社に先行されるおそれ

大性に応じ、とりあえず、その確度を見てみるため、一部の裏付け調査をし、ある程度裏付けがとれてくるようであれば、さらに調査の範囲や程度を深化させていくといったやり方が考えられます。最初から、細部にわたるまで徹底的な調査をすることなど現実的ではありませんので、手探りでも結構ですから、徐々に進めていき、その内容に応じて調査体制を整えていけばよいと思います。肝心なことは早期着手だと思います。手をこまねいているだけではいけません。そのためには、平時から、どのような体制で調査を進めるのか、調査体制の陣容に加え、その指揮命令系統や組織的位置付けがはっきりわかるように整備しておくことが必要だと思います。また、先ほども申し上げましたが、代表取締役ないしコンプライアンス担当役員直轄の組織として、業務命令として役職員に対し調査への協力義務を課すことができるようにしておくべきです。何か事が起こってから泥縄式に作っているようでは迅速な対応など望めないでしょう。

第3章　実務対応編／Ⅰ　事例ア（内部型・上司 vs. 部下）

　ヒアリングに関しては、いろいろと関係者から話を聴き、その内容を整理・把握する必要はありますが、注意してほしいことは、会社として行ったヒアリングが、後日、関係者の口裏合わせとか証拠隠滅につながったというような誤解を受けないようにすることです。たとえば、ある関係者の話を別の関係者に不用意に伝えてしまうとか、調査の便宜のために作成した供述の一覧表のようなものが関与の疑いのある役職員に渡ってしまうといったことです。組織的な隠ぺい工作をする意図がなかったとしても、そのような疑いを受けること自体がマイナスです。そのことがきっかけで、捜査機関から大規模で徹底的な強制捜査（捜索・差押え等）を受けることもあるのです（☞本章135頁参照）。肝に銘じておきましょう。

　次に、証拠保全の重要性です。証拠は検察官との合意を獲得するためには不可欠といえますので、きちんと整理・管理し、厳重に保管しておきましょう。散逸したり、廃棄されたりしてしまえば、調査自体が水泡に帰すことになりかねません。検察官への協力も難しくなります。かえって、証拠隠滅を図ったのではないかと疑われてしまいます。ですから、調査開始の当初から原本の厳重保管、ファイリング、整然とした管理に十分配慮するようにしてください。几帳面でパソコンにも詳しい社員が適任ですね。

　また、検察官との合意を獲得するため、他人の関与を示す証拠を集めるという視点は外せませんね。本件でいえば、B本部長やC取締役の贈賄罪への関与ということになります。詳しくは後で触れたいと思いますが、検察官に対しては、供述だけではなく、それを裏付ける客観的資料を提供していくことが不可欠です。ただ、会社による任意の調査の限界もありますし、長々と時間を掛けるわけにもいきません。刑事手続に詳しい弁護士のアドバイスも受けながら、どの程度の証拠を提供すれば検察官に信用してもらえるかどうかを見極めていく必要があります。そのためにも、弁護士を通じた検察官との密なコミュニケーションが大事になってくると思います。

　さらに、気をつけていただきたいことは、調査中の情報管理、保秘の徹底です。調査進行中の情報管理が疎かになると、調査対象者等に当該情報が伝

70

3　事実調査

わり、証拠隠滅・証拠隠しをされるおそれがありますし、マスコミ等へのリーク、ネットへの書き込み等によって、虚実入り混じった不確かな情報が社会に広まり、社内外の混乱を招くことにもなりかねません。捜査機関からの信用も落としてしまうことになります。これが、他社も関与した犯罪の場合ですと、当該他社に調査情報が伝わり、結果として、検察官との協議・合意において先を越されてしまうことも考えられます。ですから、社内でも情報共有の範囲を限定し、共有のやり方においても、不用意にメモを作成したり、証拠となる書類のコピーを必要以上にとったり、報告・連絡に同報者多数のEメールを使ったりすることは避けたほうがよいでしょう。情報を共有した範囲を限定し明確にしておけば、どこから情報が漏れたのかを後で追跡することも容易になります。

　海外に商流があるような場合には、特別の考慮も必要です（☞第4章番外編200頁参照）。

【法務部員】　なるほど。それでは、今回のケースに即して具体的な注意点を教えてください。

【弁護士】　今回のケースでいえば、まずは、A課長の話を詳しく聴くことが大事です。話を聴くといっても、抽象的なことばかり聴いていても仕方がありませんので、具体的な事実を中心に確認していくことです。そして、それらの事実の裏付けとなる客観的な資料を特定し、丁寧に分析することが必要になります。たとえば、客観的な資料の例としては、A課長の裏金作りの手口を裏付ける経理伝票、帳簿類、稟議・決裁関係書類、会社およびA課長の銀行口座の取引履歴、A課長の手帳やメモ類、業務日誌、送受信したEメールや添付データ、裏金の出入りを記録していたメモなどが考えられます。なお、これらの資料は後日刑事手続において証拠として必要になるものですから、先ほどお話したように、紛失・改ざんを防ぐため、きちんと整理したうえ、厳重に保管・管理しなければなりません。このような調査を

3　会社の調査には強制力はありませんので、A課長の口座記録を強制的に手に入れることはできません。A課長に任意の協力を求めることになります。

71

続けていけば、A課長がもっぱら私腹を肥やすために裏金を作っていたのか、それとも上司から指示を受けて贈賄資金を捻出するために裏金作りをしていたが、その一部を自分の懐に入れていたということなのかという点の見極めはついてきます。

　ただ、本来なら、A課長の業務上横領の告訴をする前提として、この辺りまでの調査はできていると思いますが、Pさん、大丈夫ですか。

　まぁ、それは置いておくとして、後者の疑いが濃厚であれば、さらに、B本部長やC取締役の関与の有無や実際に裏金を使って乙市のD土木建設部長に賄賂を贈っていたのかについて、調べていくことになるというわけです。なお、その前提として、乙市にDという土木建設部長が存在することやその経歴、D部長の在任期間における受注実績、交際費の支出明細等の基礎調査を済ませておくのがよいでしょう。

【法務部員】　賄賂に使ったのではなく、B本部長やC取締役も、A課長と同じように、裏金を自分の懐に入れていた可能性もありますよね。

【弁護士】　Pさん、なかなか鋭いですね。確かに、結局のところ、A、B、Cの三人が裏金を個人的に山分けしていたという可能性もありますね。仮にそうだったとしても、それ以外に贈賄資金として使われていたのかという点がポイントとなります。お金の流れを丁寧に追っていくことが不可欠です。調査チームに会計・経理に詳しい人材が必要になるゆえんです。

【法務部員】　なんだかすごく骨が折れそうですね。調査チームのメンバーは調査に専従したほうがよさそうです。ところで、一体どの程度まで調査を行えばよいのでしょうか。

【弁護士】　会社の行う調査は、捜査機関による捜査とは異なり、あくまで関係者に任意の協力を求めるものですので、当然のことながら、限界があります。厳密な事実の認定や証拠の収集は本来捜査機関の役割ですので、会社としては、A課長の話、すなわちB本部長やC取締役から指示を受けて裏金作りを行い、その一部がD部長に賄賂として渡された疑いが強いこと（基本的な事実関係）と、その事実関係の全部とはいわないまでも相当部分を裏

付ける客観的資料があることが確認できれば、捜査機関に申告する前提となる調査としてはとりあえず十分ではないかと思います。そのような基本的な事実認定を的確に行うためには刑事分野の実務に強い弁護士の助言が役に立つはずです。そういう弁護士が調査チーム自体にも加わってくれれば、さらに心強いですね。

　それと、検察官との協議が進行している間も、その後、合意が成立してからも、引き続き捜査協力を求められ、あれこれリクエストが飛んできますので、社内の調査体制は当分の間、維持していく必要があることに留意してください。つまり、合意ができたから、調査チームは解散というわけにはいかないということです。

　　　イ　ヒアリングに関する留意点——ヒアリングの具体的なあり方等

【法務部員】　関係者のヒアリングを行ううえで、心得ておくべき点を教えてください。

【弁護士】　そうですね。まず、ヒアリングを実施する担当者の人数ですが、トラブル防止のため、一対一ではなく、複数人で臨むのがよいと思います。ただし、大勢になると、威圧的になるおそれがあり、担当者間の役割分担や責任の所在も曖昧になりがちですので、せいぜい質問役と記録役で合わせて2名～3名くらいが無難だと思われます。調査チームに弁護士が加わっているのであれば、質問役をお願いするのもよいでしょう。元検察官で捜査実務に長けた弁護士なら、取調べ能力も持ち合わせていると思われますから、ヒアリングには打ってつけでしょう。ただし、ヒアリング対象者が増えてくれば、その全部を弁護士に任せることが難しい場合もありますので、Ｐさんも自分が質問役を買って出るくらいの意気込みで準備をしてほしいですね。

【法務部員】　もちろん意気込みだけはもっていますが……。

　それで、ヒアリングの前にどのような準備をしておくのがよいですか。

【弁護士】　最低限、ヒアリング対象者の経歴や社内の評価、人柄などを頭に入れておかないといけません。当該対象者やその上司・部下の人事記録を確認したり、社内の評判などを仕入れたりすることですね。また、客観的資料

第3章　実務対応編／Ⅰ　事例ア（内部型・上司 vs. 部下）

も十分読み込んでおいてください。ヒアリングの場で、対象者から言われて慌ててその場で資料をめくったりひっくり返したりでは、足元を見られかねません。そして、ヒアリング対象者に何を質問するか（ヒアリング事項）やどういう順番で質問していくかなどをあらかじめ十分練っておきましょう。現実のヒアリングでは、対象者が実際に知っている内容は聴いてみなければわからないところもあり、また、答え方にもそれぞれ個性がありますので、必ずしも想定どおりには進まないものですが、質問に漏れがないように、聴くべきことはきちんと整理しておいてください。なお、メモをとりながら質問をすると、どうしても集中力が散漫になってしまいますので、質問役は質問に徹するほうがよいと思います。そのための記録役ですが、記録といっても、必ずしも逐語録とか一問一答の問答式で記録する必要はありません。たとえば、相手の話した内容を供述調書風に整理してまとめた形のほうがわかりやすいし、時間の節約にもなる場合もあるでしょう。[4]その場合、記録役も、事前に資料を精査して事案の内容を頭に入れておかないといけませんよ。

【法務部員】　先生、ヒアリングの様子を録音しておいたほうがよいでしょうか。後で、相手が何を話していたかを確かめたい場合もあるでしょうから、録音は欠かせないように思います。ただ、相手に黙ってというか許可を得ずに録音してよいのか（秘密録音、隠し録音）という問題があります。あらかじめ相手に録音の許可を求めて断られてしまえばそれまでですし、録音の許可が得られても、録音されていること自体が相手にプレッシャーを与え、かえって話しにくくなってしまうおそれもあるように思います。

【弁護士】　録音は不可欠とまではいいませんが、そのほうが望ましいと思います。ただ、秘密録音、隠し録音は、法律上、相手の人格権ないしプライバシー権を侵害し違法であるとする説も根強いので、[5]基本的にはお勧めできま

4　もっとも、要約しすぎると、ニュアンスの違いから、解釈の余地が出てきたり、意味が変わってきたりするおそれもありますので、できる限り、相手の使った表現を用いて記録を作るように心掛けるとよいでしょう。

5　相手方に内緒で会話を録音することが違法かどうかと、その結果、得られた録音の音源自体を裁判の証拠で使えるかどうかは別の問題とされています。

せん。録音するのなら、ヒアリングの冒頭で「記録の必要上、念のため録音をさせていただきますね」とさらりと告げれば、社内関係者のヒアリングですし、拒否されるというのは考えにくいでしょう。録音されていることで心理的プレッシャーを受けて話が出にくくなるのではないかということですが、確かにそういう面も否定はできません。しかし、上手に話を聴き出せるかどうかは、ヒアリング担当者、特に質問役の質問や受け答えの内容・方法、態度やその場の雰囲気などに影響されるところが大きいので、あまり気にしないほうがよいと思います。

　なお、録音した場合、テープ起こし、つまり反訳をするかどうかですが、手間も時間も掛かりますので、不可欠とはいえません。その必要が出てきた時点で判断してください。

【法務部員】　逆に、ヒアリングの相手方が録音の許可を求めてきた場合はどうすればよいですか。

【弁護士】　相手方の任意の協力をベースに調査を進めているわけですし、こちらも録音をする以上、ヒアリングの相手方による録音を認めないわけにはいかないでしょう。そうなったら、より一層、不用意な発言には注意をしなければなりませんね。

【法務部員】　相手方が弁護士や第三者の立会いを求めてきた場合にはどのように対応すればよろしいでしょうか。

【弁護士】　普通の内部調査ではあまり聞いたことはありませんが、可能性はありますね。特に、合意制度が絡んでくる場合、十分想定できることです。まずは、クローズドな手続で進められている内部調査の性質上、立会人抜きでお願いしたいと説得してみましょう。ただ、相手方がこれに応じない場合、内部調査は相手方の任意の協力をベースとするものですから、いかんともしがたいですね。弁護士については、当該ヒアリングを実施する必要性が高い場合には、立会いを認めざるを得ないと思います。なお、相手方の弁護士が同席する場合、会社側の弁護士にもヒアリングに出席をお願いしたほうがよいでしょう。

第3章　実務対応編／Ⅰ　事例ア（内部型・上司 vs. 部下）

　他方、全くの第三者については、弁護士と異なり、守秘義務を負っていませんので、秘密保持の観点からも、立会いを認めるべきではありません。相手方が第三者の立会いを認めなければヒアリングには応じないと言い張る場合には、残念ながら、ヒアリングは断念せざるを得ないと思います。その場合には、当該相手方の話以外の証拠を基に、事実認定をしていくことになりますが、そこまで話がこじれないようにしたいものです。

【法務部員】　ヒアリング対象者への接し方とか質問の仕方で、押さえておくべきポイントを教えてください。

【弁護士】　Ｐさん、大分質問役をやる気になってきたようですね。

　まず、ヒアリング対象者の立場、つまり不正に関与している当事者なのか、それとも参考人（参考情報を聴くだけ）なのかによって、大分相手方のスタンスが違いますので、それに応じてある程度接し方も変える必要はあります。ただ、相手がどんな立場であっても、必要なことは、決して礼を失することなく、丁寧で誠実で公正な態度を示すことです。決して相手が不正に関与していると決めつけて居丈高になってはいけません。そんな態度では、本当の話を聴き出すことなどできませんからね。そして、相手にこういう約束をさせてください。「今日はあなたから本当のことだけをお聴きするために来ていただきました。とても大切なことですから、あなたも本当のことだけを話すと約束してください」と。もちろん、それでもウソをつく人はつきます。ただ、こういう約束をさせておくと、それが心理的な足かせとなりますので、普通の人はなかなか平然とウソはつけません。ちゅうちょしたり、動揺したりするものです。それが態度にも現れてきます。

　それから、具体的な質問に入っていく前に、相手が話しやすい関係性を作ることです。これを心理学用語でラポール（相互信頼の関係）といいます。相手の経歴や仕事の内容はすでに頭に入れているでしょうから、まず、そういったことを材料にできるだけ相手の話を引き出す、相手の話を理解していることを示しながら（時々相づちを打つなど）、できるだけ相手に多く話をさせ、話しやすい空気を作っていくことが大事です。ただ、質問者が調子に乗

76

って自分のことを長々と話し始めたりすると、単なる世間話になってしまうので、脱線には注意しましょう。Pさんは、普段からそういうところがあるので、気をつけてくださいね。

【法務部員】　先生は、相変わらず手厳しいですね。でも、おっしゃるとおりなので、肝に銘じます。

　具体的な質問にあたって気をつけるべき点を教えてください。

【弁護士】　Pさんは、**誘導質問あるいは誘導尋問**という言葉を聞いたことはありますか。質問者が仮説を提示し、あるいは何らかの前提事実を暗示したことに対し、「はい」か「いいえ」で答えられてしまう質問のことです。この手の質問も時に必要な場面はありますが、相手から得られる情報はどうしても限定的となってしまいます。また、その仮説自体が誤っていたり、そうでなくても、質問者と相手との間で仮説や前提事実の解釈に食い違いがあったりする場合、ヒアリング自体が誤った方向にいってしまうおそれもあります。たとえば、「あなたが裏金作りを行っていたのは贈賄資金を捻出するためだったのですね」と質問したとします。事実としては、A課長が、前々から私的に少額な裏金を作って着服を続けていたところ、そのことがB本部長にばれて、C取締役にも伝わった結果、社内でばらされたくなかったら贈賄資金の捻出に協力するように言われて、以後、多額の裏金作りを行うようになったという経緯がある場合、A課長の答えは、「いいえ」ということになってしまいかねません。A課長自身には贈賄資金の捻出という固有の動機・目的はなく、贈賄という意識が希薄だからです。また、A課長に「あなたが裏金を作っていたのは誰かの指示ですか」と聴いても、実際の経緯とは違っていますし、しかも、A課長としては、業務上の「指示」というより、協力しないとばらすと「脅された」という認識をもっている場合、やはり質問と答えがすれ違ってくる可能性も否定できません。

　したがって、少なくとも、最初のほうは、質問者からは、**手持ちの情報をできる限りさらさないようにして、「何があったのかをできるだけ詳しく話してください」**というふうに、オープンな質問から進めていくべきです。そ

77

して、相手の答えの中に手掛かりを見つけて、それを掘り下げていくことです。そうすると、相手からより多くの情報を引き出していくことができます。その後は、「そして？」「それで？」「そのあとは？」と、簡単な言葉を次いで、相手の答えを促していくことです。その過程で、相手の答えの意味や趣旨を確認することは必要ですが、質問者自身のコメントや評価はできる限り控えたほうがよいと思います。質問者の早とちりで話が誤った方向にいってしまうおそれもありますし、妙な合いの手を入れられることで、相手が話を遮られたと感じ、口が重くなったり気分を害したりすることもあるからです。さらに、注意してもらいたいのは、相手から引き出す話というのは、できるだけ具体的事実でなければならないということです。できるだけ詳細で具体的な事実・情報がわかると、その裏付けをとることが可能となり、相手の話が信用できるかどうかの見極めに役立つからです。要するに、裏付けが可能となるほどに、話を掘り下げていくことです。そして、その事実の具体的根拠となる証拠についてもきちんと尋ねてください。「あなたの話していることは、具体的に何の資料を見たら確認できますか」といった聴き方をしてもよいと思います。このようにして、相手から徐々に具体的で詳細な情報を引き出したうえで、質問者が最終的に確認しておきたい点を特定した誘導質問等を行うことは有益でしょう。

【法務部員】　先生の今のお話に関連してくるのではないかと思いますが、手持ちの証拠や情報をヒアリング対象者に示さないほうがよいということになりますか。

【弁護士】　それはケースバイケースですが、手持ちの証拠や情報を真っ先に示してしまうと、相手からの話はその範囲にとどまってしまい、新たな事実を引き出せないおそれがあります。特に、相手が話を渋っている場合には、手持ちの「カード」を知られることによって足元を見られ、言い逃れの口実を与えることになりかねません。相手が素直に話をしてくれる場合であっても、示した証拠や情報の範囲で話をすればいいんだと勝手な解釈をされて、話が深まっていかない可能性もあります。ただし、たとえば特殊な資料等で

ヒアリング対象者の説明がなければ内容の理解が難しい場合には、タイミングを見計らい、当該資料を示して詳細な説明を求めることが必要となります。

【法務部員】　今回のＡ課長のヒアリングをするにあたって、特に注意する点はありますか。

【弁護士】　基本的なところはすでに説明しているとおりですが、Ａ課長は、自分の業務上横領の罪を軽くするため、でたらめを言ってＢ本部長やＣ取締役を引っ張り込んでいるおそれもあります。このことは、「引っ張り込みの危険性」ということで合意制度に伴うリスクとして、国会における刑訴法改正の議論の中でも、繰り返し指摘された点です。そこで、制度上もいくつかセーフガードが設けられていますが（☞第２章制度編49頁参照）、Ａ課長のヒアリングでも、そういう危険性があることを十分念頭に置く必要があります。ですから、Ａ課長の話には客観的資料の裏付けがあるのかどうかなど、慎重にその信用性を吟味することが求められます。そのポイントはまた後で説明しましょう。

【法務部員】　質問の進め方については大体わかりました。ヒアリングの相手方への接し方についてはどうでしょうか。なめられないように、厳しい態度で臨むとか、なだめすかすとか……。

【弁護士】　毅然とした態度は必要でしょうが、相手を怖がらせるとか、横柄な言葉遣いをするといったことは決してよくありません。時には厳しく追及することも大事ですが、追及というのは、別に、乱暴な言葉を用いて相手を非難したり責め立てたりすることではありません。相手の曖昧な態度や答えをそのまま放置せず、粘り強く質問し確認していくことだと考えてください。ですから、基本的には丁寧な言葉遣いで、誠実な態度で接することです。世の中に誤解があるかもしれませんが、取調べで被疑者に自白させることができる捜査官というのは、概して人当たりのよい温厚な人が多いように思います。もちろん、強い正義感をもって粘り強く真相解明に努めることは当然ですが、被疑者を一方的に責め立てて追い詰めたあげく強引に吐かせるなんていう捜査官は映画やテレビドラマの世界のことでしょう。実際にそういった

第3章　実務対応編／Ⅰ　事例ア（内部型・上司 vs. 部下）

事案があれば、それこそ自白の任意性[6]は否定されることになりかねません。通常はそんな捜査官に素直に真相を語る被疑者がいるとは思えません。

　おっと、すみません。内部調査でのヒアリングと被疑者の取調べを単純に比べるわけにはいきませんね。少し脱線してしまいました。

【法務部員】　ところで、ヒアリング対象者の中には、素直に話をしてくれる人ばかりとは限りませんよね。のらりくらりと言い逃ればかりする人、明らかな事実も認めようとせず否認に終始する人から事実を引き出すのは難しいと思います。そういう人のヒアリングについて何かアドバイスはありますか。

【弁護士】　確かに、そういう人から話を聴くのは至難の業ですね。プロの捜査官だってその手の被疑者には散々苦労しているんです。ですから、そういう人に何がなんでも事実を認めさせよう、吐かせようと躍起になるのは得策ではありません。一番よくないのは水掛け論に終始することです。根気よく質問を重ね、できるだけ具体的な言い分（弁解）を言わせることが大切です。抽象的な言い争いや水掛け論の類は時間の無駄ですし、精神的にもよくありません。また、事実関係の聴取・確認がヒアリングの目的であって、その事実の評価や見解を相手方と戦わせることは百害あって一利なしといえます。可能な限り細かく具体的な弁解内容を本人の口で言わせましょう。途中で話を遮らず、粘り強く冷静に聴き出してください。否認や弁解をしているからといって、おそれる必要はありません。感情的になってもいけません。そのうえで、本人の弁解に沿う事実があるのかどうか、裏付けをとってみればよいのです。その結果、ヒアリング対象者の話が信用できるのかどうかを判断することができます。仮に、相手方がウソをついている場合、往々にして客観証拠との矛盾が出てくるものです。その矛盾をとり繕うため、つまりつじつまを合わせるため、相手方はウソの上にさらにウソを重ねるしかなくなり、

　6　自白は本人の自由な意思（任意性）に基づいて行われなければ証拠として認められません。このような任意性が欠ける自白には証拠能力が否定されます。**自白法則**とも呼ばれています。憲法38条2項は、強制、拷問、脅迫による自白、不当に長く抑留、拘禁された後の自白について証拠とすることができない旨を定め、刑訴法319条1項は、任意性のない自白を排除すべきものとしています。

80

ぼろが出てきます。また、明確な裏付けがとれなくても、常識的に見て話の内容自体が不自然だということ自体も、判断材料になり得ます。

【法務部員】 先ほども少し話が出てきましたが、ヒアリング内容は記録しておいたほうがよいということですね。

【弁護士】 形式に特に決まりはありませんが、ヒアリングの記録は必ずとっておいてください。

【法務部員】 相手にヒアリング記録の内容を確認させて、サインや判子をもらっておく必要はありますか。

【弁護士】 それ自体を裁判の証拠に使うということでない限り、そこまでの必要はないと思います。事案にもよりますが、迅速に調査を進めていくべきときに、内容確認やサインをもらうこと自体にあまり労力を掛けたくありません。

【法務部員】 この段階では、まだ、民事裁判における陳述書や刑事事件における供述調書などと同じレベルで考える必要はないということですね。

　それでは、ヒアリングの回数はどうでしょうか。

【弁護士】 対象者の重要性によりますが、後日の調査の結果、再度ヒアリングを行って確認すべき事項が出てくる場合もあります。したがって、少なくとも、ヒアリング終了時には、対象者に対し、今回のヒアリングへの協力を感謝するとともに、「後日確認の必要が出てくれば、改めてお話を聴かせていただきたいので、よろしくお願いしたい」、「あなたのほうでも、思い出したことや付け加えて話しておきたいことがあれば、連絡をしてほしい」などと、後日のヒアリングの可能性を告げておくのがよいと思います。たとえば、今回のケースのA課長の場合には、その重要性からして、複数回話を聴くことになるのではないでしょうか。

【法務部員】 たとえば、複数の対象者を同時にヒアリングしても差し支えありませんか。そのほうが効率的な場合もあるように思いますが。

【弁護士】 同時に複数の対象者にヒアリングを実施すると、互いの話に影響を受け、場合によっては自分の記憶とは違っているのに他方の人に話を合わ

せたりすることもありますので、原則としては、一回に一人ずつ実施するのがよいでしょう。ヒアリングは、打合せや意見交換の場ではなく、それぞれの人から聴取した内容を基にどのような事実認定を行うかを決めるために行われるものです。例外としては、具体的な事実認定のためというより、一般的な理解を得るための参考意見を聴いたり、客観的な資料の読み方を確認したりする必要のある場合に、効率性の観点から、必要な知識をもっている複数の人から同時に話を聴くということは考えられます。

　⑸　「他人」（本件のB本部長、C取締役）からのヒアリングの当否

【法務部員】　本件のケースでは、A課長から詳しく話を聴くことは当然だと思いますが、B本部長やC取締役に対するヒアリングはどうしたらよいでしょうか。

【弁護士】　もちろん、ヒアリングをしないわけにはいきません。ただ、B本部長やC取締役は、合意制度にいう他人ですから、おいそれと事実を認めるかどうかはわかりません。むしろ、否認ないし自分に有利な弁解をしてくる可能性を念頭に置くべきです。したがって、丸腰ではいけません。Pさんのおっしゃるとおり、まずは、A課長の話を十分聴き、それを裏付ける客観的資料を分析するなど十分な準備をしたうえで、B本部長やC取締役のヒアリングに臨みましょう。

【法務部員】　なかなか難しそうですね。

【弁護士】　簡単ではないでしょうが、準備はしっかり行わなければなりません。それに先ほどもお話したように、無理に自白をさせることもできませんし、ここは、予断をもつことなく、相手方の言い分をじっくり聴くことです。先ほども話したように、できるだけ詳細な弁解をさせて、その裏付けをとってその真偽を判断することが大事なのです。われわれは捜査機関ではありませんので、元々できることは限られています。あれこれ案じるよりは、実行あるのみです。それに、よくよく聴いてみれば、A課長の言っていることのほうが信用できず、B本部長やC取締役に対するぬれ衣であったということだってあり得るわけです。

(6) 本人（A課長）の供述の信用性判断のポイント

【法務部員】　確かにそうですね。ところで、A課長の話が信用できるかどうかを判断するポイントを教えてください。

【弁護士】　A課長が裏金を作ってその中から私的に着服していたという業務上横領は間違いないということですので、①その裏金作りがB本部長やC取締役の指示に基づくものであったかどうか、②その裏金が贈賄資金を捻出するためのものだったのか、③実際にそれが賄賂に使われたのか（B本部長やC取締役が乙市のD部長に賄賂を渡していたかどうか）といったことが調査の焦点になってきます。A課長の話が信用できるかどうかを判断するにあたっては、このような焦点となる事実について、①内容が具体的かつ詳細かどうか、②説明内容が一貫しているかどうか、それとも合理的な理由なく変遷しているか、③内容が客観的資料に裏付けられているかどうか、客観的事実と符合しているかどうかといったところがポイントになります。③の客観的資料に関しては、合意制度における協力行為として、検察官から、本人の話だけではなく、その話が信用できる根拠として具体的な裏付け資料が求められるはずですので、とても重要です。その他、自分の不利になることも含めて率直に話しているかどうかといったところも信用性判断の参考になると思います。

【法務部員】　たとえば、客観的資料としてはどのようなものが考えられますか。

【弁護士】　そうですね。裏金作りを指示されたA課長としては、その全部を私的に使っていたと疑われないようにするため、裏金の出し入れについて、その日付、金額、渡した相手方等をメモなり何らかの記録にとどめておくのが通常かと思います。言わば収支の明細ですね。そうでないと、後になって、「全部お前が私的に横領していたのだろう」と言われ、全責任をとらされる羽目になりかねません。ですから、そうした裏金の管理に関する資料がまず考えられます。また、B本部長やC取締役からEメールで指示を受けたり、A課長がEメールで報告をしたりしていたという場合は、当該Eメール

第3章　実務対応編／Ⅰ　事例ア（内部型・上司 vs. 部下）

（ただし、社内メールを使うにしてもあからさまに裏金を作れと書くことはあまり考えられず、何か符牒のようなものを使うはずです。また、個人のメールやラインのやりとりもあり得るでしょう）や、A課長の備忘録・メモ類の記載も裏付け資料となります。それから、A課長のB本部長やC取締役との面談・打合せを示す社内記録も考えられます（通常の決裁以外に、頻繁に打合せをしているような場合、それが裏金指示ないし報告の場になっている疑いがあります）。さらに、A課長が私的に使っていたのは裏金の一部にすぎないということも、その残りが贈賄資金にあてられたことを間接的に示しますので、A課長個人名義の銀行口座の取引明細やクレジット利用記録等も、任意で提出してもらえるのであれば、裏付け資料となります。そのほか、実際に乙市のD部長に賄賂を渡していたのがB本部長かC取締役なのかは定かではありませんが、両名の行動に関する社内記録（たとえば、社内管理のスケジュール、社用車の使用簿、出張に伴う旅費日当の請求・支払に関する記録等）、交際費の支出状況に関する記録等もA課長の話を裏付ける間接的な証拠になり得るでしょう。もっとも、D部長の接待にも、会社の正規の費用ではなく、裏金を使っている可能性が高いですね。その場合には、先ほど申し上げた、A課長の裏金管理のメモにそれに見合う記録が残っている可能性もあります。また、A課長が私的に使っているパソコンや携帯電話、SNSなどを見せてもらうと、このようなことが記録されているかもしれませんので、併せてA課長にこれらを求めるのがよいでしょう。

　⑺　乙市のD部長からのヒアリングの当否

【法務部員】　賄賂を受け取ったと思われる、乙市のD土木建設部長から話を聴くということは考えられませんか。

【弁護士】　確かに、賄賂を贈ったほうだけではなく、受け取ったほうの話を聴くというのは素直な発想ではあります。ただ、そもそも、お役所の幹部であるD部長が、会社によるヒアリングにおいそれと応じることは考えにくいでしょう。仮に、D部長と面談できたとしても、しらを切られることは目に見えているうえに、下手に接触を図るとD部長が罪証隠滅に走るリス

クもあります。捜査機関ではありませんので、ここはあまり無理をしないほうがよいでしょう。あえて連絡もとらないほうが無難だと思います。

　(8)　A 課長の供述の真偽が不明の場合

【法務部員】　事実調査の結果を踏まえても、A 課長の話が信用できるかどうかはっきりしない場合にはどうしたらよいでしょうか。

【弁護士】　程度問題ですが、A 課長の話はあるけれど、それに見合う客観的資料が乏しいという場合であっても、全くのでたらめとは言い切れないのであれば、その段階で調査打ち切りとするわけにはいかないでしょう。少なくとも、B 取締役や C 本部長の話を聴いてみるのがよいと思います。場合によっては、両名が贈賄の事実を認めるかもしれませんし、一方は認めて、他方は否認するということも考えられます。両名ともに、全面的に否認や弁解をするにしても、とにかく詳しく話を聴いてみて、裏付けをとるなどして、そのうえで信用性を判断すればよいと思います。結果として、B 取締役や C 本部長の関与が不明ということになれば、会社として、A 課長に合意制度の利用を促すことはあり得ません。あとは A 課長の判断次第ということになりますが、これも無理強いまではできませんね。

　仮に、検察庁によって本件贈収賄の捜査が開始された場合には、会社として、そのような犯罪の嫌疑に疑問があるとしても、捜査に非協力的な姿勢をとるのは得策ではありません。社内調査の結果の提出も含め、捜査機関からの要請に対しては、誠実に対応していくべきだと思います。なお、A 課長が捜査機関に提出したいので、会社の資料を提供してもらいたいと会社に求めてくることが考えられますが、会社として A 課長の話に信ぴょう性が低いと考えている以上、A 課長からこのような要請があったからといって、すんなり応じることはできないように思います。検察庁からの要請を受けた段階で、直接、検察庁に提出するのがよいでしょう。A 課長にもそのように説明するのがよいと思います。

第 3 章　実務対応編／Ⅰ　事例ア（内部型・上司 vs. 部下）

(9)　事実調査の結果、A 課長の話には基本的に信用性があると考えられる場合、会社としてはどうすべきか

【法務部員】　それでは、事実調査の結果、A 課長の話には基本的に信用性があると考えられる場合、会社としてはどうすべきでしょうか。

【弁護士】　A 課長の話が基本的に信用できるのであれば、もちろん、捜査機関による捜査、すなわち真相解明にできる限りの協力をしていくことになります。保全している関係証拠も積極的に提供していくべきです。A 課長から、検察官と協議・合意するため、会社の管理している資料の提供を求められた場合には、これに応じる必要があります。ただ、A 課長に資料を交付するのか、会社から直接検察庁に提供するのかは、思案のしどころです。後者のほうが確実という気がしますが、少なくとも、A 課長の弁護士（A 課長に弁護士＝弁護人を付ける必要性については後記 4 を参照）を通じて提供するのがよいように思われます。

　以上のことは、たとえ、B 本部長や C 取締役が贈賄の嫌疑を否定していたとしても同じです。

【法務部員】　B 本部長や C 取締役も、ある意味で会社のために、乙市の D 部長に賄賂を贈ったわけで、それでは、会社が B 本部長や C 取締役を切り捨てることにならないでしょうか。私も一社員として心情的には釈然としません。会社として冷たくありませんか。

【弁護士】　確かに、そういう受け止め方もあり得るとは思います。ただ、会社には、株主、取引先、不正に関与していなかった社員など多くのステークホルダーがあります。また、社会的な責任も負っています。賄賂を贈って自社の利益を図ることなど許されることではありません。会社としては、会社の利益を図るため不正に手を染めた役職員の処罰に手を貸すことは断腸の思いかもしれませんが、そういう感情に流されることなく、社会的責任を果たしていくことが求められるのです。

　ただし、社員からは、「会社は、不正とはいえ会社のために行動した役職員を切り捨てるのか」という不信感をもたれるおそれがありますので、タイ

86

ミングを見計らって何らかの形で社員向けのメッセージを送る必要があるように思います。また、原因や背景を見極め、きちんとした再発防止策を立てること、経営層も一定の責任（管理・監督責任）を負うなど、しっかりけじめをつけて社内外に示すことなどが求められるでしょう。

4　合意制度に関し専門家である弁護士に助言を求める必要性、弁護人の選任、弁護費用の負担など

【法務部員】　合意制度に関しては、やはり詳しい弁護士にサポートをしてもらったほうがよいということになりますよね。

【弁護士】　そうですね。それは不可欠だといえます。制度上、協議や合意においては必ず弁護人の関与が求められます（☞第2章制度編50頁参照）。被疑者・被告人だけでは、検察官と協議も合意もすることはできないという建付けになっています。また、その前提として、事実調査、証拠の収集、事実認定のいずれの場面でも刑事・捜査実務に精通した弁護士の助力はなくてはならないと思います。どの段階で検察官との協議に入っていくかというタイミングの見極めや検察官との具体的なコミュニケーションにおいても、当然のことながら、刑事事件に詳しい弁護士の重要性は高いといえます。

【法務部員】　ちなみに、先生は、いわゆる「ヤメ検」（検事から弁護士に転身した者の俗称）で、刑事事件にはとても詳しいですよね。なんだか先生のPRのようにも聞こえますが。

【弁護士】　そう聞こえてしまったらすみません。別に「ヤメ検」の必要はないのですが、刑事事件、特に捜査実務に強い弁護士にサポートを受けるべきでしょう。また、刑事事件という側面だけではなく、会社にどのような影響を与えるのかを考えた総合的な判断を行うためのサポートを受けるということも考慮要素の一つになりますので、企業法務にも造詣のある弁護士が望ましいと思います。

【法務部員】　そういう弁護士に助言を求めるタイミングについてはいかがでしょうか。

87

第 3 章 実務対応編／I 事例ア（内部型・上司 vs. 部下）

【弁護士】 できる限り早いほうがよいと思います。事案発覚後、速やかに相談をすることが望ましいでしょう。できれば、事実調査についても、そういう弁護士から具体的なアドバイスを受けながら進めていきたいものです。先ほど説明したように、事実調査にも、その弁護士に加わってもらえれば御の字ですね。

【法務部員】 ところで、今回のケースでは、会社は合意制度の直接の対象ではないということですが、会社が助言を求める弁護士と、A 課長に付く弁護士（弁護人）は同じでもよいのですか。

【弁護士】 会社と A 課長の利害については、一致する部分もあるでしょうが、対立する場面も当然出てくると思います。贈収賄事件の真相解明という方向性においては会社と A 課長は同じ方向を向いているとはいえても、元々、会社は、A 課長の業務上横領の被害者ですから、その面では明らかな利益相反が存在します。また、贈賄行為は会社の方針に反する以上、その原資作りに手を貸していた A 課長と会社の利害が完全に一致するとまではいえないでしょう。いずれにしても、会社が相談する弁護士と A 課長の弁護人になる弁護士とは別でなければなりません。

【法務部員】 会社に合意制度の適用がないのに、会社が弁護士に何か頼む必要は本当にあるのでしょうか。弁護士を頼むにしても、刑事事件に詳しい人でなくてもよいようにも思いますが。

【弁護士】 今回のケースでは、確かに会社に合意制度の適用はありませんが、会社として、本件の事実調査を行い、捜査機関へ適切な協力をしていく必要性があることはすでにお話したとおりです。自分のことを宣伝するようで恐縮ではありますが、助言を求めるのであれば、やはり刑事事件に詳しい弁護士を推奨します。

【法務部員】 A 課長が素直に業務上横領の事実を認め、B 本部長や C 取締役の贈賄行為への関与も詳細に説明するなど、会社の方針と一致する行動をとる場合、A 課長の弁護人費用を会社が負担するということはあり得ますか。

88

4 合意制度に関し専門家である弁護士に助言を求める必要性、弁護人の選任、弁護費用の負担など

【弁護士】 今回のケースのＡ課長に関していえば、Ａ課長は会社に対する業務上横領の被疑者ですから、会社がその弁護人の費用を負担することは適切ではありません。被害者が加害者の弁護士費用を負担するのは矛盾ですよね。

　ただ、そのような明確な利害対立がない場合には、別の考え方もあるのではないかと思います。たとえば、仮にＡ課長が裏金を私的に流用しておらず、裏金作りやその管理をしていただけという場合、Ａ課長には業務上横領は成立せず、贈賄の共犯の成立だけが考えられます。そして、Ａ課長が素直にそのことを会社に打ち明け、Ｂ本部長やＣ取締役の関与についても信用性のある話をしているのであれば、会社とＡ課長は、むしろ贈賄行為に関する真相解明に協力していくという点では一致しているとして、会社において、Ａ課長が検察官との合意をするうえで必要となる弁護士の費用を負担するということもあり得ないわけではないと思います。⁷仮に費用負担をしないまでも、少なくとも弁護士を紹介するという程度のことは許されるように思います。

【法務部員】 紹介するとしたらどんな弁護士がよいのでしょうか。

【弁護士】 やはり、刑事事件に精通した弁護士がよいと思います。それと企業の不祥事対応にも詳しい人であれば、より望ましいでしょう。被疑者の弁護人ですから、被疑者の利益を第一に考えるのは当然のことですが、およそそれしか眼中にないというのも考えものでしょう。本件の場合のＡ課長については、贈賄行為に関する真相解明に協力していくという点では会社の方針と方向性は同じですから、会社のスタンスにも耳を傾けてくれる、バランスのとれた弁護士が望ましいわけです。会社と利害が対立する部分があったとしても、「共同戦線」を張れるところは可能な限り会社と必要なコミュニケーションをとっていくという柔軟な弁護士を確保したいですね。企業の不

7　厳密には、Ａ課長は就業規則違反を理由に会社から損害賠償請求を受け得る立場ですので、弁護士費用を会社が負担するのは自己矛盾ではないかという見方もあるでしょうが、合理的な説明がつくのであれば、本文のような発想も許されないわけではないと考えます。

祥事対応の経験があれば、そういう役割を期待することもできます。もっとも、依頼人であるＡ課長の考え方次第ではありますが。

【法務部員】　そんな弁護士さんが、先生以外に、簡単に見つかりますか。

【弁護士】　それは誉め言葉と受け取るべきでしょうか。まぁ、それは置いておいて、真面目にお答えします。ご承知のとおり、依然として企業不祥事が後を絶たない状況にあります。むしろ、増加の一途をたどっているようにも見えます。それ自体はとても残念なことですが、コンプライアンス関連、不正リスクないし危機管理・対応などに関連する業務を扱う弁護士も増えてきています。その中で、刑事事件にも対応できる人も相当数いると思います。社外役員や顧問法律事務所等の人脈を使ったり、インターネット上の公表情報を利用したりして、適材を探すことも難しくはないと思います。

【法務部員】　弁護士の紹介や弁護費用の負担について、Ｂ本部長やＣ取締役の場合にはどうすればよいですか。

【弁護士】　それはＡ課長の場合とはちょっと違ってくるように思います。Ｂ本部長やＣ取締役は本件贈賄行為の首謀者です。先ほどお話したように、収賄者である乙市のＤ部長との関係で、Ｂ本部長やＣ取締役についても合意制度の適用があり得るとしても、会社として、贈賄行為の首謀者の弁護費用を賄うということは、会社があたかも不正を容認していたかのように受け取られるおそれがあるうえ、そもそも、そのような弁護費用の支出行為そのものが取締役の善管注意義務違反を問われる可能性もあります。特に、Ｃ取締役については、役員として会社に損害賠償責任を負担する関係にあり（会社法423条1項）、そのような者の弁護費用を会社が負担することは矛盾と受け取られかねません。およそこのような費用負担が許されないと断定するわけではありませんが、この点については慎重な判断が求められると思います。

　これに対し、Ｂ本部長やＣ取締役に弁護士を紹介することについては、Ａ課長との立場の違いはあるものの、弁護人を通じた適切なコミュニケーションを確保するため、費用負担とは異なり、柔軟に対応してもよいのでは

ないかと考えています。

【法務部員】　その二人にも会社の立場をわかってくれる弁護士が付いたほうがよいということですよね。

【弁護士】　この点は、説明の仕方がなかなか難しいですね。もう少し付け加えて説明しましょう。その二人と会社の利害は、Ａ課長の場合よりも、一層対立する場面が多いとは思います。会社としては、贈賄行為は許されないとの立場をとるわけですが、他方、その二人は会社のためを思ってやったことで、むしろ会社に落ち度があるのに自分たちを切り捨てるのかという反発する思いが強いでしょう。

　他方で、この二人が徹底的な否認の態度をとらない限り、会社の方針と折り合える部分もあるでしょうから、利害が対立する部分があることは致し方ないとして、それ以外の部分で適切なコミュニケーションをとっていく実益は双方にあると考えられます。そうした意味合いで、会社として、適切な利害調整ができる能力のあると思われる弁護士を紹介することも許されるのではないかということです。

　むろん、その弁護士は会社の弁護人ではなくＢ本部長やＣ取締役の弁護人なのですから、その二人の利益を守るために弁護活動をするのは当然のことで、会社としてそれを妨げるようなことはできません。

5　合意制度に関する会社としての判断など

(1)　判断基準

【法務部員】　今回のケースは、会社が合意制度の対象となるわけではありません。ただ、会社としては、事案の真相解明あるいは捜査機関へ協力していくかどうか、Ａ課長が合意制度の適用を受けるのがよいかどうかなどについて、会社としても判断をしていく必要があるように思います。その判断のポイントを教えていただけますか。

【弁護士】　合意制度の適用を受けるかどうかを判断するにあたっての一般的な留意点を次頁〔図表6〕のとおりまとめてみました。

第3章　実務対応編／Ⅰ　事例ア（内部型・上司 vs. 部下）

〔図表6〕　合意制度適用にあたっての判断基準

「不正行為に関与していない多くの社員を含め、自社のステークホルダーの利益を守るために必要かつ合理的かどうか」

考慮すべき事項（例）	判断の目安
●罪種・罪名、事案の軽重	●事業遂行に伴う事案かどうか ●金額、規模、地域的な広がり、期間・回数等
●役員や主要幹部が関与しているか	●上位者が主要な役割を果たしたか
●事実認定（基本的な事実関係の存否、確からしさ）	●客観的証拠による裏付けがあるか
●他社ないし社外関係者の関与の有無	●外部に関与者がいる場合、先に合意されるおそれあり
●発覚の経緯（内部通報によるものか等）	●放置すれば内部告発のおそれあり
●弁護人の確保	●合意獲得のための必要条件

　まず、①事案の重大性が最も大きな考慮ファクターになります。社員が、会社とは関係なく、個人的事情で犯した場合は別ですが、会社の業務を行ううえで特定犯罪を行ったという場合で、しかも、金額、規模、期間、回数、地域的な広がり等から重大性が認められるのであれば、合意制度の適用を受ける方向で検討すべきだと思います。また、②他人、すなわち当該社員以外に関与した社内関係者の地位・立場が問題となります。これらの共犯者が役員あるいは主要な幹部である場合は、事案が重大であることが多く、何らかの組織的背景も肯定されるでしょうから、合意制度を利用していくのが適当でしょう。

　もちろん、③合意制度の適用を受けるためには、社員の供述する事実関係が基本的に間違いないといえるような信用性のある証拠を検察官に提供することが不可欠です。つまり、その社員の話の内容自体が自然かつ合理的であ

92

って、客観的資料にも裏付けられていることが必要です。そうでなければ合意制度の利用は難しいということになります。

　そして、④事例アの場合ではありませんが、当該事案に他社ないし社外の関係者が関与しているかどうかという点も判断要素となります。そのように外部に関与者がいる場合、合意制度の適用に関し、先を越されてしまうリスクがあるからです。そのため、迅速に判断をしていくことが求められます。さらに、⑤発覚の経緯も問題となり得ます。内部通報によるものであったかどうか、あるいは内部通報があったが、会社が丁寧な対応をしなかったため、当該社員が内部告発（組織内部の者が、所属組織等の不正や違法行為等を、当該組織の頭越しに、直接、外部の監督官庁、捜査機関や報道機関などへ申告する行為）をするに至った場合かでも大分様相は異なってきます。後者の場合、会社の知らない間に、当該社員と検察官が合意してしまう可能性があります。そうなると、会社の自浄能力に疑念を抱かれ、真相解明にも積極的ではないという批判を受けてしまいます。たとえ会社が合意制度の対象になっている犯罪であっても、会社が検察官との合意を獲得するのは難しいでしょう。最後に、⑥刑事事件に詳しい弁護士を確保できているかということも重要ポイントです。会社が両罰規定により制度の対象となる場合であれば、弁護人が手続に関与することは法律上不可欠ですし、そうでなかったとしても、当該社員が合意制度の適用を受ける方向に会社として誘導していくには、会社もそういう弁護士にサポートしてもらう必要があります（この会社の弁護士と社員に付く弁護士は、利害が必ずしも一致をしない部分も出てくるので、別にしたほうがよいということは先ほど申し上げたとおりです）。弁護士の確保は、合意制度の適用を受けるうえでは欠かせない事項といえます。

【法務部員】　なるほど。一般的なところは何となくわかりました。それでは、今回の A 課長のケースについてはいかがでしょうか。

【弁護士】　贈賄行為はもちろん会社の受注を確保するために行われたわけですから、会社の業務遂行に伴うものと評価できますし、金額や回数などは不明ですが、少なくとも罪質からして事案の重大性を認めざるを得ないでしょ

第 3 章　実務対応編／Ⅰ　事例ア（内部型・上司 vs. 部下）

う。また、Ｂ本部長やＣ取締役という会社の枢要な幹部の関与も認められます。したがって、Ａ課長の話（Ｂ本部長とＣ取締役から命じられて贈賄資金とするため裏金作りおよびその管理を行っていたことなど）が客観的資料の裏付けもあり十分信用できるのであれば、会社としてはＡ課長が合意制度の適用を受ける方向で動いていくべきです。

　⑵　情報の取扱い

【法務部員】　事実調査の内容および結果や、合意制度の適用に関する検討状況等に関する情報の取扱いについて心得るべき点を教えてください。

【弁護士】　先ほども少し申し上げましたが、それらの情報はトップシークレットとして、漏えいしないようその取扱いには十分注意しなければなりません。ですから、情報共有の範囲も限定すべきです。内部調査チームのメンバー、コンプライアンス担当役員、社長等のライン、プラスアルファといったところでしょうか。経営会議の全メンバーが一律に情報の詳細まで共有する必要はないように思われます[8]。

　特に、他社ないし他社関係者が特定犯罪に関与しているケースでは（後記の事例ウ）、合意制度の利用に関しては、言わば競争となってきますので、不用意にこうした情報が漏れると自社に不利に作用することは明らかでしょう。情報共有のあり方については、取締役会との関係でも問題となってきますので、後ほどまた触れることにしましょう（☞本章103頁参照）。

　⑶　事態を漫然と放置し合意制度を利用しなかった場合、あるいは対応が遅延したため合意制度の利用ができなかった場合、どのようなリスクが考えられるか（たとえば、合意制度への対応に対し、社内に消極論がある場合）

【法務部員】　ところで、会社の経営層の中に、Ａ課長による合意制度への対応や捜査機関への協力につき、消極論がある場合、たとえば、「Ｂ本部長やＣ取締役らによる贈賄が公になれば会社にとって大きなダメージになる。

8　証拠隠滅を防止するためにも、特に調査対象者であるＢ本部長やＣ取締役には調査情報が漏れるようなことがあってはなりません。

94

5　合意制度に関する会社としての判断など

A課長には業務上横領の件だけを検察官に話し、余計なことは言わないように説得すべきである」という意見がある場合ですが、どのように対処すればよいでしょうか。

【弁護士】　そのような消極論もあり得るところですが、非常にマズイ対応といわざるを得ませんね。会社として贈賄行為を把握したにもかかわらず、それをあえて内密にするということは組織的に隠ぺいを図るということに等しく、事後対応として最もやってはならないことだと思います。現代のネット社会では、特にネガティブな情報は瞬く間に世の中に出回り、拡散してしまいます。マスコミだけではなく、SNS等を通じ、個人が世界に向け手軽に情報を発信できる環境でもあります。情報統制にも限界があります。どんなに巧妙に隠ぺいしたとしても、不正は必ず公になると心得ておくべきです。臭いものにふたをするという発想では、到底乗り切れるものではありません。仮に、組織的な隠ぺい工作が露見した場合、会社の社会的信用は地に堕ちます。深刻なレピュテーショナルダメージを招くことになります。このような隠ぺいの決定に関与した役員は、後に株主代表訴訟を提起され、巨額な損害賠償責任を負うリスクもあるのです（☞コラム3　ダスキン事件（株主代表訴訟）96頁参照）。ですから、このような消極論に対しては、それがどれだけのリスクをはらむものなのかということを十分説明し、組織的隠ぺいと受け取られかねない対応は何としても食い止めるべきです。経営トップの社長にこの辺りのことをしっかり理解してもらいましょう。Pさんの責任も重大ですよ。

【法務部員】　確かに、闇に葬ることなどできないでしょうから、隠ぺいがばれたときのリスクをよくよく考えておかないといけませんね。先生のお話をうかがっていると、つくづく不正問題の取扱いは、それが現実化、表面化したときのことをいかにわが事として想像できるかが大事だという気がしますね。

【弁護士】　Pさんも大分わかってきましたね。妄想ではいけませんが、イマジネーションはとても重要なことです。

95

第3章　実務対応編／Ⅰ　事例ア（内部型・上司 vs. 部下）

【法務部員】　お誉めにあずかり、恐縮です。それにしても、先生、あんまり脅かさないでくださいよ。私は、法務部の中ではまだペーペーなんですから。

コラム3　ダスキン事件（株主代表訴訟）

　ダスキン事件とは、同社が全国展開するファストフード店において、食品衛生法違反の異物が混入した肉まんが販売されていることを知りながら、これを直ちに回収処分せずに販売を継続し、販売終了後もその事実を公表せずにいたところ、内部告発で当該事実が発覚したというもので、株主代表訴訟において取締役等の善管注意義務違反が問われた事案です。同訴訟の判決は、①現場担当の取締役について50億円を超える巨額の賠償責任を認定した大阪高判平成19・1・18判時1973号135頁と②販売事実を知った後の事後対応に関与した社長ほか大半の役員について約2億円から5億円にのぼる賠償責任を認定した大阪高判平成18・6・9判時1979号115頁の二つの判決からなります。いずれの判決についても、2008年（平成20年）、最高裁が上告棄却等して確定するに至っています。

　この事件で注目すべき点は、上記不祥事に直接関与していない取締役等であっても善管注意義務違反の責任を認めたということです。すなわち、違法添加物の入った肉まんを全て販売してしまい、販売終了後2年ほどが経過し、健康被害も出ていない状況の中で、取締役会において、過去に違法添加物の入った肉まんを販売していたとの事実を自ら公表しないという方針を了承したこと（あるいは公表の要否をきちんと判断しなかったこと）について、大阪高裁は、事後対応のみにかかわった取締役および監査役合計11名に総額5億7000万円の損害賠償を命じたわけです。

　上記②の判旨の中で、特に参考となる内容を紹介しておきます。

　「『自ら積極的には公表しない』ということは『消極的に隠ぺいする』という方針と言い換えることもできるのである。……つまりは、公表した後に予想される社会的な非難の大きさにかんがみ、隠せる限りは隠そうということにした

もので、現に予想されたマスコミ等への漏洩や、その場合に受けるであろうより重大で致命的な損害の可能性や、それを回避し最小限度に止める方策等についてはきちんと検討しないままに、事態を成り行きに任せることにしたのである。それは、経営者としての自らの責任を回避して問題を先送りしたに過ぎないというしかない。……一審被告らは、本件混入や本件販売継続の事実が……マスコミに流される危険を十分認識しながら、それには目をつぶって、あえて、『自ら積極的には公表しない』というあいまいな対応を決めたのである。そして、これを経営判断の問題であると主張する。しかしながら、それは、本件混入や販売継続及び隠ぺいのような重大な問題を起こしてしまった食品販売会社の消費者及びマスコミへの危機対応として、到底合理的なものとはいえない。すなわち、現代の風潮として、消費者は食品の安全性については極めて敏感であり、企業に対して厳しい安全性確保の措置を求めている。未認可添加物が混入した違法な食品を、それと知りながら継続して販売したなどということになると、その食品添加物が実際に健康被害をもたらすおそれがあるのかどうかにかかわらず、違法性を知りながら販売を継続したという事実だけで、当該食品販売会社の信頼性は大きく損なわれることになる。ましてや、その事実を隠ぺいしたなどということになると、その点について更に厳しい非難を受けることになるのは目に見えている。それに対応するには、過去になされた隠ぺいとはまさに正反対に、自ら進んで事実を公表して、既に安全対策が取られ問題が解消していることを明らかにすると共に、隠ぺいが既に過去の問題であり克服されていることを印象づけることによって、積極的に消費者の信頼を取り戻すために行動し、新たな信頼関係を構築していく途をとるしかないと考えられる。また、マスコミの姿勢や世論が、企業の不祥事や隠ぺい体質について敏感であり、少しでも不祥事を隠ぺいするとみられるようなことがあると、しばしばそのこと自体が大々的に取り上げられ、追及がエスカレートし、それにより企業の信頼が大きく傷つく結果になることが過去の事例に照らしても明らかである。ましてや、本件のように……不明朗な資金の提供があり、それが積極的な隠ぺい工作であると疑われているのに、さらに消極的な隠ぺいとみられる方策を重ねることは、ことが食品の安全性にかかわるだけに、企業にとっては存亡の危

第3章　実務対応編／Ⅰ　事例ア（内部型・上司 vs. 部下）

機をもたらす結果につながる危険性があることが、十分に予測可能であったといわなければならない。

　したがって、そのような事態を回避するために、そして、現に行われてしまった重大な違法行為によってダスキンが受ける企業としての信頼喪失の損害を最小限度に止める方策を積極的に検討することこそが、このとき経営者に求められていたことは明らかである。ところが、前記のように、一審被告らはそのための方策を取締役会で明示的に議論することもなく、『自ら積極的には公表しない』などというあいまいで、成り行き任せの方針を、手続き的にもあいまいなままに黙示的に事実上承認したのである。それは、到底、『経営判断』というに値しないものというしかない」（下線は筆者による）。

　このように、たとえ不祥事そのものに関与しなかったとしても、消極的にせよ隠ぺいに関与した取締役等に重大な責任があると認定されている点は、企業の不祥事対応一般において、大いに教訓とされるべきですし、合意制度に関して言えば、社内で特定犯罪の事実を把握したにもかかわらず、不問に付し、同制度の適切な利用も怠った場合、役員の善管注意義務が問われるリスクが高いことを知るべきです（☞コラム5　株主代表訴訟と取締役等の善管注意義務124頁参照）。

⑷　役職員に対し合意制度の利用を勧めることはできるか。社内規程のあり方についてどのように考えたらよいか

【法務部員】　先ほども少し話があったように思いますが、会社がA課長に対し合意制度に応じるように勧めることはできるということですか。

【弁護士】　そうですね。検察官と合意をするかどうかはA課長自身の判断であって、もちろん無理強いすることは許されませんが、A課長に合意制度の利用を促すことはできると思います。

【法務部員】　それでは、会社が、就業規則か何かのルールで、A課長のような立場の社員に対し、検察官と協議・合意することを義務付けることはで

きるのでしょうか。

【弁護士】　会社として、贈賄行為が行われたことを真摯に受け止めて捜査機関による捜査に全面的に協力する方針をとる以上、Ａ課長にはＢ本部長やＣ取締役の関与をしっかりと供述してもらうとともに、会社としても関連証拠の提出など十分な捜査協力をするということになります。その場合、Ａ課長には、検察官との合意により、贈賄に関しては、不起訴にしてもらったり、仮に起訴されたとしても軽い求刑をしてもらったりといったメリットがあります。Ａ課長が捜査に協力をする一方で、合意制度を利用しないということはあまり考えにくいので、仮に、Ａ課長が検察官との合意に消極的であるとしたら、捜査への協力にも消極的ということが考えられます。会社が上記のような方針をとる以上、Ａ課長のそのようなスタンスは困るわけですから、Ａ課長には検察官との合意に応じてほしいところです。ですから、合意制度の利用を促すべきだと思います。ただし、検察官との協議・合意に応じるかどうかは、刑訴法上、あくまで被疑者であるＡ課長の固有の権限であり、これを社内規程等で制限することはできないと思います。もちろん、説得することはできますので、たとえば、Ａ課長に対し、その弁護人を通じるなどして会社の方針をきちんと説明し、合意制度の利用に応じるよう働きかけていくべきです。また、平時において、コンプライアンスマニュアルの解説において、合意制度に関する一般的な説明をする中で、上記のような会社のスタンスに言及し、協力を求めることがあり得るというアナウンスをしていくということも一案だと思います。

【法務部員】　それでは、逆に、Ａ課長が勝手に検察官と協議・合意をすることを禁止することはできるのでしょうか。その趣旨の社内規程を作ることができるのかどうかということです。また、禁止とまではいかないでも、検察官と協議・合意する前に、会社に対する事前通知を義務付けることについてはどうでしょうか。

【弁護士】　この点についても、検察官との協議・合意は、Ａ課長固有の権限であり、これを社内規程等で制限することはできません。禁止であっても、

第3章　実務対応編／Ⅰ　事例ア（内部型・上司 vs. 部下）

〔図表7〕　こんな社内規程を作ることは可能か？

---

① 役職員に対し、検察官との協議・合意に応じること（会社の方針）を義務付ける。

  ⓐ 協議・合意は、刑訴法上、被疑者・被告人に認められた権限であり、それを制限する社内規程は無効と考えられる。

  ⓑ ただし、会社が、社会的責任を負う存在として、かつ社会的信用の早期回復のため、事案に応じ、真相解明に必要と認められる場合に捜査機関への捜査に協力するとの方針をとることは合理的。その観点から、たとえばコンプライアンス・マニュアルの解説の中で、合意制度に言及することが考えられる。

② 役職員に対し、検察官との協議・合意に先立ち、会社の同意を得ることを義務付ける（＝会社には無断で協議・合意をすることを禁止）。

  ⓐ ①と同様に、一般的な義務付けはできない。

  ⓑ 合意には弁護人の同意を要するので、その観点からも許されない。

  ⓒ 会社に対する事前の通知を一般的に要求することも好ましくない。

  ※外部への公益通報を理由とする不利益取扱いも禁止されている。

事前通知であっても、権限の制約であることに違いはありませんので許されないと思います。

　ですから、会社に無断で検察官と協議・合意したことをもって懲戒処分とすることもできません。

【法務部員】　そうなると、会社としては、役職員による協議・合意の判断を直接コントロールすることはできないということですね。

【弁護士】　会社としてはコントロールしたいというのが本音でしょうが、おっしゃるとおり、直接コントロールすることはできないですね。当該役職員とのコミュニケーションを欠かさないようにしながら会社として迅速かつ適切に対応していくしかないのではないでしょうか。

　(5)　合意制度と取締役会

【法務部員】　今のお話のような会社の方針の決定方法についてアドバイスをしてください。たとえば、取締役会の決議事項とすべきですか。

5　合意制度に関する会社としての判断など

【弁護士】　まず、取締役会の決議事項については、会社法362条4項に規定があり、「重要な業務執行」については、取締役会の決議によって決定しなければなりません。これは、重要な経営事項について慎重な決定を行うこと、代表取締役の専横を防止することといった趣旨があります。問題は何が「重要な業務執行」にあたるのかです。同項では、たとえば、1号で「重要な財産の処分及び譲受け」、2号で「多額の借財」、6号では「内部統制システムの構築に関する事項」などがあげられていますが、これらは例示列挙であり、これらに限定されるわけではありません。問題となる会社の規模や業務の種類・内容等によって違ってきます。そのため、各社で、取締役会決議を要する事項について、想定できる範囲で付議基準を策定しておくことが望ましいと思いますし、多くの会社ではその定めがあると思います。取締役会の付議事項の実務上の例としては、年間事業予算、年間予算、年間採用人数、労働条件の妥結、就業規則の変更、新製品の開発・発売、新規事業への進出、従来事業の廃止・変更、経営方針の変更、経営戦略の策定、訴訟の提起、和解・調停の可否、業務提携、子会社の運営・経営方針・人事、社内規程の整備などがあります。

【法務部員】　合意制度への対応について、手掛かりとなる会社法の規定はありますか。

【弁護士】　合意制度は、内部統制システムの構築に関連すると思われますので、①リスク管理体制（会社法施行規則100条1項2号）と②コンプライアンス体制（同項4号）に関係してきます。①はリスクの分析・管理、リスクが現実化した場合の危機（クライシス）対応等、②は法令遵守（コンプライアンス）マニュアル、教育・研修、内部通報制度等が含まれます。

【法務部員】　合意制度への対応を取締役会の決議事項とするかどうかにあたって考慮すべき要素を教えてください。

【弁護士】　考慮すべき要素を次頁〔図表8〕のように図式化してみましょう。

　合意制度へどのように対応していくかということは、その時々の状況を踏まえた総合的・政策的な判断です。正に「行動しながら（ongoing）」の判断

101

〔図表8〕　合意制度と取締役会決議①　考慮すべき要素

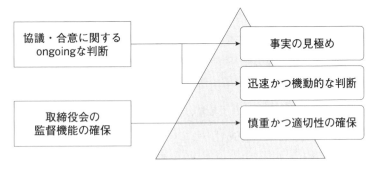

となります。そこでは、調査内容を踏まえ、どんな事実関係だったのかを見極め、迅速かつ機動的な判断が求められます。これは正に経営判断に属する事項といってよいでしょう。他方、取締役会は、代表取締役等による業務執行が慎重で適切に行われるよう監督する機能を有しますが、具体的な事情によるものの、事態の推移を見ながら臨機応変に判断し対処を求められる事柄については、必ずしも取締役会の決議事項になじまないように思います。ですから、合意制度への具体的な対応についていちいち事前に取締役会の決議を得ておくことは必ずしも必要ではないし、現実的でもないと思います。取締役会としては、その監督機能を適切に発揮できるよう、必要かつ十分な情報を報告・共有してもらうことが大事です。したがって、合意制度への対応状況についても、経営陣から取締役会において必要な報告をし、その適否や今後の方向性について議論をし、会社としての方針を確認しておくことになります。このような報告は、時機が大幅にずれることがなければ、事後的であっても差し支えないと思います。

なお、報告の程度については、保秘の観点から、詳細な事実関係や収集した個別の証拠を提示したり事細かく説明したりすることまでは必要ないと思いますが、抽象的な説明ではわかりませんので、事実関係および会社としての対応状況の概要、会社の方針およびその理由などを丁寧に説明することは欠かせません。

5 合意制度に関する会社としての判断など

〔図表9〕 合意制度と取締役会決議② 役割分担のあり方

取締役会	代表取締役
合意制度への対応に関する体制(ルール・システム)の整備 ⇨	執行・運用責任
	事実調査の結果に基づき、迅速かつ機動的な判断、実行
監視・監督責任 ⇦	合意制度への対応状況を適時に報告
合意制度への対応の当否等の監督 ⇨	

【法務部員】 先生、そうすると、結局、取締役会としては、合意制度に関しどのようなかかわり方をするということになりますか。

【弁護士】 そうですね、繰り返しになりますが、一つのあり方としては、まず、平時において、取締役会において、合意制度への対応に関する基本的なルールを示し、その承認を得ておく。言わば包括的な了承を得ておくということです。そして、経営層(執行陣)が、事実調査の結果を踏まえ、弁護士の助言も得ながら、合意制度を利用するのか、そのタイミング、協力行為の準備、実行など、その時々の具体的状況を踏まえながら、適宜適切な判断をしていくことになります。その個々の判断に先立ち、必ずしも取締役会の決議は必要ではないと考えます。このように個別判断にあたっていちいち取締役会へ事前報告しその了承は得ないという方針も、上記の包括了承を得る際に盛り込んでおけばよいと思います。そして、事後的に、経営サイドによる合意制度への対応状況について取締役会に適切に報告し、各取締役・監査役に対応の当否等を議論してもらって、今後の具体的対応に反映させるというのが現実的な方法ではないでしょうか。

【法務部員】 自動車メーカーの元代表取締役会長の事件を見ていてふと思ったのですが、たとえば、会社の代表取締役といった経営トップが特定犯罪に関与していた場合、取締役会に何ら報告することなく、他の取締役等において内々に調査を進め、その結果を捜査機関に提供するとともに、同トップの指示で不正に関与していた役員ないし幹部社員が捜査機関と司法取引するこ

103

とにより、同トップを捜査機関に逮捕させ、その後に、取締役会に諮り、代表取締役の解職に追い込むというやり方は、会社のガバナンスの本来のあり方といえるでしょうか。まるでクーデターのようで、違和感があります。ここは、捜査機関ではなく、まずは、きちんと内部調査結果を取締役会に報告するとともに、当事者である同経営トップ等に弁明の機会を与えたうえで、代表取締役の解職動議を出して決議するというのが筋のような気がします。

【弁護士】　確かにそうした印象をもたれるかもしれませんね。いささか権力闘争的な一面がないでもないですし。ただ、だからと言って、経営トップが特定犯罪に関与したことが事実であれば、それを捨ておくことはできないはずです。

　問題はそのやり方ですが、Pさんが今言ったようなオープンな進め方は、一見フェアにも思えますが、情報の拡散は避けられないうえに、関与者による罪証隠滅工作を招くおそれがあります。その後の捜査手続による真相解明への悪影響を視野に入れると、可能な限り隠密裏に進めるという方法を排除することはできません。それに、当該代表取締役に実質的権限が集中し、事実上の独裁体制となっている場合、取締役会における決議が得られず、握りつぶされてしまうおそれもあるでしょう。自動車メーカーの元代表取締役会長の事件については、そのほか表には現れていない同社特有の内情があったのかもしれません。

　そのような観点からすると、こういう問題が起こる以前の、平時の段階から、取締役会への個別の報告や了承を得ることなく、捜査機関への情報提供や合意制度に関する手続を進めることがあること、適時の段階で取締役会へのフィードバックを怠らないようにするということなど、合意制度への対応に関する段取りないし基本的なルールについて、あらかじめ取締役会の承認を得ておくのが望ましいと考えます。

【法務部員】　取締役会決議で合意制度への具体的対応を決めてはいけないという意味ですか。

【弁護士】　決してそういうことではありません。会社の規模や取締役の人数、

社外取締役の占める割合等、個々の会社によって、取締役会で臨機応変な意思決定ができるのであれば、具体的対応を取締役会決議によって決めるということでもよいでしょう。また、個別のケースにおいて、具体的な対応内容の重要性に照らし、あえて取締役会の承認（決議）をもらっておくという方法もあり得るところです。要は、取締役会の適正な監督機能を確保しつつ、迅速で機動的な判断・実行を可能とするやり方を個社の実情に応じ構築しておくということだと思います。

　なお、たとえば、取締役会において、先ほど例としてあげられた消極論、つまり臭いものにふたという対応を決めた場合、それに賛成した取締役はもちろん、消極的に黙認し、異議をとどめなかった取締役も善管注意義務違反を問われるおそれがあります（仮に異なる意見を述べていたとしても議事録に異議をとどめなかった取締役は当該決議に賛成したものと推定されます。会社法369条5項）。

【法務部員】　臨機応変な対応ができるしくみにしておくことが大事ということですね。

【弁護士】　公取委へのリニエンシー申請の場合ですと、申請の受付の形式的な先後により順番が決まってきますので一刻を争う場面も想定されますが、合意制度では、協議申入れの順番や数の制限はなく、むしろ内容勝負ですから、焦って拙速に事を運ぶということがないようにしなければなりません。ただ、うかうかしていると、他社に先を越され、他社有利のストーリーで捜査が進められるおそれもありますから、可能な限り迅速な対応を心掛けましょう。また、海外で責任を問われる可能性もある場合には、それについても考える必要があります（☞第4章番外編210頁参照）。

【法務部員】　早い者勝ちではないのに、「他社の有利なストーリーで捜査が進められる」というのはどういうことですか。検察が誤った話に乗っかって捜査を進めてしまうということですか。

【弁護士】　そうとまでは言いません。ただ、捜査は生き物です。すなわち、捜査というのは、捜査機関において、問題となっている嫌疑がそれまでに収

集した証拠によって立証できるのか、あるいは立証のためにはほかにどのような証拠が必要なのかを見極めつつ、さらに、関係証拠からほかに認められる嫌疑はないか、ほかに嫌疑の対象者はいないかなどといったことも視野に入れながら、事案の全容・真相を解明していくさまざまな活動をいいます。最初からできあがったものがあるわけではなく、時間的経過の中で認定できる事実関係は変化・進展していきます。徐々に事実関係が明らかになっていくと言い換えてもよいでしょう。その意味で、捜査は流動性が高いのです。ですから、他社が合意制度への対応で先行することにより、当初、他社の申告した筋書きで捜査が進められる可能性は大いにあります。

　そして、仮にそれが誤っていれば、当然のことながら、後日、軌道修正されるべきですが、必ずそうなるとも限りません。また、修正されたとしてもそれが適切であるとの保証もありません。ですから、できれば、他社に先は越されたくないですね。当たり前のことですが、真相に合致する限り自社有利なストーリーで捜査を進めてもらうのが一番です。

コラム4　弁護士意見の用い方

　弁護士の意見をどのように活用していくかということは、法務部門の立場としては重要なことです。

　まず、当然のことですが、あくまで企業としての方針を決定する際の参考とするものですから、必ずしも弁護士の意見に従う必要はなく、場合によっては、批判的に弁護士の意見を聴くほうがよい場合もあります。

　そのうえで、弁護士の意見の用い方としては、法務部門が具体的な業務を行ううえで法律実務家の専門的知見を参考にしたい場合と、会社として（取締役会として）の方針決定にあたり参考となる法理論上あるいは裁判実務上想定さ

9　捜査機関が捜査を進めていくにつれて、最初の見立てが違っていたことがわかることも少なからずあります。

れるメリット、デメリットないしリスクの提供を受けるとともに、基本的な方向性について助言を受けたい場合とが考えられます。

　既述のとおり、取締役は、経営判断を誤った場合、それが裁量の範囲を逸脱したものであると、善管注意義務違反を理由に責任追及をされることがあります（☞コラム5　株主代表訴訟と取締役等の善管注意義務124頁参照）。どのような場合に責任追及されるかですが、たとえば、①法務部門からの進言があったにもかかわらず、取締役が全くとり合うことなく、重要な判断の機会を逸したということが考えられます。また、②取締役が、法務部門からの進言を受けて一応の判断をしたものの、その判断が不合理であったという場合が考えられます。

　①を防止するためには、法務部門の担当者が、取締役に対し、当該問題の重要性ないし深刻性を正確に認識させることが考えられます。取締役は、とかく、自己の部下である法務部門の担当者の説明よりも、第三者の意見を尊重する傾向がないではありません。そこで、法務部門の担当者としては、こうしたことを考慮し、取締役の説得に弁護士の意見を上手に活用していくことが考えられます。弁護士に意見書を書いてもらう際には、その辺りの目的意識を当該弁護士にあらかじめ伝えておくのがよいと思います。

　②に関していうと、取締役の判断の合理性を担保するためには、正確な事実関係の認識と適切かつ十分な根拠資料の準備が不可欠となります。そこから、法務部門の担当者としては、必要な情報収集、調査、検討等を過不足なく行って取締役に報告・提供することが求められることになりますが、その中で、有力な資料の一つとして弁護士の意見を有効に活用することができます。仮に、弁護士の意見が間違っていた場合には、取締役の責任を減免する方向に働くことがありますので、取締役を守るためにも、弁護士の意見を用いるという言い方もできるのではないでしょうか。

(6)　会社としての意思決定のタイミング

【法務部員】　会社としてどのタイミングでどのような意思決定をすればよい

〔図表10〕 社内対応フロー

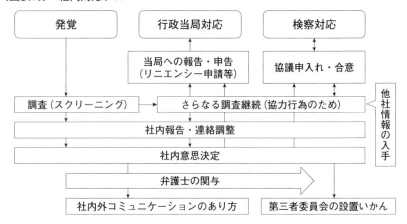

ですか。

【弁護士】　これはケースバイケースで一概にはいえませんが、事実調査の結果を踏まえ、自社または自社の関係者が特定犯罪を行った疑いが濃厚であれば、その段階で、速やかに、弁護士を通じて、検察官に協議を申し入れることが必要です。ですから、その直前に必要な社内手続をとることになります。臨時の経営会議に諮るのか、代表取締役の判断に委ねるのか、持ち回りで主要な経営陣に了解をとるのかなど、種々のやり方があろうかと思いますが、いずれにしても、この社内手続にいたずらに時間を掛けてはいけません。検察官に協議を申し入れた後も、検察官への協力行為を行う必要上（本件のケースでは直接の協力行為はＡ課長が行うことになりますが、会社もそれをサポートしていく必要があります）、社内の調査体制は依然として維持し、必要な対応（関係者の取調べに関する連絡調整、資料の整理・提出等）をとっていくことが求められます。

　いずれにしても、社内の関係者が、時間的な制約のある中で、それぞれの

10　検察官は、合意の見込みがなさそうな事案では、正式な協議に入ることはないと思われます。したがって、協議に入る前の段階で、事実上、弁護人を通じた下交渉のようなものが行われることが想定されます。

5 合意制度に関する会社としての判断など

立場と責任に応じて必要な情報を共有しながら適宜適切な判断をしていくことになります。一般的な対応フローは〔図表10〕のようなイメージになります。

　重要なことは各関係者が時間軸を共有し、保秘に留意しながら、双方向性のあるコミュニケーションを図っていくことだと思います。

　(7)　社内の意思決定のメカニズム

【法務部員】　具体的な意思決定のメカニズムについて望ましい形はありますか。

【弁護士】　発生した事案の内容に応じ、規模の大小はありますが、まず、各種情報を集約し、必要な指示等を行うヘッドクォーターのような役割を担当する組織が必要です。既存の組織であれば、コンプライアンス担当部署が望ましいように思います。コンプライアンス担当役員を頂点とし、この組織の下に、法務部、内部監査部門、人事・経理部門、事業部門から適任者を選抜し、タスクフォースを立ち上げるイメージです。調査チームもこのヘッドクォーターにぶら下げる。そして、このヘッドクォーターを代表取締役[11]の直轄とするピラミッド型のしくみを形成することにより、情報伝達・管理や意思決定の効率性、明確性を確保していくということが考えられます。

　(8)　Ａ課長が合意制度を利用する場合の会社としての具体的対応

【法務部員】　ところで、多少具体的な問題になりますが、Ａ課長が検察官に対する協力行為として重要な証拠となるメモを提出する必要があるが、手元にはなく、社内に残っているという場合、会社として提出に協力することは適当でしょうか。

【弁護士】　その点は、先ほども少しお話しましたが（☞本章86頁参照）、一般論の中に紛れてしまい、少しわかりにくかったかもしれませんね。検察官との合意を勝ち取るためには、供述だけではなく、それを裏付けるような客観的資料があって、他人が特定犯罪に関与したという申告に十分信用性がある

11　代表取締役自身が不正に関与しているような場合は、当該代表取締役は外し、社外取締役あるいは監査役ないし監査役会が仕切ることになると思われます。

109

との評価を受ける必要があります。これは繰り返しお話してきたとおりです。そして、特定犯罪が会社の業務に関連して行われた場合、そのような客観的資料は社内資料であることがほとんどだと思います。全く私的に残している場合もあるでしょうが、社内で保管している資料の中に重要なメモも入っているとか、会社のパソコンデータに存在するなど、手元にないが、社内にはあるという場合も多いのではないでしょうか。

　先ほども説明したように、内部調査の結果、A課長の話が基本的に信用できると判断した場合、会社としても、捜査機関による捜査、すなわち真相解明にできる限りの協力をしていくことになります。保全している関係証拠も積極的に提供していくべきです。A課長から、検察官と協議・合意するため、会社の管理している資料の提供を求められた場合には、これに応じる必要があります。ただ、A課長に当該資料を交付した場合には、紛失・漏えいの可能性もあり、少々リスキーですね。会社から直接検察庁に提供するか、少なくとも、A課長の弁護士を通じて提供するのがよいように思われます。A課長自身の協力行為という評価を受けるためには、後者のほうがよいかもしれません。

【法務部員】　仮に、合意制度への会社としてのスタンスが未定の間に、検察官との交渉のため、A課長がそのメモを勝手に社外に持ち出して、検察庁に提出してしまった場合、どうなるのでしょうか。

【弁護士】　それは困りますね。まず、そのようなことがないよう内部調査の過程で収集した重要な証拠の保管・管理は厳重にすることが不可欠です。A課長は、B本部長やC取締役から指示されて贈賄資金を捻出するため裏金作りを行っていたことを自ら会社に申告してきたわけですから、通常、その事実を裏付ける客観的資料についても内部調査の過程で説明し、会社としても、すでにその資料を特定し確保しているはずです。ただ、たとえば、A課長がそのような資料の一部または全部を会社に説明せず、社内の、自分だけしかわからないような場所に隠し持っていて、それを無断で社外へ持ち出すということも考えられます。会社に不信感をもっている場合であればなお

さらです。

【法務部員】　先生、それって、窃盗罪ですよね。

【弁護士】　確かに、理屈のうえでは、会社に対する窃盗罪が成立するでしょう。ただ、だからといってそれについて被害届を出すとか告訴するかどうかは別問題です。結果として、会社がA課長の話に信用性ありとして合意制度に積極的な対応をとると決めた場合には、順序は違えど、当該メモはいずれ会社としても検察庁に提出していたはずのものですから、A課長の持ち出し行為をとらえてあえて窃盗だと騒ぎ立てるメリットはほとんどないでしょう。

【法務部員】　逆に、会社として、A課長の話は信用できないとして合意制度へも消極的なスタンスをとることとなった場合はどうでしょうか。

【弁護士】　当該メモは、A課長がB本部長やC取締役を引っ張り込む材料に使うおそれがあります。ですから、会社として、まずなすべきことは、検察官に対し、内部調査の結果をその根拠資料とともに十分説明し提供していくことです。そのうえで、A課長については、業務上横領に加え、資料の持ち出しにつき窃盗罪で告訴し、さらに、B本部長やC取締役の引っ張り込み供述につき、虚偽供述等処罰罪（法350条の15第1項）等[12]で告発することも考えられると思います。

(9) A課長の協力行為に関する勤怠管理上の考え方

【法務部員】　先生、今度はもっとディテールをおうかがいしますが、A課長が検察官に対する協力行為を行ううえで、休暇を取得する必要がある場合、勤怠管理はどのようにすべきでしょうか。

【弁護士】　これはまた細かく突っ込んできますね。

　休暇には、大別すると、法律上労働者に必ず付与しなければならないと定められているもの（法定休暇）と就業規則、労働協約の定めによってはじめて成立するもの（会社休暇）があります。[13]法定休暇の代表的なものは年次有給休暇（労基法39条）です。一般の労働者の場合、勤続年数が6年6か月以

12　場合によっては、虚偽告訴等罪（刑法172条）に該当する可能性もあります。

111

第3章　実務対応編／Ⅰ　事例ア（内部型・上司 vs. 部下）

上では（Ａ課長もこれに該当するでしょう）、付与日数は年20日です。消化しなかった休暇残日数は翌年度に繰越しが可能ですが、有効期間は２年間です。取得理由・目的に制限はありません。他方、会社休暇は、特別休暇とも呼ばれ、労働法で定められた制度ではなく、これを設けるかどうかは会社の自由です。例としては、会社有給休暇、リフレッシュ休暇、慶弔休暇、病気休暇、ボランティア休暇、公民権行使（選挙における投票や裁判員裁判への参加等）のための休暇などがあります。

　Ａ課長の場合、まず未消化の年次有給休暇があれば、検察官への協力行為のため休暇を取得する必要がある場合には、この有給休暇を使うことになります。

　もし使える年次有給休暇が残っていない場合は、特別休暇を利用できるかどうかですが、これは会社がそういう制度を認めている場合に限られます。仮に、会社が就業規則等で定める取得事由に該当し、特別休暇を有給としている場合であれば、年次有給休暇の利用と同様になりますが、検察官への協力行為が取得事由に含まれるような就業規則等を設けている会社はないと思われます。また、Ａ課長は、あくまで特定犯罪の被疑者です。いくらＡ課長による合意制度の利用が会社としての方針であり、検察官に対する協力行為のため休暇を取得する必要があるとしても、これを特別休暇として認めるような新たなルールを設けるということは適切とはいえず、社内的にも納得は得られないでしょう。

　ですから、年次有給休暇が残っていなければ、勤怠管理上は、欠勤扱いとならざるを得ないと思います。

　⑽　Ｂ本部長やＣ取締役が合意の意向を示している場合
【法務部員】　ところで、Ａ課長の話はこれくらいにして、たとえば、Ｂ本部長がＣ取締役に対する捜査に協力することにより検察官と合意したいという意向を示している場合、会社としてはどのように対応すべきでしょうか。

13　そのほか、特別法によるものとして、育児休業、介護休業、看護休暇、介護休暇があります（育児・介護休業法）。

5　合意制度に関する会社としての判断など

【弁護士】　A課長だけではなく、B本部長も合意制度のメリットにあずかりたいという場合ですね。

【法務部員】　B本部長より上位の関与者として、C取締役がいたということになると、B本部長についても合意成立の可能性はありますよね。

【弁護士】　まず、先ほどもお話したように、検察官との協議・合意に応じるかどうかは、刑訴法上、あくまで被疑者の固有の権限です。したがって、B本部長が検察官と合意したいとの意向を示している場合、それ自体を会社が制限することはできません。

　それに、本件の場合、当事者として、贈賄の相手方である収賄者、すなわち乙市のD部長の存在があります。贈賄側が他人であるD部長の行った収賄罪の捜査・公判に協力することによって、処分の減免を受けることも可能です（合意制度が適用されるのは一つの犯罪における共犯者同士に限られず、贈賄・収賄という対向犯¹⁴にも適用があります）。むしろ、検察官としての最大の関心事は、公職にあるD部長の立件にあるはずですので、B本部長において、D部長が収賄者であるという信用性のある供述とそれを裏付ける客観的資料を提供できるのであれば、合意成立の可能性も相当程度あるのではないでしょうか。裏金作りを担当していたにすぎないA課長だけでは、D部長を収賄罪で処罰できるだけの十分な証拠を提供できないかもしれません。

　それでは、これに関連してB本部長が会社に対し資料の提供等の協力を求めてきた場合に、会社としてどのように対応するかですが、これは、内部調査の結果を踏まえて判断していくしかありません。

　まず、B本部長の話が、信用できるA課長の話とおおむね一致し、内部調査の結果とも符合する場合には、B本部長の求めに応じるのが相当だろうと思います。すでにA課長の求めに応じているから、B本部長の頼みは聞けないというわけにはいかないでしょう。ただ、A課長について述べたところと同様に、B本部長に資料を交付するのか、会社から直接検察庁に提供

14　対向犯とは、贈賄罪と収賄罪のように、犯罪の成立に二人以上の行為者の相互に対向する行為の存在が必要とされる犯罪をいいます。

第3章　実務対応編／I　事例ア（内部型・上司 vs. 部下）

するのかは、紛失・漏えいのリスクを考え、少なくとも、B本部長の弁護人（個人に対する弁護人の選任について☞本章前掲4　87頁参照）を通じて提供するのがよいと思われます。

　仮に、B本部長の話が信用できず、B本部長が合意制度を利用することに疑問がある場合、B本部長が提供を求めている資料の中身にもよりますが、当該資料は、B本部長がA課長やC取締役に責任を転嫁する材料に使われる可能性がありますので、会社としては、これにすんなり応じることはできないように思います。検察官からの要請を受けた段階で、直接、検察庁に提出するのがよいでしょう。併せて、検察官に対しては、B本部長による誤ったストーリーが真相と受け取られないように、内部調査の結果を関係資料とともに十分説明し提供していくことが必要です。

【法務部員】　それでは、これも仮定の質問ですが、C取締役も、B本部長やA課長と同様に、検察官と合意したいという意向を示している場合、会社としてはどのようなスタンスをとるべきでしょうか。

【弁護士】　C取締役もですか。これも、形式的に言えば、C取締役の判断に委ねざるを得ませんが、C取締役が今回の贈賄行為の最上位者である場合、贈賄罪に限っていえば、およそ合意制度は問題とならないように思います。合意制度は、基本的に、組織的犯罪において、下位者から、責任の重い上位者の関与を示す証拠を獲得するための制度だからです。合意制度は、米国とは違って、捜査・公判協力型だけを制度化したもので、自己負罪型の制度は採用されていませんので、C取締役が自分の罪を認めるだけでは合意制度は

15　たとえば、B本部長が、「首謀者はC取締役で、裏金作りの指示はA課長に直接指示していた。A課長も自分（B）を飛び越えて直接C取締役に報告していたので、自分自身はほとんど関与していない」と供述しているが、真実は、C取締役の意向を酌んで、A課長にさせていた裏金作りやD部長との交渉、贈賄等の一切をコントロールしていたのはB本部長であったという場合が考えられます。ただ、B本部長が、このように裏金作りに関し責任転嫁の供述をしている一方で、収賄者であるD部長の関与については十分信用できる供述をしている場合、D部長の立件を最重要視する検察官において、B本部長と合意をするかどうかは迷うところではないでしょうか。ただし、仮にA課長の供述やその他の証拠からD部長の立件は可能と判断すれば、検察官が、全面的な自白に至っていないB本部長と合意をすることはないのではないかと思われます。

114

適用されません。

　これに対し、先ほどＢ本部長について説明したのと同様に、仮に、Ｃ取締役が乙市のＤ部長の収賄を立件するのに不可欠な供述および証拠を提供できるのであれば、話は別です。Ｃ取締役についても合意成立の可能性はあります。もっとも、Ａ課長、Ｂ本部長、Ｃ取締役といった贈賄側の全ての当事者について合意が成立するかどうかは、あくまで証拠全体を見渡しての総合的な判断になるので、一概にいうことは難しいですね。それらの当事者の協力行為がいずれもＤ部長の処罰に欠かせないということになれば、全員につき合意成立ということも考えられますし（全員不起訴になるかどうかは別問題です）、逆に、一部の当事者の協力行為で賄えるということであれば、あえて全員と合意するということはないでしょう。Ｃ取締役の協力行為が不可欠といえるほどのものでなければ、贈賄側の最上位者であるＣ取締役については合意成立の見込みは乏しいように思われます。いずれにしても、この辺りは訴追裁量権をもつ検察官の適正な判断に委ねられることになります。

　Ｃ取締役から、検察官との協議・合意に必要ということで資料提供の要請を受けた場合には、Ａ課長やＢ本部長と同様に、必要な協力をしていくこととなります。

　なお、実際のところ、Ｃ取締役の言い分が、信用できるＡ課長やＢ本部長の供述と大分違っている場合もあると思われますが、その場合には、Ｃ取締役からの資料提供等の要請も慎重に判断することが必要です。検察官の要請を受けてから、検察官に必要な資料を提供するというスタンスで臨むのがよいと考えます。

(11)　懲戒処分に関連する問題

【法務部員】　Ａ課長が検察官と合意に至った場合、会社はＡ課長を懲戒処分とすることができるでしょうか。

【弁護士】　Ａ課長は、業務上横領および贈賄の共犯という刑罰法令に違反する行為を行ったわけですから、懲戒の種類はともかくとして、基本的には、懲戒処分が可能です（厚生労働省のモデル就業規則〈平成31年３月〉66条２項６

号）。これは、検察官と合意に至ったかどうかとは無関係です。仮に合意に基づいて不起訴となったとしても、犯した罪がなかったことになるわけではありません。

【法務部員】　懲戒処分にする時期についてはどう考えたらよいですか。

【弁護士】　懲戒事由に該当するからといって、早々にA課長を懲戒解雇にしてしまうわけにはいきません。検察官と合意に至らない段階では、内部調査が進行中である場合が多いでしょう。その間、A課長には内部調査に協力してもらわなければなりませんが、懲戒解雇としてしまえば、内部調査への協力義務の根拠がなくなってしまうからです（社員の内部調査への協力義務は雇用契約、就業規則等の社内規程または業務命令権を根拠とするものです）。検察官との合意成立後であれば、相当程度事情は変わってくるかもしれませんが、検察官から、会社に対し、引き続き捜査協力を求められる状態は続いているでしょうし、内部調査のうえで、A課長にも何らかの協力を求める場面もあり得るところです。ですから、A課長の処分が決まってから、正式な懲戒処分とし、それまでは自宅待機（出勤停止）という形をとらせるのがよいように思われます。

【法務部員】　A課長については懲戒解雇としなければなりませんか。

【弁護士】　原則として、A課長については懲戒解雇事由が認められます。ただし、情状によっては、より軽い懲戒処分に付することも可能です（モデル就業規則66条2項柱書参照）。この場合の情状とは、B本部長やC取締役に指示されて贈賄資金のための裏金作りをするとともに、自らの業務上横領についても自主的に申告し、そのことがきっかけとなり内部調査が開始され、会社として捜査機関に対しても適切な協力を行うことが可能となり、会社の自浄作用の発揮に貢献したことがあげられます。そして、贈賄の共犯について、検察官との合意により、不起訴となった場合には、普通解雇あるいは減給処分にするという選択肢もあり得ます。ただし、A課長の場合、贈賄に加え、私的流用による業務上横領の事実もありますので、なかなか難しいところですね。仮に、業務上横領について弁償ができ、示談成立、不起訴とな

5　合意制度に関する会社としての判断など

れば、普通解雇、場合によっては減給処分程度にとどめることも可能性としてはあり得ます。もっとも、後者の場合、実際に、A課長が社内にそのままとどまることができるとは思えませんので、減給処分にしたうえで、自主退職を促すというのが現実的かもしれません。

　なお、社内リニエンシーにも、この懲戒処分の問題は関係してきますので、後ほど改めて説明をさせていただきます（☞本章118頁参照）。

【法務部員】　検察官との合意が失効した場合、A課長の懲戒処分についてどう考えたらよいでしょうか。

【弁護士】　合意に基づいて不起訴となった事件について、検察審査会による起訴相当、不起訴不当の議決がされた場合には、当該合意は効力を失います（法350条の11）。具体的にどうなるかというと、合意が失効した場合、A課長には検察官に対し協力行為を行う義務はなくなりますし、検察官のほうも先にした不起訴処分に縛られることなく改めて起訴することも可能となります（☞第2章制度編46頁参照）。本件において、検察審査会への申立てがあるとすれば、贈賄について外部の告発人が存在する場合くらいですが。[16][17]

　その結果、仮に、A課長が起訴処分となった場合には[18]、いくら上記のよ

16　贈賄罪は公務員の職務の公正およびそれに対する社会の信頼という国家的法益を保護法益とする罪であり、被害者（自然人）が予定されている犯罪ではありませんので、検察審査会への申立権者は告発人ということになります。

17　ちなみに、会社は、A課長による合意制度の利用をバックアップしていくという方針をとるわけですから、たとえ会社が告発人となったとしても（これも現実にはないと思いますが）、A課長が不起訴になったことを不服として検察審査会へ申立てをするということはあり得ません。したがって、考えられるのは、外部の人（たとえば市民オンブズマンのような人たち）が事実関係を把握し、本件について告発し、A課長の不起訴を不服として検察審査会への申立てを行うといった場合だけです。

18　ただし、検察官としては、B本部長やC取締役という贈賄の首謀者や公職にある収賄者のD部長を処罰するため、A課長を合意制度によって不起訴としたわけですから、検察審査会がこの不起訴処分を不当であるとか起訴が相当であるという判断をすることは考えにくいと思います。また、検察審査会が仮にそのような判断をしても、検察官が再捜査のうえA課長を一転して起訴するということもおそらくあり得ないでしょう。あり得るとすれば、検察官の再度の不起訴を受けて検察審査会が再び起訴相当の議決をした場合だけですが（この場合は、原則として指定弁護士が起訴を義務付けられます（検察審査会法41条の10第1項））、これも可能性としては非常に低いと思われます。

117

第3章　実務対応編／Ⅰ　事例ア（内部型・上司 vs. 部下）

うなよい情状があるからといって、A課長に対する懲戒処分を軽減することは容易ではないように思います。社内的な納得も得にくいでしょうし、会社の対外的信用にもかかわる問題だと思います。

【法務部員】　事例とは少しずれてしまうかもしれませんが、仮に当該社員が内部調査には応じないで、検察官に協議を申し入れて合意に至った場合、懲戒処分にすることは可能ですか。

【弁護士】　先ほども申し上げたように、当該社員は法令違反行為を行ったわけですから、それだけで懲戒事由が認められます。また、内部調査に応じなかった点についても、これに応じることは社員としての義務である以上、その責任を加重する要素となります。実際にこの社員が調査に応じないことにより、会社として捜査協力を行ううえで支障が出てくるわけですから、軽視することはできないと思います。したがって、懲戒の種類は別として懲戒処分をすることは可能です。ただ、そのタイミングについては、少なくとも検察官の処分が決まってからのほうがよいと思います。

【法務部員】　タイミングの話が出ましたが、すぐに懲戒処分にするのはよろしくないということでしょうか。懲戒事由が認められる以上、さっさと毅然とした措置を講じるべきではないですか。

【弁護士】　決して懲戒処分ができないというわけではないのですが、タイミングを誤ると、たとえば、世間から、不正の隠ぺいを図ろうとしていた会社が、捜査機関に事実を正直に申告して捜査協力をした社員に報復として不利益処分を行ったのではないかという誤解をされてしまうおそれがあります。処分を不満に思った当該社員がそのようにけん伝することもあり得ます。特に、当該社員が合意に至るまでの間、仮に会社が不正をオープンにすることや捜査協力を行うことに必ずしも前向きではなかった場合、そのような見られ方がより一層強くなるでしょう。ですから、その時点での情勢というか風向きを見極めないといけません。また、会社として引き続き調査の必要がある場合、あまりに早期に懲戒処分をしてしまうと、当該社員をうまくコントロールできず、調査自体に支障を来すということも考えられます。

118

5　合意制度に関する会社としての判断など

【法務部員】　公益通報者保護法では、所定の要件にあてはまれば、公益通報を理由とする解雇等の不利益な取扱いは禁止されますが、そのこととパラレルに考え、合意したことを理由として懲戒処分をしたと受け取られることのないように気をつけなければならないということですね。

【弁護士】　そのとおりです。よく勉強していますね。そういう誤解をされないように、懲戒処分の理由とタイミングをよく検討して行う必要があるのです。

【法務部員】　会社には無断で検察官と合意してしまった点をどう評価すべきでしょうか。

【弁護士】　先ほども申し上げたように（☞本章99頁参照）、会社の同意を得なければ合意できないような義務付けをすることは許されないと考えられますので、そのことを理由とする懲戒処分はできません。懲戒処分の理由としては、あくまで法令違反行為を行ったことと内部調査に応じる義務に違反したことの二点です。

【法務部員】　検察官と合意して起訴は免れたのに、会社が懲戒処分を科すこととのアンバランスについて批判を受けることはありませんか。

【弁護士】　理由が異なりますので、矛盾することはありません。もちろん、対外的な説明振りはきちんと用意しておく必要があります。

　ところで、翻って考えますと、なぜその社員が内部調査に応じないで、無断で検察官に協議を申し入れるような事態に至ったかということを、会社として重く受け止めなければならないのではないでしょうか。会社に対する不信感をもったからこその行動とも見られるからです。たとえば、会社としての調査姿勢が必ずしも積極的でない、公平性を欠く、遅々として進まないと感じ、このままでは自分に責任を押しつけられてしまうと感じたのかもしれません。その辺りまでよくよく考慮して、この社員に対する懲戒処分の当否を検討する必要があるように思います。

119

第3章　実務対応編／I　事例ア（内部型・上司 vs. 部下）

6　検察官との合意を得るために、留意すべき点（供述や提供する証拠を信用してもらうために気をつけるべき点など）

【法務部員】　検察官との合意を得るために、被疑者等の供述や提供する証拠を信用してもらう必要があるということですが、どんな点に留意したらよいですか。

【弁護士】　これは、先ほど内部調査における留意点で説明したことと通じるところがあります。要するに、信用性判断のポイントです（☞本章83頁参照）。供述に関していえば、内容が具体性に富んでいて合理的かつ自然であること、実際に見聞きした生の事実が述べられていること、経験者でなければ語ることが難しい特徴的な内容が含まれていること、客観的事実や資料に裏付けられていること、秘密の暴露が含まれていることなどです。逆に、抽象的な内容ばかりで具体的事実が述べられていない、事実というよりも評価的内容が中心となっている、経験者でなくとも想像で語れるような平板な内容である、客観的証拠の裏付けが乏しい（あるいは矛盾する）といった供述は信用性が低いといえます。また、提供する証拠については、供述とのセットで考える必要があると思います。客観的資料は、それ自体を他人が見ても了解困難であるが、当事者の説明があれば筋の通った理解ができるというものが往々にしてあります。そういった資料を含め、供述の内容の全部または一部を裏付ける客観的資料があれば、全体として信用性が認められる方向に働きます。秘密の暴露のことを申し上げましたが、たとえば、A課長の説明を基に内部調査をした結果、それに符合する資料が初めて発見され、その内容もA課長の説明がなくてはなかなか理解できないような特徴的なものであった場

19　秘密の暴露とは、刑事分野における専門用語で、被疑者が、捜査機関においていまだ把握していない、真犯人しか知り得ないような内容を供述し、その後、捜査機関による捜査によって当該内容について事実の裏付けがとれた場合を意味します。たとえば、殺人犯が凶器であるナイフを捨てた場所を自白し、その自白に基づき捜索したところ、同種ナイフが発見され、そのナイフから採取された血痕のDNA型が被害者のそれと一致したような場合です。こういう供述には高度の信用性が認められ、犯人性を認定する決定的な証拠となります。

合、A課長の説明も当該資料の信用性も格段に高くなるでしょう。

　本件の場合、合意制度の対象となる特定犯罪は贈賄罪、収賄罪であって、他人であるB本部長、C取締役、乙市のD部長の関与を認定できるような価値ある供述および客観的資料を提供できれば、贈賄に関しては、検察官との合意を得られる可能性は高いと思われます。ただ、A課長自身は裏金の使途先について実はほとんど何も知らなかったということなら、合意は得にくいでしょう。プラスアルファが必要です。もし、A課長がD部長への贈賄資金として裏金作りを指示されていたと思うのなら、そう思う根拠があるでしょう。当て推量や思い込みではなく、その根拠が具体的で裏付けのあるものであればあるほど、合意を獲得する方向ではプラスに働きます。

7　事態を漫然と放置しあるいは対応が遅延したため、リニエンシーや合意制度の利用ができなかった場合、どのようなリスクが考えられるか

【法務部員】　先生、それでは、会社として、A課長の申告を相手にせず、何もしないでいた場合のリスクについて教えてください。たとえば、先ほど申し上げたような社内の消極論に従った場合です。

【弁護士】　それについては、会社が合意制度の当事者となる場合で、他社もしくは他社関係者も当該特定犯罪に関与していたケース（事例ウ）において、一番問題となりますが、それについては後ほどお話します（☞本章194頁参照）。本件のケースに関していうと、会社として放置した場合、A課長は、会社とは無関係に、自分の弁護士を通じて、検察官に協議を申し入れることになり、その結果、仮に検察官との合意が成立したとしましょう。

　他方、A課長の申告を無視した会社は、B本部長やC取締役による贈賄行為を隠ぺいしたことになります。汚職という重大な犯罪を組織ぐるみで隠した事実は極めて深刻で、検察官による捜査は非常に厳しいものになるでしょう。会社やその関連場所に対する強制捜査（捜索・差押え）は避けられません。それは時に複数回、広範囲に及ぶこともあります。役職員個人の自宅

第3章　実務対応編／I　事例ア（内部型・上司 vs. 部下）

も捜索・差押えを受ける可能性もある。また、多くの社内関係者が厳しい取調べを受けることになります。そして、B本部長やC取締役はもちろん、隠ぺいに加わった関係者も身柄拘束（逮捕・勾留）を受けるおそれもあるでしょう。[20]

　それに加えて、会社の組織ぐるみの隠ぺい工作として、マスコミによって大々的に報道され、世間の激しい批判の的となるでしょう。会社の社会的信用はガタ落ち、株価も急落することは目に見えています。隠ぺいを決めた経営陣は辞任をせざるを得ないでしょう。株主代表訴訟のリスク（☞コラム5　株主代表訴訟と取締役等の善管注意義務124頁参照）もありますね。敗訴すれば、訴えられた役員個人は巨額の賠償責任を負担することになります。[21]これは隠ぺいを積極的に提案・指示した役員だけではなく、消極的に黙認した役員も同じです。さらに、不正を隠ぺいする組織という企業イメージがいったんついてしまうと、それを払拭するのは至難の業です。今後の会社の事業継続にも多大な影響を及ぼしかねません。これらのリスクは、合意制度だけではなく、独禁法上の課徴金減免制度（いわゆるリニエンシー）の利用についても同様のことがいえます（☞コラム12　住友電工カルテル株主代表訴訟208頁参照）。

　これとは逆に、隠ぺいなどせず、合意制度の利用など（本件のケースではA課長に合意制度の利用を促すこと）を含め、捜査機関による真相解明へ協力する姿勢をきちんと示せば、社会的信用の低下を軽減させることもできますし、説明責任を尽くし再発防止にも真摯に取り組むことによって、かえって

20　B本部長やC取締役は贈賄罪、隠ぺい工作にかかわった関係者は場合によっては証拠隠滅罪（刑法104条）によって逮捕・勾留されるかもしれませんし、そうでなくても厳しい取調べを覚悟しなければなりません。

21　昨今、こうした賠償責任リスクに備え、会社役員賠償責任保険（D&O保険）が急拡大しているようですが、こうしたで保険加入で経営者自身が負うリスクが減ると、経営の規律が緩むおそれもあるとの指摘もなされています（日本経済新聞2019年（平成31年）1月18日付け朝刊）。

　なお、D&O保険では、犯罪行為は免責とされています（これはそのような場合まで保険でカバーできるとなると、役員の会社に対する損害賠償責任が有する違法抑止機能が阻害されるからです）。したがって、特定犯罪を行った当該役員の賠償責任についてはD&O保険では賄えません。

7 事態を漫然と放置しあるいは対応が遅延したため、リニエンシーや合意制度の利用ができなかった場合、どのようなリスクが考えられるか

信用回復・向上につながることさえあります。

〔図表11〕 企業にとっての犯罪リスクと合意制度

企業関連犯罪の特徴	●事業遂行過程で利益追求などの動機で行われる犯罪 ●組織ぐるみ、巧妙な手口、反復継続、大規模、捜査が困難 ●「会社のため」という大義名分～犯行へのハードルが低い
企業関連犯罪への捜査手続の特徴	●組織的な背景の解明を目的とした大規模な捜査（捜査期間の長期化） ●幅広い対象者への事情聴取（社内外、取引先など） ●徹底した捜索差押等の実施
合意制度の利用によるダメージの軽減・回復	●コンプライアンス意識の高まりからの企業関連犯罪への強い非難～会社へのダメージ ●協議・合意制度の利用により訴追が回避できた場合のメリット ●積極的に真相解明に協力する姿勢

〔図表12〕 合意制度を利用しなかった場合のリスク

従業員が役員の指示に従って特定犯罪に及んだケース

●強制捜査を受けるリスク
●捜査非協力、責任逃れ、隠ぺいとの非難
●会社が不起訴処分等のメリットを受ける機会を喪失
●高額な罰金刑、実刑判決など難しい刑事責任
●許認可欠格事由、入札参加資格の停止、取引停止など業務自体に影響
●**株主代表訴訟のリスク**～住友電工カルテル株主代表訴訟の例（リニエンシーの遅れによる多額の課徴金負担。5億2000万円の和解）

従業員が他社の役職員と共犯として特定犯罪に及んだケース

●他社に先を越されてしまい、協議・合意制度によるメリットを受ける機会を喪失
●他社との比較で、捜査非協力、責任逃れ、隠ぺいとの非難
●そのほか、上記ケースと同様のリスクあり

123

第3章　実務対応編／Ⅰ　事例ア（内部型・上司 vs. 部下）

コラム5　株主代表訴訟と取締役等の善管注意義務

　株主代表訴訟とは「責任追及等の訴え」（会社法847条）のうち株主が提起する訴えを指します。会社が取締役等の責任追及を怠る事態があり得るので、株主が、会社に代わって、取締役に対し訴えを提起することが認められたものです。この場合、株主が勝訴しても当該株主に直接に利益が帰属するわけではないため、訴訟の目的の価額の算定につき財産権上の請求ではない請求に係る訴えとみなされ（同法847条の4第1項）、申立ての手数料は一律1万3000円とされています（民事訴訟費用等に関する法律3条1項、4条2項および別表第一）。

　このように手数料が低額化されていることから、株主代表訴訟の提起は比較的容易になっています。

　株式会社とその取締役等との関係は、委任に関する規定に従いますので、取締役等は、職務執行につき善良な管理者としての注意義務（**善管注意義務**）を負います（会社法330条、民法644条）。取締役等が善管注意義務に違反して会社に損害を与えた場合には、その任務を怠ったものとして損害賠償の責任を負います（会社法423条1項）。このような損害賠償責任の追及方法の一つが上記の株主代表訴訟なのです。

　取締役の業務執行は不確実な状況で迅速な判断を迫られる場合が多いため、善管注意義務が尽くされたか否かの判断は、行為当時の状況に照らし合理的な情報収集・調査、検討等が行われたかどうかと、それを踏まえた判断が不合理ではなかったかを基準になされるべきであり、事後的・結果論的な評価がなされてはなりません。その意味で取締役等には経営上の判断において広い裁量が与えられています（**経営判断の原則**）（江頭憲治郎『株式会社法〔第6版〕』464頁参照）。

　取締役等の任務には法令を遵守して職務を行うことが含まれます（会社法355条）。上記の経営判断の原則も、取締役等が法令の遵守を含め職務を誠実に執行することを前提としています。ですから、刑罰法規のような法令に違反す

124

る行為を是とする経営判断は許されず、当然のことながら、取締役等の責任原因となります。

　日本版司法取引（合意制度）の適切な利用を怠った場合、それ自体が犯罪を構成し法令違反に該当するというわけではありませんが、適切な利用をしていれば会社として処分の減免を受けることが可能であったのに、それをしなかったことにより会社に損害が生じたとすれば（たとえば、罰金納付、余分にかかった訴訟関連費用の支払、信用毀損等）、それが取締役等の任務懈怠にあたると判断されるリスクは十分にあります。

8　監査役の対応のあり方

【法務部員】　次に、合意制度への監査役のかかわり方が気になるところです。実は、当社の監査役のYさんから先生に是非聞いてきてくれと言われておりまして。まず、企業不祥事・不正への監査役の対応のあり方について説明していただけますか。

【弁護士】　それなら、今度はY監査役も是非一緒に来られるとよいですね。今日のところはPさんにレクチャーしておきましょう。

【法務部員】　よろしくお願いいたします。Yさんにはきちんとお伝えしておきます。

【弁護士】　監査役は、取締役等の職務の執行を監査する株式会社の機関です（会社法381条1項）。監査には、**業務監査**と**会計監査**とが含まれます。業務監査は、取締役の職務の執行が法令・定款を遵守して行われているかどうかを監査することで、一般に適法性監査と呼ばれています。そのため、監査役には、さまざまな権限が認められています。

　まず、①権限の第一は、取締役等の職務執行等を調査する権限等です。すなわち、監査役は、いつでも、取締役、使用人等に対し事業の報告を求め、または会社の業務・財産の状況を調査することができます（報告請求・業務

125

財産調査権、会社法381条2項）。他方、取締役が、会社に著しい損害を及ぼすおそれのある事実があることを発見したときは、直ちに、監査役に対し、当該事実を報告しなければなりません（同法357条1項）。また、監査役は、取締役会に出席し、必要に応じ意見を述べる義務がある（同法383条1項）ほか、業務財産調査権の行使の一環として、常務会、経営会議等に出席することもできます。さらに、監査役は、子会社に対しても、事業の報告を求めたり、当該子会社の業務・財産の状況を調査したりすることができます（子会社調査権、同法381条3項）。

　これらの調査権限等に加え、監査役には、②違法行為を阻止する権限等が認められています。すなわち、監査役は、取締役が不正の行為をし、もしくはそのおそれがあると認めるとき、または、法令・定款に違反する事実もしくは著しく不当な事実があると認めるときは、遅滞なくその旨を取締役会に報告しなければなりません（会社法382条）。その報告のため、取締役会の招集を請求し、または自ら取締役会を招集することができます（同法383条2項、3項）。そして、監査役は、取締役の法令・定款違反の行為により会社に著しい損害が生じるおそれがあるときは、その行為の差止めを当該取締役に請求することができます（差止請求権、同法385条1項）[22]。さらには、監査役は、③会社と取締役間の訴訟について会社を代表します。すなわち、会社が取締役もしくは取締役であった者に対し訴えを請求する場合等に、その訴えについて会社を代表します（同法386条1項1号）。したがって、会社が取締役を訴えるかどうかの判断も監査役がします。株主代表訴訟提起前の株主の会社に対する提訴請求や代表訴訟の提訴株主からの訴訟告知も、監査役が受けることになります（同条2項1号、2号）。

　それから、監査役は、④監査の結果を株主に報告するため、事業年度ごとに監査報告を作成し（会社法381条1項、436条1項）、株主総会において、株主が求めた事項につき説明しなければなりません（同法314条）。

22　通常、裁判所に対する仮処分命令の申立てが行われますが、その場合、監査役は担保を立てることを要しません（会社法385条2項）。

8　監査役の対応のあり方

なお、監査役は、監査上の職務を行ううえで必要とする費用の負担を会社に求めることができます（会社法388条）。この費用には監査に必要な一切の費用が含まれます。監査役自身が実施した調査等に要した費用のほか、弁護士や公認会計士等の専門家に調査等の業務を委託した費用等も含まれます。

【法務部員】　何だか講義を受けているみたいですね。私もその程度の知識は一応あるつもりでしたが、改めて頭を整理でき、助かりました。

会計監査への監査役のかかわり方についても少しレクチャーしていただけますか。

【弁護士】　これは失礼。釈迦に説法気味でしたか。お尋ねの会計監査に関してですが、これも少々講義めいた話から始めます。

ご案内のとおり、大会社（会社法2条6号）かつ公開会社（同条5号）では、公認会計士または監査法人を会計監査人として選任しなければなりません（同法328条1項、337条1項）。大会社では、会計監査は第一次的には会計監査人が実施し、その作成する会計監査報告（同法396条1項、会社計算規則126条）は監査役会と取締役会に提出されますが（同規則130条）、監査役は、このような会計監査報告につき、会計監査人の監査の方法・内容の相当性を判断し、もし相当でないと認めた場合は、自ら監査したうえで、その結果について監査報告に記載します（同規則127条）。

なお、会計監査人は、取締役の職務遂行に関し不正行為や法令・定款違反の重大な事実を発見した場合には、遅滞なくそれを監査役（会）に報告しなければならず（会社法397条1項）、監査役は、必要があれば会計監査人に監査に関する報告を求める権限を有します（同条2項）。定時株主総会の招集通知時には監査報告が提供され（同法437条）、会計監査および業務監査の結果が記載されます。監査報告は大会社かつ公開会社では監査役会が作成しますが（同法390条2項1号、会社計算規則123条1項）、各監査役は監査役会の監

23　会計監査人は、株主総会で選任されますが（会社法329条1項）、株主総会に提出する会計監査人の選任および解任並びに会計監査人を再任しないことに関する議案の内容は、監査役（会）が決定します（同法344条）。

査報告と自分の意見が異なる場合にはその内容を付記することができます（同規則同条 2 項）。連結計算書類についても監査が行われ、監査役会の監査報告が作成されます（会社法444条 4 項）。

【法務部員】 改めてと言ってはなんですが、先生のお話をうかがって、監査役の責任は非常に重大だと感じます。そのために、監査役には強い権限が認められているのですね。

【弁護士】 そうなんです。特に、代表取締役などの経営陣が内部統制を無視して不正を主導しているような場合には（これをマネージメントオーバーライド［management override］といいます）、監査役は、正に最後の砦となります。仮に、監査役がその任務を怠れば、会社に対して善管注意義務違反により損害賠償責任を負う可能性があるほか（会社法423条 1 項、330条、民法644条）、職務の遂行に際し悪意または重過失があった場合、または監査報告に虚偽記載があった場合には、第三者に対しても損害賠償責任を負う可能性があります（会社法429条 1 項、2 項）。

【法務部員】 企業不祥事において、監査役は、どんな場合に任務違反を問われるのですか。

【弁護士】 その点について、〔図表13〕のとおりまとめてみました。

　まず、監査役自らが、不祥事の兆候に気づくことができたのに気づかなかった場合です。監査役がそのような兆候に気づくきっかけとしては、自らの監査業務の中で気づく、会計監査人からの報告、内部監査部門など社内から

〔図表13〕　どんな場合に、企業不祥事における監査役の任務懈怠が問われるのか

①不祥事の兆候（黄色信号）に気づかなかった場合

きっかけ ⇨ 自ら気づく、会計監査人からの報告、内部監査部門など社内からの報告、内部通報、外部からの情報など

②気づいた後の対応が不十分だったため、より深刻な事態に発展した場合

warning ⇨ 気づいた「黄色信号」を放置することが最も危険である。

監査役の善管注意義務違反
(ex.セイクレスト事件、ライブドア事件)

の報告、内部通報（監査役が通報先とされているとき）、外部からの情報提供などがあります。また、気づいたのに放置した、あるいは対応が不十分だったため、より深刻な事態に発展したという場合です。後者のほうがより深刻です。実際に、セイクレスト事件やライブドア事件では、監査役の損害賠償責任が認められています（☞コラム6　監査役の損害賠償責任が認められた事例131頁参照）。

【法務部員】　それなら、監査役として、不祥事が発生した場合、どうしたらよいのでしょうか。

【弁護士】その点についても、〔図表14〕のように整理してみました。

　監査役は、独任制といって、会社に複数の監査役がいる場合であっても、単独でその権限を行使することができます。つまり、他の監査役が反対しても、一人の監査役だけで権限行使が可能なのです。監査役の多数派が経営陣となれ合い、他の監査役の権限行使を妨げる事態を防ぐ趣旨があります。ただ、そうは言っても、事態の認識・理解やそれを踏まえてどのような行動を

〔図表14〕　不祥事発生時の監査役の役割

企業不祥事が発覚した場合	監査役は独任制であるが、まず他の監査役と速やかに情報共有をして対応を協議することが大事。

ステップ1	・直ちに取締役等に**報告を求め**、必要に応じ**調査委員会の設置を求め**、同委員会から説明を受けるなどして事業関係の把握に努めるなど（会社法381Ⅱ、監査役監査基準27①、同47⑤）
ステップ2	・取締役の対応が不十分な場合、**第三者委員会の設置を勧告**し、あるいは、必要に応じて**自ら第三者委員会を立ち上げる**（同監査基準27②）
ステップ3	・監査役が自ら不祥事を発見するなどした場合、**自ら調査を行い**、必要に応じ**弁護士等の外部専門家に助言を求める**（会社法381Ⅱ、Ⅲ、同監査基準3⑤）
ステップ4	・**自ら第三者委員会の委員に就任**。就任しない場合にも同委員会から説明を受けるなど（同監査基準27②）

※弁護士等への相談費用や委員会設置用は基本的に会社負担（会社法388）

とるべきかなど、単独で検討して判断をするということは通常はなかなか難しいでしょうし、不安や迷いも伴うと思います。ですから、やはり同僚の監査役と速やかに情報を共有して対応を協議することが第一歩として重要になります。常勤の監査役の場合、社外監査役の意見を聴いてみることはかなり有益です。社外監査役には弁護士や公認会計士などの法務・会計の専門家が就任している場合が少なくありませんので、ともに対応を協議するには打ってつけだろうと思います。

　そのことを前提として、監査役は、まずは、当該不正に関し、経営陣に報告を求め、必要に応じ、事実関係の調査につき意見を述べたり、調査状況について説明を受けたりすることになります（会社法381条2項、監査役監査基準27条1項[24]）。そして、仮に経営陣の対応が不十分であるとか動きが悪い場合には、調査実施に関し自らリーダーシップを発揮することが求められます。自ら第三者委員会を立ち上げる場合もあるでしょうし、そうではなく、自らが主体となって調査を進めることが必要なケースもあります（同監査基準同条2項、会社法381条2項、3項）。調査にあたって必要な場合は弁護士等の外部専門家に意見を求めたり、調査を委託したりすることもでき（同監査基準3条5項）、それに費用、すなわち弁護士等への相談費用、業務委託料、あるいは第三者委員会を設置した場合はそれに要した費用等は基本的に会社の負担となります（会社法388条）。

【法務部員】　合意制度に関していえば、監査役としてはどのような対応をすることになりますか。

【弁護士】　基本的には、今申し上げたところと同様です。まずは、しっかりと経営サイドの合意制度への対応状況をモニタリングする。そのために、必要な説明を求め、対応が不十分である場合には、取締役会に出席するなどして適切な対応をするよう意見を述べ、あるいは必要に応じ取締役会を招集す

24　監査役監査基準では第三者委員会との関係について述べられていますが、内部調査に関しても、監査役として同様の対応、すなわち調査状況をしっかりモニタリングし、監査役として必要な意見を述べたり、注文を付けたりといったことが求められます。

〔図表15〕 監査役に望まれる対応

経営サイドの合意制度への対応状況等の監視が不可欠

①取締役等に合意制度への対応状況等の説明を求める（会社法381Ⅱ）

②対応不十分と認められる場合、取締役（会）に報告し、あるいは取締役会に出席して適切な対応について助言または勧告し、そのために必要なら取締役会の招集を求めまたは召集する（会社法382、383①～③）

執行部門への報告、助言・勧告で事足れりとせず、フォローアップが不可欠

適切な対応を怠れば、監査役自身が善管注意義務違反を問われかねない（会社法423Ⅰ）

るなどです。これはいったん意見を述べたからそれで十分というわけではなく、継続的にフォローアップをしていくことが肝心です。適切な対応を怠れば、先ほど説明したように、監査役自身が善管注意義務違反を問われることになりかねません。不正・不祥事対応においては特にいえることですが、監査役は、受動的ではなく、アクティブな姿勢が求められているのだと思います。そのために、ほかの監査役と意思疎通を図り、弁護士等の専門家に意見を求めることなどは基本中の基本ではないでしょうか。なお、監査役自身も、会社の執行サイド（法務部等）とは別に、自ら相談できる弁護士等の専門家をストックしておくことも必要になってきます。[25]

コラム6　監査役の損害賠償責任が認められた事例

　監査役の損害賠償責任が認められた主要な事例として、ライブドア事件とセイクレスト事件をあげることができます。

ライブドア事件

　旧ライブドア株主による損害賠償請求事件（東京地判平成21・5・21判時

25　この点については、弁護士や公認会計士等が社外監査役であれば、当該監査役の人脈を利用するのもよいでしょう。

2047号36頁）は、同社（LD）が2004年（平成16年）12月27日に提出した有価証券報告書に虚偽記載があり、また、その子会社であるライブドア・マーケティング（LDM）が同年10月25日に行った株式交換についての公表および同年11月12日に行った四半期の業績状況についての公表に虚偽があったとして、LDまたはLDMの株式を取得した多数の個人投資家（3340名）が損害を被った旨主張し、LD、LDM、LDの取締役、LDの監査役、LDの連結財務諸表等の監査証明を行った監査法人、同監査法人の社員であった公認会計士らに対し、旧証券取引法21条の2第1項、24条の4、会社法350条、商法（平成17年法律第87号による改正前のもの）266条ノ3、280条1項、民法709条、719条等に基づき、損害賠償を請求した事案です。

　同判決において、監査役が、監査法人側から「会計不正の疑いあり」との連絡を受けながら、特段の措置を講じなかったということが任務懈怠とされました。すなわち、同判決は、LDの監査役3名は、監査法人がLDの子会社に対する売上げが架空ではないかという疑いをもっていることを認識していたのであるから、監査法人に対し、なぜLDの連結財務諸表に無限定適正意見を示すに至ったのかについて具体的に報告を求め、LDの取締役や執行役員に対し、なぜ架空との疑念がもたれるほどの売上げを期末に計上するに至ったのかについて報告を求めるなど、LDの会計処理の適正を確認する義務を負っており、それを容易に認識し、履行し得たにもかかわらず、特段の調査を実施しなかったことから、善管注意義務（金商法上の「相当な注意」）を果たしたとはいえないと判示しました（その後の控訴審、上告審でもこの判断は維持されています）。

　このように、監査役において、取締役による業務執行が違法であることをうかがわせる特段の事情（つまり不正の兆候）を認識していた場合には、監査役に認められた調査権を行使し、積極的に当該事情の存在や内容を確認すべき義務があり、そのような義務を怠った場合には、善管注意義務違反が問われることになるのです。なお、仮に、監査役が当該事情に関し何らかの監査を行っていたという場合には、当該監査の内容が善管注意義務に欠けることがなかったかどうかが判断されることになります。

セイクレスト事件

　二番目の事例として、セイクレスト・社外監査役責任追及訴訟（大阪地判平成25・12・26判時2220号109頁、大阪高判平成27・5・21判時2279号96頁）があります。

　事案は、債務超過に転落していた同社（不動産業）では、代表取締役が、①調達した資金を合理性が疑わしい使途に使用し、②5億円の山林を20億円と評価して現物出資を受け、③個人コンサルタントから紹介を受けた会社に多額の約束手形を振り出すなど、上場廃止の回避等の目的から違法・不当な業務執行を続け、さらに、④調達した4億2000万円のうち8000万円について、取締役会決議で決定した使途に反して同コンサルタントに交付するなどしていたところ、社外監査役を含む監査役会としては、これらの一連の行為について、取締役会に意見書を提出し、「違法・不当な行為が継続されるようであれば、辞任等の対応をとる」旨を述べて反対するなど、その都度反対意見は表明していたというものです。本件訴訟は、同社の破産管財人が、上記④の8000万円の交付に関して、代表取締役の行為が会社に損害を与える違法なものであることを前提に、非常勤の社外監査役に対して、善管注意義務違反を理由に8000万円の損害賠償請求をした事件です。第一審では、同社外監査役の損害賠償責任が認められ、控訴審判決においても第一審の判断が是認されました。すなわち、控訴審判決は、同社外監査役は、取締役会への出席を通じて、代表取締役による一連の任務懈怠行為の内容を熟知していたことから、取締役会に対し、資金を不当に流出させる行為に対処するための内部統制システムを構築するよう助言・勧告すべき義務があり、また、同代表取締役が不適格であったことは明らかであるから、取締役らまたは取締役会に対し、同代表取締役を解職すべきであると助言・勧告すべきであったにもかかわらず、これを怠ったとして、同社外監査役の善管注意義務違反を認定しました（2016年（平成28年）2月には最高裁が上告不受理とし同判決は確定済みです）。

　このように、一見すると、誠実に職務を遂行したように思われる非常勤の社外監査役が任務懈怠により損害賠償責任を肯定されたことは、関係者、殊に他の会社で監査役を務めておられる方々からは驚きをもって受け止められました。

第3章　実務対応編／Ⅰ　事例ア（内部型・上司 vs. 部下）

　こうした判決を見ると、ある取締役による不祥事の疑いをもった場合に、他の取締役あるいは監査役として、取締役会において苦言を呈する、反対意見を述べる、当該行為を中止・是正しなければ事実を公表する、辞任するといった対応をとるだけでは善管注意義務違反を免れられず、より積極的な措置を講じることが求められるということがいえそうです。

9　会計監査人の役割など

【法務部員】　合意制度に関連して、会計監査人の果たす役割などについて教えてください。

【弁護士】　そうですね。会計監査人が会計監査をしている過程で、特定犯罪の事実に気づくこともあり得ます。これも釈迦に説法かもしれませんが、会計監査人は、株式会社の計算関係書類の適正さを監査する機関であり（会社法396条1項）、事業年度中から、取締役やその他の役職員との意思疎通を図り、情報収集等に努めなければなりません。その情報収集等のため、会計監査人は、いつでも、会社の会計帳簿や関連資料の閲覧・謄写をし、また取締役やその他の役職員に対し会計に関する報告を求めることができ、さらに、職務上の必要性があるときは、子会社に対し同様の報告を求め、または会社・子会社の業務および財産の状況を調査することができます（同条2項、3項）。そして、先ほども話しましたが、会計監査人は、職務遂行の過程で、取締役の職務の執行に関し不正や法令等に違反する重大な事実を発見した場合には、遅滞なく、これを監査役（会）に報告する義務があります（同法397条1項）。特定犯罪が行われた疑いがあるということは業務監査の守備範囲にあるように思われ、本来、業務監査は会計監査人の職責ではありませんが、会計監査の際に、取締役等の不正行為等を発見することがあり得ますので、このような報告義務が規定されているのです。

　また、金商法上も、会計監査人が、監査業務を行う中で、当該会社におけ

134

る法令違反の事実等を発見した場合、違反事実等の内容およびその是正その他適切な措置をとるべき旨を監査役に書面で通知しなければならないものとされています（同法193条の3第1項）。[26]

【法務部員】 監査役として、会計監査人から特定犯罪に関する報告ないし通知を受けた場合の対応は、先ほど説明していただいたとおりでしょうか。

【弁護士】 基本はすでにお話したとおりです。多少付け加えるとすれば、監査人からの通知等を法定監査期限の直前に受領しても対応できる期間が限られてくるということがあります。また、会社が、会計監査人から金商法上の上記通知を受けたにもかかわらず、適切な措置をとらない場合、会計監査人は当局（金融庁長官）へ所定の事項を申し出なければなりませんが、会社の対応期間は原則2週間と非常に短いという点にも留意が必要です。もっとも、会計監査人の通知等は主として不適切な会計処理に関するものですので、問題となる特定犯罪が本件のケースのような贈賄罪の場合には、あまり関係してこないかもしれません。他方、同じく特定犯罪である虚偽有価証券報告書等提出罪（金商法197条1項1号）が問題となるような場合には、要注意ですね。

いずれにしても、監査役としては、たとえば、四半期報告の際に会計監査人から報告を受ける機会（会社法397条2項）等を有効に活用し、不適切な会計処理のほか不正や法令違反の兆候等について確認したり意見を交換したりといったコミュニケーションに努め、日頃から監査人との連携を図っておく必要があります。

10　捜査機関への対応のあり方──特に強制捜査への対応

【法務部員】 捜査機関による捜査にはどのように対応すればよろしいでしょうか。特に、捜索・差押えなどの強制捜査を受けた場合に注意すべき点など

26　仮に、一定期間経過後も、当該事実が財務書類の適正性の確保に重大な影響を及ぼすおそれがあって、かつ当該会社において適切な措置がとられない場合には、会計監査人は当局（金融庁長官）に申し出を行わなければならないとされていますが（金商法193条の3第2項）、かなり局限的なケースだと思われます。

について教えてください。たくさんの捜査員が押し掛けてきて、山ほど段ボールを運び込んで、有無を言わさず、会社の資料を根こそぎ持っていかれるという、怖いイメージがあります。現場で強面の捜査官から厳しく追及され、逆らえば逮捕されてしまうというような……。

【弁護士】 Ｐさん、テレビで見ただけのイメージ先行ではいざというときに慌ててしまうのが関の山ですよ。ここはじっくりと基本からお話することにしましょう。

　まず、そもそも、当たり前といえば当たり前のことですが、捜査、特に捜索・差押えのような強制捜査は、予告なく、突然行われるものです。

　基本的なスタンスとして大事なことは、①捜査対象の正確な把握、②捜査妨害や証拠隠滅を疑われる行為をしない、③会社の日常業務への影響を最小限にする、ということです。これらを肝に銘じてください。そして、突然の捜索差押えを受けて慌てないで対応するためには、平時からの備え、つまり、対応マニュアルの整備をしておくべきでしょう。

　まず、捜索差押えを受けた際の留意点として、その根拠となる令状（捜索差押許可状）をしっかり確認することが大切です（☞資料編〔資料６〕304頁参照）。捜査機関は捜索差押えの執行を受ける相手方に令状を提示する義務があります（法222条１項、110条）。令状には、被疑者の氏名、罪名や捜索場所、差し押さえるべき物が記載されていますが、被疑事実は記載されませんので（法219条１項）、令状だけからは具体的にどのような犯罪が問題になっているのかはわかりません。捜査官に質問しても答えてくれないでしょう。したがって、その段階では、被疑者氏名と罪名から推測するしかありません。ただし、並行して行われている内部調査の内容と照らし合わせれば、どのような嫌疑が問題となっているのかはある程度わかるのではないかと思います。

　次に、どのようなものが差し押さえられるのかを確認することが大切です。これも、差し押さえるべき物として、令状に記載されていますが、たとえば、「本件に関係ありと思料される一切の帳簿書類、会計伝票類、元帳類、メモ、社内作成文書、手帳、スケジュール帳、備忘録、往復文書、契約関係書類、

稟議関係書類、預金通帳、同証書、有価証券、印鑑等の文書及び物件」など
と、相当程度、広く概括的に記載されますので、それだけでは何が差し押さ
えられるのかははっきりしません。そこで、会社の方々には、捜索差押えの
現場に立ち会って（会社内の複数箇所で捜索が実施されることになりますので、
立会いは手分けする必要があります）、何が差し押さえられるのかを見守りま
しょう。もちろん、邪魔にならないようにですが。

基本的に、捜査官はできる限り幅広に押さえようとしますが、[27]差押えを受
けるほうとしては、会社の業務に支障が生じないよう、できるだけ限定的に
してもらいたいと考えるのは当然です。たとえば、原本が押さえられては困
るという場合には、コピーをとってそれを押収してもらう、あるいは、原本
が押さえられるのなら必ずコピーを手元に残すようにする、といった対応が
必要になります。私物であっても、事件に関連しそうなものであれば差押え
の対象になります（私的なメモ、手紙、スケジュール帳・手帳等）のでご留意
ください。[28]

いったん、押収された物でも、業務上その他の理由で、返還を求める必要

27　考えてみれば当たり前のことかもしれませんが、捜査官としてはいわゆるガサ漏れ
（本来なら差し押さえるべきであった物が押収対象物から漏れてしまうこと）は避けたいので、
捜索の現場では、一つ一つ細かく吟味することなく、一応事件と関係がありそうだと考
えれば、なるべく広めに押収しておくものです。その後、押収してきた資料を、各捜査
官が手分けして分析、検討し（これを「物読み」と呼んでいます）、必要性がないとわかれ
ば、返還するというのが捜査実務です。
28　なお、差押えの対象は有形物でなければなりませんので、データそのものを差し押さ
えることはできません。データを保存した記録媒体やデータをプリントアウトした書面
等が差押えの対象となり、捜査官自らがその場で必要なデータを特定して別の記録媒体
に複写するなどしてそれを差し押さえることになります（法222条１項、110条の２）。た
だし、短時間に実施するのは簡単ではありませんので、実際には、少しでも事件に関連
性ありと認められる記憶媒体は幅広く差し押さえられ、業務に支障を来すおそれもあり
ます。そこで、捜査官と交渉してできる限り差押えの対象を限定するとともに、そのデ
ータのコピーを作成して手元に残すようにすべきです。このほか、データの保管者など
に命じて他の記録媒体に記録または印刷させたうえ、当該記録媒体を差し押さえるとい
う「記録命令付差押え」（法99条の２）や、電気通信回線で接続されている記録媒体から
の複写の制度（たとえば、電子メールが保管されているメールサーバから必要なメールを、ネ
ットワークで接続されているパソコンに複写して、これを差し押さえるなど）（法99条２項）も
あります。

が生じた場合には、仮還付を受けることができますので（法222条１項、123条２項）、担当官の連絡先や手続について、確認をしておくことが大事です。返還を求める理由をきちんと説明すれば、可能な限りの配慮をしてくれると思われます。

【法務部員】　そんな配慮をしてくれるのでしょうか。やたらと厳しくて、居丈高に命令するだけじゃないんですか。

【弁護士】　それは証拠隠滅やその疑いのある行為があれば、捜査官も厳しい対応をしてくるでしょうが、そうでなければ、普通の会社に対する捜索差押えでは、捜査官の態度は基本的には紳士的だと思います。

　令状に基づく捜索差押えの場合、もちろん相当の嫌疑があって実施されていることですから、全面的に協力することが大事です。捜査機関側の指示を守ることは当然ながら、捜索差押え作業ができるだけ円滑に進むよう最大限配慮するのがよいと思います。この段階で非協力・不誠実な対応をすることは厳禁です。そういうソフトな対応をしていれば、捜査機関側もこちらの要望に可能な限り配慮をしてくれるものですよ。

【法務部員】　なんか、以前、新聞か雑誌で、捜索差押えにやってきた検事が、社長の目の前で役員を怒鳴りつけたとか、読んだことがありましたが……。

【弁護士】　そうですね。いろいろとその件ではもめていたようですが、事の真偽は定かではありませんので、うかつなコメントはできません。ただ、一般的な傾向としては、捜査機関を含め当局が、さほど手荒なことをすることもなくなってきているのではないかと思います。意外に紳士的だったという印象をもたれる方も少なくありません。いずれにしても、捜索差押えを受ける側としては、慌てず騒がず、柔軟かつ丁寧な姿勢で協力していくのが得策だと思います。

【法務部員】　具体的な対応について、もう少しかみ砕いて説明してもらえますか。

【弁護士】　まず、あらかじめ対応責任者を決めておくことが望ましいと思います。そのうえで、この対応責任者が、捜索実施の責任者と密なコミュニケ

ーションをとりながら、捜索差押えの作業が整然と効率的に行われれば、社内の動揺も防ぐことができます。私の検事時代の経験では、個人の自宅よりも、会社事務所のほうが時間は掛かっても捜索はやりやすかったという印象があります。なお、一見して明らかに関係のない私物が差し押さえられそうな場合なども、クレームは個々的にではなく、社内の対応責任者が捜索実施の責任者に対して一括して行うのがよいと思います。

【法務部員】　実際の捜索差押えはどのような手順で進められるのですか。

【弁護士】　捜索の手順ですが、捜索実施のキャップ（責任者）、通常、機動捜査班の統括捜査官ないし主任捜査官といったベテラン事務官がその場を仕切ります。会社の側も、あらかじめ決めておいた対応責任者がこのキャップのカウンターパートになります。最初は、通常、捜索場所の範囲の特定のため、配置図などを求められます。また、どこにどういう部署があって、それぞれどういう書類が保管されているのかなど基礎的な情報も求められます。それで、捜査機関は捜索に必要な配置人員の張り付けを行うわけです。

　捜索場所ごとに作業は分担されますので、その数や広さにもよりますが、必要に応じ、会社側の責任者の下に補助者的な人を決めておき、捜索場所ごとの個別対応を任せるというやり方が効率的です。捜索状況を見守ると同時に、その都度、捜査官からの具体的指示や質問に対応するという役回りです。

　作業は長時間を要し、早朝から深夜までということもしばしばです。よほどのことがない限り、休憩・中断はありません（捜査官の中で適宜交代制をとることはあります）。早く作業が終わった班が他の班の応援に回ります。最終的に押収される物のリスト、押収品目録といいますが、その作成作業もかなり時間が掛かります。多くの場合、手書きにならざるを得ませんし、会社責任者に一点一点、点検を求めることも必要だからです。もっとも、「○○等在中の書類ケース」とか「○○と題する書面を含むファイル１冊」といったざっくりした押さえ方をする場合が少なくないので、そのような場合は、後で目録を見ても、何を押さえられたかを特定することは簡単ではありません。ですから、本当に大事な書類等がある場合には、先ほどもお話したように、

第3章　実務対応編／I　事例ア（内部型・上司 vs. 部下）

必要なコピーをとらせてもらうとか、あるいは原本が必要な場合、コピーをとってもらってコピーのほうを押収してもらうということが必要になります。

【法務部員】　捜索の最中に電話を掛けたり、掛かってきた電話に対応したりすることは許されるのですか。もちろん、業務上の電話のことですが。

【弁護士】　捜査官は、電話の受発信の制限も可能ですが、やみくもに制限できるわけではありません。業務上必要やむを得ない連絡は当然ありますから、捜索責任者に事情を説明して許可してもらえるように具体的に要望をするのがよいと思います。

【法務部員】　中には横暴な捜査員もいるように思うのですが。

【弁護士】　Ｐさんも心配性ですね。繰り返しになりますが、基本は、可能な限り、協力・従順・柔軟です。疑問がある場合にも、喧嘩腰の文句・不満ではなく、「質問、確認、要望」というソフトで穏やかな対応がよろしいと思います。相手も人間ですから、いたずらに捜査官側の心証を害しても、何の得にもなりません。もちろん、これは卑屈になれといっているのではありません。

　そのうえで、捜査員の態度があまりに傲慢・横柄であったり、指示が理不尽であったり、業務に及ぼす支障等を具体的に説明しても理解しようとしなかったり、というように大きな問題があれば、バラバラではなく、必ず社内の対応責任者を通じて統一的に申し入れるようにしましょう。そして、後日、必要に応じ、会社の弁護士から検察庁に対し正式に苦情ないし抗議の申入れをしてもらえばよいと思います。

【法務部員】　弁護士は、捜索差押えに立ち会うことはできるのですか。

【弁護士】　弁護士の立会いについては、被疑者の弁護人の立場としては、刑訴法上、立会いの権利は認められていません（法222条１項は法113条１項を準用していません）。ただし、捜索を受ける会社の代理人としてなら立会いが認められる余地はあります（その場合には、当該弁護士の権限を示す資料等の確認が求められます）。もっとも、いずれにしても、突然の捜索差押えに直ちに弁護士が対応できるとは限りません。Ｐさんがしっかりしないといけません

140

ね。社内弁護士がある程度経験を積んだ人であれば、この人に対応をしてもらうという選択肢はあると思います。

【法務部員】 捜索・差押えは一度で済むものですか。

【弁護士】 事案によっては、複数回にわたり捜索差押えを受けることもありますので、一度、捜索を受けたからといって安心はできません。たとえば、関係する被疑者が逮捕、再逮捕されるたびに同じ場所に対し捜索差押えが実施されることもあり、2回目以降の捜索差押えの際に、前回発見されていなかった、関係者の通謀を示すメモや連絡文書等の資料が発見されることも実際にあります。[29] このような資料は、関係者が行為の違法性を認識していたことを示す証拠となる可能性があります。したがって、**捜査妨害や証拠隠滅を疑われる行為をしないよう慎重な配慮が必要です。**下手をすれば、捜査機関に任意捜査から強制捜査への移行またはさらなる強制捜査のきっかけを与えることにもなりかねません。捜査機関は、できるだけ多くの有力な証拠を収集するため、強制捜査のネタを絶えず求めているといっても過言ではないように思います。

【法務部員】 社内の報告連絡体制については、どのように考えればよいですか。私なんかは、突然捜索に入られれば、慌てるだけで何もできないのではないかと心配です。

【弁護士】 先ほども言ったように、日頃からの備えはとても大事なことです。捜索差押えのような有事における、社内の報告連絡体制をきちんと確立しておくことは不可欠といってよいでしょう。特に、迅速性と保秘の観点から、報告連絡の対象者（範囲を限定）、連絡の具体的方法、報告すべき事項等を適切に定めるとともに、会社として迅速で責任をもった意思決定ができるメカニズム（事前の対応フロー）を構築しておくことが重要です。時には、大胆な権限移譲も必要となるでしょう。すぐに社長に連絡がつかないからといっ

29　たとえば、1回目の捜索後、関係者が油断して他の場所に隠していた証拠物を捜索済みの事務所などに移動させるとか、強制捜査を受けた直後の焦りや不安から、関係者同士がメールなどで連絡をとり合い、大胆な口裏合わせに及ぶといったことが想定されます。

141

第3章 実務対応編／I 事例ア（内部型・上司 vs. 部下）

て、何もできないというのでは、まともな対応はできませんし、社内の動揺も抑えられません。

【法務部員】「こういう対応はマイナスだ、悪印象だ」という例として、どのようなものがありますか。

【弁護士】 繰り返しになってしまいますが、やはり、捜査当局に極めて悪い印象をもたれる行為は証拠隠滅です。あるいは証拠保全に配慮を欠いた対応です。

経験した例では、管理部門において、関係者の供述対比表を作り、事前にレクチャーをしていたということがありました。このようなことをすると、口裏合わせをしていたと受け取られかねません。[30]この対比表は、何度目かの捜索で発見されたものでした。先ほども申し上げたように、同じ場所でも場合によっては複数回捜索が行われることがあります。捜査が進んでいる中で、たとえば当事者の認識を示すような資料が新たに発見されると、捜査機関にとっては非常に有力な証拠となることがあります。

また、新聞報道が先行した事案でしたが、捜索前に関係資料が大量にシュレッダーで処分されていたというものもありました（密行性を確保できなかった捜査機関のミスでもあるのですが）。会社の会見では、社長が捜査に全面的に協力をすると明言されていたにもかかわらずです。捜査担当者はこういう会見の様子もよく見ているものです。印象は最悪ですよね。このような証拠隠滅あるいはそれと疑われる行為がありますと、捜査姿勢は厳しいものになります。完全な証拠隠滅はそもそも不可能ですし、いざそれが発覚した時のダメージは非常に大きい。捜査機関は、そのような兆候が少しでもあると、強制的手段をこれでもかと繰り出してきます。証拠隠滅は、当局による強硬姿勢に口実を与えることにもなるのです。

---

30 会社において、捜査機関から取調べを受けた会社関係者に対し、その取調べ内容をヒアリングすること自体は差し支えないと思います。ただ、たとえば、それを会社として何らかの資料として取りまとめることは、口裏合わせのためではないかと勘繰られるおそれがあります。何のためにそのような資料を作るのかということです。痛くない腹を探られるより、余計な資料は作らないほうが無難ではないでしょうか。

10　捜査機関への対応のあり方

〔図表16〕　捜索差押え対応上の留意点①

> 予告なしに突然やってくる
> (dawn raids)

基本的なスタンス

① 捜査対象のできる限りの把握

② 捜査妨害や証拠隠滅を疑われる行為をしない

③ 会社の日常業務への影響を最小限にする

④ 対応責任者の特定・一本化

> 最初の本社捜索後、関連施設へ関係資料を移動させていた最近の例

〔図表17〕　捜索差押え対応上の留意点②

ポイント

> ◎ 平時からの備え＝有事対応マニュアルは必須
> ✓ 特に、責任の所在の明確化と迅速で柔軟な意思決定を可能とするしくみが重要

◆ 対象事業の把握

◆ どのような物が差し押さえられるのか？

◆ 証拠保全の必要性

◆ 対応責任者およびその他の者との役割分担

◆ 刑事手続等を専門にした弁護士の助力

【法務部員】　そう言えば、いわゆるリニア談合事件でも、関係資料を関連施設に持ち込んでいることが後で発覚して、その後何度も捜索を受けるといったことがありましたよね。ホントにこわいですね。

【弁護士】　そうですね。そのケースの事実関係はよくわかりませんので、いい加減なことは言えませんが、一般的な言い方をすれば、人間はどうしても弱い存在ですので、都合の悪いものは隠したい、なかったことにしたいという心理が働きがちです。やってはいけないと頭でわかっていても、いざその場に直面すると、ついつい最悪の行動をとってしまって後悔する。多かれ少なかれ誰しもそういう経験をしたことがあるのではないでしょうか。

　ちなみに、このような証拠隠滅行為は、米国では、司法妨害罪に該当し、

143

第3章 実務対応編／Ⅰ 事例ア（内部型・上司 vs. 部下）

元の行為を上回るほどの厳罰に処せられることが少なくありません。

【法務部員】 強制捜査への対応のあり方について説明いただき、ありがとうございました。その他、捜査機関への対応について留意すべき点はありますか。

【弁護士】 捜査にはいろいろな局面がありますので、網羅的にお話するのは難しく、是非その都度相談いただければと思います。

　ただ、若干、付言しておきたいのは、当局対応について、「受け身」の立場だけで考えるのではなく、積極的、能動的な視点も併せもつことも必要だということです。すなわち、事案の実態を理解してもらうための積極的な情報提供です。時には、捜査機関が実態と異なる、会社に不利益な像を作り出す、独善的なストーリーを押しつけてくるということもあり得ます。そういうことにならないように、こちらからも実態を反映する情報を能動的に提供していくことです。受動的な姿勢が過ぎると、会社に不利な情報を出さないだけでなく、有利な情報も隠れてしまうこともあり得ます。ちなみに、会社に有利な情報は出すが、不利な情報は出さないというアンフェアな姿勢は、最終的にはかえって自分の首を絞めることになると思われます。

11　第三者委員会

【法務部員】 先ほどおうかがいしたことの繰り返しになるかもしれませんが、第三者委員会の位置付けについて、もう一度説明していただけますか。

【弁護士】 第三者委員会というのは、企業を取り巻く多くのステークホルダーに対する説明責任を全うするため、当該企業等とは独立した公平な立場から、企業不正等に関する事実関係を調査したうえで、その背景・原因を探り、再発防止策を検討するしくみですので、早急に事実関係の調査を実施したうえで、速やかに合意制度への会社のスタンスを決めていくという場合に、必ずしもなじまないかもしれません。内部調査を行ったうえで、捜査の推移をみつつ、第三者委員会を立ち上げるということもあり得ます。また、第三者委員会における検討プロセスを事実関係の調査と、背景・原因の分析および

144

再発防止策の検討とに分け、前者の調査結果を基に合意制度への対応を考えるという選択肢もないではありません。もっとも、後者のような手法は、多少複雑ですし、第三者委員会による検討に無用な影響を及ぼすリスクもあるので、あまりお勧めはしません。

【法務部員】　第三者委員会の設置のタイミングはどのように考えればよいですか。

【弁護士】　これも、ケースバイケースで、判断していくしかありません。たとえば、捜査に区切りが付いてから、つまり当該特定事件の起訴後に設置する場合もあるでしょうし、その前に設置し、捜査機関による捜査と第三者委員会による調査が並行して行われるということもあるでしょう。ただし、その場合、両者の連携と調整が必要となることは間違いありません。なお、第三者委員会の活動が捜査の支障になっては本末転倒ですので、第三者委員会を設置する際の契約等で、当局へ必要な協力を行うことを明示しておくことも一案です。実際にも、刑事処分の行方が流動的な状況では、第三者委員会の活動もある程度自制的とならざるを得ないように思われます。

【法務部員】　合意制度云々を離れた一般論ですが、昨今の製造業における品質・検査不正の事案では、第三者委員会の調査結果を踏まえて、捜査機関が刑事手続を開始するという例が散見されるように思います（タイヤメーカー、鉄鋼メーカー、非鉄金属メーカーによる品質不正事案につき、当事会社等が不正競争防止法違反〈虚偽表示〉により立件、処罰されました）。

【弁護士】　確かにそのような傾向が見られますね。特に複雑で長期間にわたるような事案の場合、第三者委員会による調査結果に信頼性が認められるのであれば、それを下敷きとして捜査し処分するといういき方は効率的といえるかもしれません。そういう意味でも、事案に応じ、第三者委員会による調査の重要性は高まっているのではないでしょうか。

12　マスコミ等の対外応答、広報のあり方

【法務部員】　マスコミ対応など対外的な対応をどうすればよいかについて、

第3章　実務対応編／Ⅰ　事例ア（内部型・上司 vs. 部下）

教えてください。たとえば、A課長と検察官との協議・合意に関し、会社として発表したほうがよろしいのでしょうか。

【弁護士】　協議や合意に関する事柄は、他人の刑事事件の捜査等の内容そのものですので、捜査密行の原則から、捜査段階では、対外的にオープンにすることは差し控えるべきです。協議や合意の事実の有無についても明らかにしないほうがよいと思います。せいぜい、捜査機関の求めに応じ誠実に協力をしているといった程度のコメントにとどめるのがよいと思います。これに対し、他人が起訴された後は、もう少し踏み込んだ発表も許されると考えられます。ただし、刑訴法47条本文が、公判が開かれる前は原則として訴訟書類を公開してはならないと定めており（訴訟書類の公開により、被告人、被疑者その他の訴訟関係人の名誉その他の利益を不当に害したり、裁判に不当な影響を及ぼしたりするおそれがあることから、これを防止することを目的としています。捜査密行の原則とも趣旨において共通する部分があります）、この趣旨を踏まえれば、協議や合意の事実に言及することはよいと思いますが、協力行為として具体的にどのような内容の供述をしたか、客観的な証拠としてどのようなものを提供したかという、証拠の中身について詳しい説明をすることは避けるべきです。いずれにしても担当検察官に弁護人を通じてあらかじめ確認しておくのが安全だと思います。

【法務部員】　記者会見の要否（判断基準）や会見において留意すべき点があれば、教えてください。

【弁護士】　企業の業務遂行に関連して発生した重大な不正ですから、少なくとも何らかの形で外部に公表し説明をする必要はあるでしょう。ただし、記者会見を開くのかどうか、あるいは事案の概要と会社としてのコメントを記したプレスリリースを配布したりホームページに掲載したりといったものにとどめるかはケースバイケースで判断するしかないと思います。

31　捜査は、事件関係者の基本的人権を保障する趣旨からも、また捜査の内容が他に漏れることによって証拠隠滅や犯人の逃亡等を防ぐ意味からも、原則として密行により行うべきとされています。これを捜査の密行性とか捜査密行の原則と呼んでいます。ただし、広く国民一般の協力を求める立場から捜査情報の一部を公開する場合もあり得ます。

〔図表18〕 協議や合意のことを対外的に明らかにしてもよいのか？

	捜査段階	起訴後
原則	捜査密行の原則	訴訟書類の公判開廷前の非公開
対外発表の可否（協議経過・内容、合意の有無・内容等）	不可	（詳細な内容でなければ）可
コメント例	事案の解明のため、捜査に必要な協力をしているところです。内容については捜査が進行中であることから、コメントは差し控えさせていただきます。	会社として社会的責任を果たすため、事案の解明に全面的に協力することが不可欠と考えたことから、検察官と合意のうえ、立証に必要な証拠等の提出に協力しているところです。証拠の具体的な内容については、法廷における証拠調べ手続の中で明らかにされるべきものと承知しております。

※わからないことがあれば、弁護人を通じて担当検察官に助言を求めたり、少なくとも一言断りをいれておくことを考える必要があります。

【法務部員】　その判断のポイントはありますか。

【弁護士】　抽象的な言い方になってしまいますが、会社の規模、関与した上位者の地位や役割、社会的な注目度の大きさ、マスコミからの会見要請の有無・程度、会社の業績や決算に与えるインパクトの大きさなどを基に総合的に判断することになります。一番避けたいのは、世間の関心が高く、厳しい批判が集中している状況にあるのに、あえてダンマリを決め込んで放置したあげく、ピークに達したマスコミからの圧力に押し切られる形でやむなく会見を開かざるを得ないという事態です。ある程度の初期の段階から、どんな形であれ、適時適切な情報開示を継続して行い、言わばガス抜きをしていれば、会社への避難・不満が一気に爆発するということは避けられるのではないかと思います。そのうえで、会社として会見を開くタイミングを主体的に決めていくというのが望ましいわけです。受け身の姿勢で、散々逃げ回ったものの、功を奏することなく、袋小路に追い込まれてしまったということに

なると、会見の失敗は見えているでしょうね。

【法務部員】　そうやって追い込まれて開いた会見では、記者の追及的な質問にまともに答えることができず、しどろもどろになるということですよね。

【弁護士】　はい、そういう「やらされた会見」では、準備不足になることは必至で、心構えもできていませんので、正に百戦錬磨の記者の格好の餌食となってしまうでしょうね。

【法務部員】　本件のケースでも、記者会見を開くかどうかは、先ほど先生があげておられたような種々の事情を考慮して総合判断する、ただし、逃げ回って追い込まれた結果、会見を開くようなことは避けるべき、ということですね。

【弁護士】　そのとおりです。不祥事そのものの対応に追われる状況の中で、なかなか難しいことかもしれませんが、情報開示においても主体的にリードしていくようなスタンスで臨めれば、それに越したことはありません。その意味で、広報担当部門と法務部門との密な連携は欠かせません。

【法務部員】　先生、正にそこをお聞きしたかったのですが、広報担当部門はマスコミなど外部からまともに情報開示の圧力を受けるので、できる限りオープンにしたいというスタンス、他方、法務部としては、後々の法的責任に影響することをおそれて極力情報を出さないようにしたいという傾向があり、折合いを付けるのは容易ではありません。

【弁護士】　そのようなスタンスの違いがあるのは事実でしょうね。ただし、難局を乗り切っていくためには、十分な意思疎通を図り、一枚岩で対応していくしかありません。避けなければならないのは、広報に関係する事柄に法務部門が十分なコミットをしていなかったため、法務部門が知らないうちに、たとえば、本来そのタイミングで出すべきではないという情報を不用意に発表してしまったり、発表するのはよいとしてもその表現が不適切であったりという事態です。法務部門が対外応答の場面でもしっかりと関与していくことがとても大事だと思います。

【法務部員】　マスコミを含めた対外的な対応上の留意点について、改めて説

明をお願いできますか。

【弁護士】　まず、心構えのことからお話します。

マスコミ対応は、不祥事の事後対応において、非常に重要であるにもかかわらず、多くの事例で失敗が繰り返されています。マスコミの向こうに、会社を取り巻く多くのステークホルダーがいることを常に意識し、情報の受け手の立場に立ち、誠実で正確な情報開示を行っていくことが大切です。

そして、どんな予防措置を講じたとしても完全なものなどあり得ません。不祥事の発生はある意味で不可避と心得ることが必要です。いざ不祥事が発生するとそのこと自体で冷静さを失い、右往左往するあまり、統一性のとれない対応をしてしまうことがあります。当事者意識も希薄になりがちです。やはり、説明責任を尽くす、二次不祥事[32]を防止する、できる限り早期の信頼回復を図るという本来の目的を常に忘れず、そのために必要な措置を講じていくことが重要です。誤解をおそれずにいうと、「あえて守らない」、という発想も必要だと感じます。「会社を守りたい」という発想が勝ちすぎると、保身の意識が働き、事態を矮小化したいという動機につながり、そして、事実の歪曲化、証拠の隠ぺい・隠滅、情報の恣意的な操作といった行動に現れます。これは、いわば自殺行為です。守るべきなのは、「これまで」の会社ではなく、「これから」の会社なのです。保身を捨て、腹を括った大胆な発想でこそ、乗り切ることができるのではないでしょうか。

【法務部員】　先生、なんだか「熱い」ですね。おっしゃることもわかりますが、「言うは易く行うは難し」、ではありませんか。

【弁護士】　場合によれば会社の存亡にかかわるような緊急事態ですから、腹を括るというのが難しいことは理解できます。しかし、腹を括れなかったために、二次不祥事を招き、企業の信用やイメージをおとしめたというケースは枚挙にいとまがありません。過去の失敗事例に大いに学ぶべきでしょう。

32　発生した不祥事への事後対応を誤ったために、傷口を広げることを意味します。主に企業の信用低下・イメージダウンにつながります。ケースによっては元の不祥事よりも損害が大きくなることもあります。

第3章　実務対応編／I　事例ア（内部型・上司 vs. 部下）

逆に、誠実で迅速な事後対応によって、かえって会社の評判を高めたケースも実際にあるのです（☞事後対応事例編〔不祥事対応事例（分析表）1〕〔不祥事対応事例（分析表）2〕240頁以下参照）。難しいからといって手をこまねいているわけにはいかないでしょう。

【法務部員】　具体的な留意点についても教えてください。

【弁護士】　わかりました。公表・広報はさまざまな段階で、しかも事実調査が十分ではない段階でも対応を迫られることがありますので、対応が非常に困難であることは事実です。マスコミに加えて SNS が盛んな現代社会では、公表・広報でのつまずきが大きなダメージにつながります。これまで、対応を誤ったため、社会から激しいバッシングを浴びた例は数多くあります。

　まず、①不祥事を起こしたこと自体で非難されることを過度におそれるべきではありません。むしろ、どのように対処したかで、会社の評価は大きく左右されることを肝に銘じてください。きちんと対応すれば、リカバリーできるのだと考えてください。次に、②記者の背後にいるステークホルダーを意識することです。組織の内輪の論理、組織防衛、責任転嫁と受け取られる表現は厳に慎まなければなりません。受け手の立場に立ち、発言がどのように受け取られるかということを意識すべきです。また、③公表（広報）の目的をわきまえ、誠意をもった対応をすることが必要です。記者の辛らつで執ような追及につい感情的になり、不用意に責任回避的な言動に及び、世間の強い反発を買ってしまう例は少なくありません。決して感情的にならず、丁寧で粘り強い説明を心掛けるべきです。なお、記者会見といいながら、自らの主張や立場を一方的に述べるだけで、記者からの質疑には一切応じないということでは、およそ記者会見とはいいがたいことはいうまでもありません（JOC の例は記憶に新しいところではないでしょうか）。そういうことをするのであれば、単にペーパーを配付すればよいわけで、形だけ「会見」を開きましたというアリバイ作りだけで説明責任を果たすことなどできません。そして、④決してウソをつかないことです。これは意図的に虚偽の説明をしないということだけではありません。結果として事実と異なる説明をするという

150

ことも避けなければなりません。そのため、明確・明白な事実とそれ以外の事実をはっきり区別し、後者について推測・予想のたぐいは述べることは厳禁です。さらに、⑤速報性・リアルタイム性を重視することも必要です。事実関係が確認できていない段階での情報開示はかえって社会を混乱させるおそれはありますが、そうかといっていたずらに先延ばしをすることも憶測を呼び、間違った情報が飛び交うおそれがありますし、隠ぺいとの批判も招きかねません。確認できている情報をその根拠とともに随時開示していくことも検討すべきです。マスコミから追い立てられ、やむなく情報開示するという受け身の姿勢ではなく、主体的にコントロールするような戦略的発想が求められます。最後に、⑥今は、経営トップのリーダーシップが強く求められる時代です。事案の軽重にもよりますが、要所要所では経営トップ（代表取締役）が自ら記者会見に臨み、的確な発言をすることが、事態を早期に鎮静化させ、毀損された信頼を回復するために必要となります。逆に経営トップが姿を見せないとか、姿を見せても無責任で曖昧な発言に終始すれば、会社の信用はそれこそガタ落ちとなるでしょう。業績好調なときや大型の海外M&Aを発表するといった、威勢のよい発表の場面には姿を見せるが、窮地に至ったときには雲隠れということでは、会社に対する外部的評価の面にと

〔図表19〕 マスコミ対応上の留意点

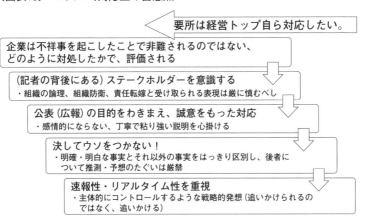

第3章　実務対応編／1　事例ア（内部型・上司 vs. 部下）

どまらず、社内の士気低下も免れないと思います。逆境に置かれたときこそ、逃げることなく先頭に立って会社を引っ張っていってくれるリーダーが求められているのではないでしょうか。経営者の資質として非常に大事な部分です。

Ⅱ 事例イ（内部型・上司 vs. 部下プラス会社 vs. 役職員）

乙社の内部通報窓口に工場従業員の E から、工場長 F の指示で検査データの偽装を指示され、製品検査・公表のための書類に実際と異なる内容の記載をさせられているという内部通報がされた。F から事情を聴くと、製品開発担当の役員 G の指示によることが判明した。また、調査の結果、代表取締役 H もこれに関与している疑いも生じた。

※関係者に成立する可能性のある犯罪

- E ないし H につき、いずれも不正競争防止法違反（虚偽表示）（同法21条2項1号、2条1項20号）（法定刑は5年以下の懲役もしくは500万円以下の罰金またはその併科）。

- 乙社につき、上記罪の両罰罪（不正競争防止法22条1条3号）（法定刑は3億円以下の罰金）。

〈乙社としての対応サマリー〉

① 基本的には、事例アにおける甲社の対応と同様（☞本章Ⅰ59頁参照）。
② 調査の実施や合意制度への対応 E からの内部通報の内容について、関係資料による裏付けの有無等も含めて吟味し、相当程度の信ぴょう性が肯定できる場合には、速やかに体制を整えて社内調査に着手する。調査の実施にあたっては、弁護士やデジタル・フォレンジックの専門家など外部者の助力を受けるのが望ましい。
③ H 社長の関与が浮かび上がった段階で、調査体制を監査役ないし社外取締役の指揮下に組み換え、H も調査対象に加える。情報管理には格段の配慮を行う。

第3章　実務対応編／Ⅱ　事例イ（内部型・上司 vs. 部下プラス会社 vs. 役職員）

④　H社長の積極的関与が明らかになった場合には、継続してHに代
表権を行使させるのは適切ではないので、代表権をもつ別の役員か新
たに別の役員に代表権を付与するなどの方法を検討する。また、H
社長の関与という重大性に鑑み、取締役会において十分な議論・検討
のうえ、乙社として責任ある対応を決定する。

⑤　乙社については両罰規定により罰金刑の対象となることから、合意
制度の適用の可能性を視野に入れ、処分軽減を勝ち取るべく、捜査機
関へ必要かつ十分な協力を行う。

⑥　H社長を含め社内の枢要な幹部に対する捜査に協力することにな
る点で、会社への功労者の切り捨てとの見方をされることを想定し、
乙社としての方針やそれに至った理由について十分な説明を行う。

1　自浄作用を発揮するための内部通報制度のあり方

⑴　不正の早期発見ツールとしての内部通報制度および合意制度との関係など

【法務部員】　事例イは内部通報によって発覚した事案です。事例の中身に入
っていく前に、内部通報制度のことなどから、おうかがいしたいと思います。
　合意制度を企業のコンプライアンス経営においてどのように位置付ければ
よいですか。趣旨としては、内部通報制度や社内リニエンシーと似通ってい
るように思うのですが。

【弁護士】　内部通報制度とは、企業等の組織において、法令違反や不正行為
などのコンプライアンス違反の存在またはそのおそれについて、それを知っ
た人から直接通報をしてもらう窓口を設け、その通報に基づき事実関係の調
査をしたうえで、是正、処分その他適切な対応ができるようにするしくみの
ことで、組織が自浄能力を発揮するための大事なツールの一つとして位置付
けられています。また、社内リニエンシーとは、自らコンプライアンス違反
に関与した人が自主的に申告してきた場合、そのことを社内処分において有
利に考慮することによって、不正を早期に発見するというものです。通報者
自身が不正行為の関与者であるという意味において、内部通報の一種といえ

154

ます。

【法務部員】 先生、そのくらいの知識は私ももっていますよ。

【弁護士】 お互いの理解を共通にしてお話したほうがよろしいと思っただけですので、気を悪くしないでください。ところで、合意制度は、被疑者等が捜査機関への協力行為の見返りとして処分の減免を受けるものですから、Pさんのおっしゃるとおり、内部通報ないし社内リニエンシーと似ていると思います。私の以前からの持論ですが、企業不正・不祥事へ適切に対応するために最も大切なことは自らそれを発見し自ら正すということです。一言でいえば、自浄能力ということです。たとえば、不正に関する情報が、組織の上層部が知らないうちに、内部関係者から外部（取締当局、捜査機関、マスコミ等）に提供され、外部からの指摘で初めて気づくという、いわゆる内部告発（☞本章93頁参照）と呼ばれるケースでは、対応が後手に回ることは間違いありません。冷静に対処できないばかりか、現実を直視できずに保身の意識ばかりが働き、事態を矮小化したり隠ぺいに走ったりということもあり得ます。ですから、企業コンプライアンスを考えるうえで、自浄能力を発揮するための内部通報制度などは極めて重要です。事後対応はもちろんですが、この制度がきちんと機能していれば、不正をすれば発覚するという抑止効果によって、不正の予防にもつながります。

　そして、社内リニエンシーについていうと、不正に関与した人自身からの申告（通報）なだけに、その内容に誤りがなければ具体的で信用性のある情報が得られる可能性が高いということになります。申告にインセンティブを与えることから、不正を早期に発見し、それ以上不正が繰り返されるのを食い止めることにも役立ちます。

　こうして企業として自ら発見した不正について、それが特定犯罪に該当する場合には、関連証拠を捜査機関に提供して合意の途を探っていく。合意が成立すれば、刑事処分の減免に加え、企業の社会的信用の回復にもつながるというメリットがあります。

　つまり、合意制度を、内部通報制度や社内リニエンシーといった自浄能力

第3章　実務対応編／Ⅱ　事例イ（内部型・上司 vs. 部下プラス会社 vs. 役職員）

〔図表20〕　不正の早期発見のツールとするために①

```
┌─────────────────────────────────────────────────┐
│ 不正の兆候を無視するようなビジネスは、            │
│ いずれ発覚した場合、大きな代償を払うことになる。  │
└─────────────────────────────────────────────────┘

┌──────────────┐      ● 内部通報制度の整備
│ 内部通報制度 │      ● 内部通報への的確な対応～誤れば内部告発に至る危険
└──────────────┘
       ⇩
┌──────────────┐      ● 不正を自主申告した者を社内処分で有利に考慮するこ
│社内リニエンシー│        とにより、不正の早期発見に
└──────────────┘
       ⇩
┌──────────────┐      ● 日頃から、自社役職員に対し、合意制度の意義（不正
│制度の意義を周知│        をした者の刑事処分の減免、会社へのダメージの軽減
└──────────────┘        ・回復に働くこと）を徹底周知
```

を発揮するためのツールの延長線上に位置付けるべきではないかと思うので
す。

　合意制度は、ある意味で特定犯罪に関与した役職員を捜査機関へ差し出す
という側面があるため、心理的な抵抗感がもたれやすく、制度への理解を求
めることも容易ではありませんが、会社として自浄能力の発揮という積極的
な意義を見出していくことを考えていただきたいのです。

【法務部員】　内部通報制度をきちんと機能させるためのポイントを教えてく
ださい。実は、弊社では件数自体とても少なくて、しかも人事の不満や待遇
改善、上司や同僚の悪口といったものが目立っており、不正発見に本当に役
に立つのかなと疑問を感じています。

【弁護士】　そういう悩みを抱える企業は少なくないようですね。実効性のあ
る内部通報制度にするためには三つの視点があります〔〔図表21〕参照）。

　まず、自浄能力を発揮するためには、①できるだけ間口は広いほうがよい
といえます。通報内容を法令違反や不正などのコンプライアンス違反だけに
絞ったり、通報者の範囲を当該会社の役職員に限ったりすると、真に必要な
不正情報はこぼれてしまうおそれがあります。たとえば、単なる上司の悪口、
素行の悪さを指摘するだけのものに見えていたが、よくよく調査してみると、

156

1 自浄作用を発揮するための内部通報制度のあり方

〔図表21〕 不正の早期発見のツールとするために②

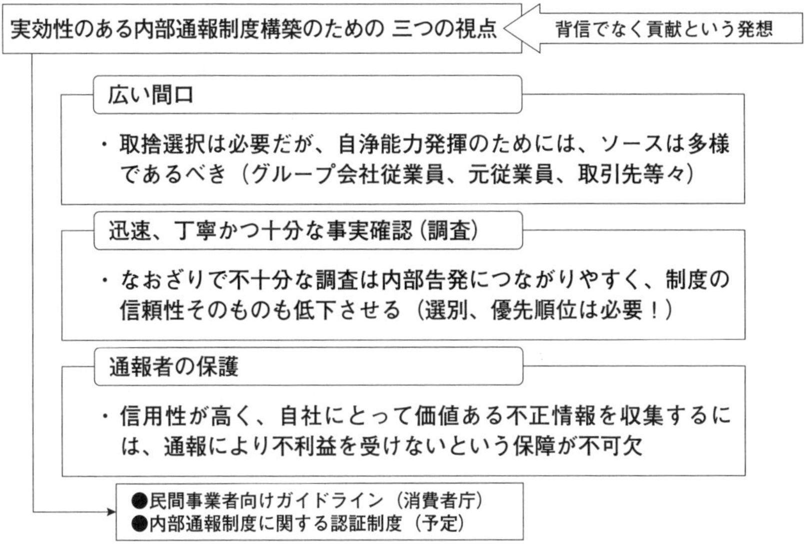

実効性のある内部通報制度構築のための 三つの視点 ◁ 背信でなく貢献という発想

広い間口

・取捨選択は必要だが、自浄能力発揮のためには、ソースは多様であるべき（グループ会社従業員、元従業員、取引先等々）

迅速、丁寧かつ十分な事実確認（調査）

・なおざりで不十分な調査は内部告発につながりやすく、制度の信頼性そのものも低下させる（選別、優先順位は必要！）

通報者の保護

・信用性が高く、自社にとって価値ある不正情報を収集するには、通報により不利益を受けないという保障が不可欠

●民間事業者向けガイドライン（消費者庁）
●内部通報制度に関する認証制度（予定）

当該上司やその上の幹部も含めた取引業者との癒着、業績悪化を隠すための不正経理などの実態が判明するといったことも現実にはあり得るのです。一見すると不正に関係しなさそうなものでも、掘ってみたらお宝が出てきたということですね。ありがたくないお宝ですが。また、通報者の範囲もグループ会社の従業員、元従業員、取引先といったところまで広げておいたほうがよいと思います。

【法務部員】　先生、そうはおっしゃいますが、そんなに手を広げて、山ほど無関係な通報が集まってきたら、とてもさばき切れませんよ。

【弁護士】　窓口を社外の法律事務所に委託するという方法もありますが、いずれにしても、通報は玉石混交で、その中からいかに価値あるものを抽出するかはとても重要ですね。全ての通報に全力を注ぐことなどできませんからね。まず、全く抽象的なこと、つまり裏取りができないようなことにしか触れられていないものはいったん放っておいて構わないと思います。本当に何か問題があるのなら、そういう通報者は必ずまた通報をしてきます。仮に再

157

度の通報の中身が具体性を帯びてくれば、その時点で必要な調査を実施するということでよいでしょう。そして、具体性をもつ通報については、まず、必要最小限の裏取り調査をしてみることです。最初の段階では網羅的に行う必要はありません。その結果、いくつか通報に見合う事実関係が存在するようであれば、さらに深掘りした調査を進めてみるという段階的なやり方が現実的だと思います。調査の状況に応じ、途中でドロップして関連部署に参考で投げておくという場合もあると思います。そうしたプロセスを経て、調査を本格化させるケースはとても少ないと思いますが、最初の間口は広げておいて、内容に応じて徐々に絞りを掛けていくというやり方をお勧めします。法律事務所に窓口を委託している場合には、個々の通報内容に対する評価や取扱いについて専門的な見地からコメントをもらうようにしておけば、取捨選択に役立つことになるでしょう。

　なお、取捨選択の前提として、単に自分自身の処遇等に関する不満や悩みにすぎないものについては、内部通報とは別の受付窓口（おそらく人事・労務部門）を用意してそちらに誘導し、違法ないし不正事案の通報窓口とは分けておくという工夫は考えられます。その場合、不満や悩みの相談の中に不正が潜在している可能性がある一方で、不正に関する通報ということでよくよく聴いてみると単なる悩み相談ということもあり得ますので、必要に応じ、両窓口において情報共有をしておくことが大切です。

　それから、②二つ目の視点として、今お話したことの繰り返しになりますが、迅速で丁寧かつ十分な事実確認、つまり適切な調査を実施することです。なおざりで不十分な調査は内部告発を誘発しやすいですし、結局、制度に対する信頼性を失わせ、誰も利用しなくなるという事態を招きます。たとえば、今回内部告発で発覚した不正については、実は何年か前に同じ内容が内部から通報されていたが、ほとんど調査らしい調査もせずに放置していたところ、これを不満に感じた通報者が監督当局に情報提供をしたというような事案が実際にあります。もちろん、全ての通報についてフルパワーの調査を実施する必要はなく、優先順位、メリハリをつける必要はあります。

1 自浄作用を発揮するための内部通報制度のあり方

　さらに、③三つ目の視点は、通報者の保護です。通報したがために不利益を受け、あるいはそのおそれがあるというのでは、信用性が高く、価値ある不正情報は上がってきません。匿名性の確保も同様の趣旨に基づきます。過去の事例では、通報者からの通報内容をそこで名指しされている加害者的な立場の関係者に対し通報者が誰か特定できるような形で流してしまったというものもありました。たとえば、通報者からのEメールをそのまま不正を実行していた関係部署に転送するといった不手際は十分にあり得ることですね。これも制度の信頼性にかかわる問題です。

　(2)　社内リニエンシー

【法務部員】　社内リニエンシーの導入の是非についてですが、そのメリットとデメリットについて説明をお願いします。

【弁護士】　繰り返しになりますが、そもそも、不祥事や不正事案の完全な予防は不可能であり、事の大小はともかくとして、その発生は避けられないと思います。そのことを前提として、企業自らがいかにそれを早期に発見し適切な対応をとることにより、その影響を最小限に食い止めることができるかが重要です。そのための有効な手段として社内リニエンシーを導入することが考えられます。ただし、このしくみを導入することでモラルハザードを引き起こすのではないかという懸念が指摘されています。つまり、故意に不正を行った者の処分が軽減されることによって、道徳観、倫理観の喪失、規律の低下が引き起こされるのではないかという心配です。

　メリット、デメリットについては次頁〔図表22〕のように整理することができます。

　メリットは、やはり不正の早期発見に資すること、不正に関与した者はその真相に最も近い立場にいるわけですから、意図的に虚偽を述べていない限りは、信ぴょう性も高いといえることがあげられます。また、申告にインセンティブを与えて内部への申告を誘導することによって、内部告発を避けら

33　匿名通報を認めるということのほか、内部通報窓口以外に通報者の氏名等の個人を特定できる情報を流さないということも含みます。

159

第3章　実務対応編／Ⅱ　事例イ（内部型・上司 vs. 部下プラス会社 vs. 役職員）

〔図表22〕　社内リニエンシー制度の導入の是非①

大前提

不祥事・不正の発生は不可避（完全なる予防は不可能）

モラルハザード

メリット	デメリット
内部通報制度の利用促進により、不正・違法行為の早期発見	故意または不正性を認識している通報者の処分を軽減することへの疑問
信ぴょう性のある情報が得られる可能性がある	違法または不正行為の助長につながりかねない（ばれそうになったら申告すればいいや）
内部告発を避けられる可能性	その後の、人事管理・処遇の問題

れるということもあります。他方、デメリットとしては、不正を故意に行った者あるいは不正であることを認識している者の処分を軽減することに対する違和感、かえって不正を助長することになりはしないかという、先ほど申し上げたモラルハザードの問題がデメリットとしてあります。それから、処分を軽減するにしても、不正を犯した者をその後社内的にどう処遇していくのか、ということも悩ましい問題です。同じ業務に就かせることも難しいでしょう。その後のキャリアプランも描きにくくなります。

【法務部員】　そうすると、どのような価値基準によって、導入の是非を判断することになるのでしょうか。

【弁護士】　そうですね。結局のところ、当該企業としての腹決めの問題になります（〔図表23〕参照）。

　理想としては、違法行為や不正を行った者に対しては厳罰をもって臨む、いわゆるゼロトレランスの発想です。他方、現実を直視すると、厳罰による抑止効果には限界があって、厳しくすればするほど、不正は隠される傾向にあります。しかも巧妙に。そうなると、不正は長期化し、隠ぺいも組織的に行われ、なかなか表面化してきません。何らかのきっかけで発覚したときには取り返しがつかないほどに、不正は拡大・深刻化している。本当に恐ろしい事態です。そのような例は昨今の製造業における品質不正・検査不正の事案に多く見られるところです。このような理想と現実、どちらを重視するか

160

〔図表23〕 社内リニエンシー制度の導入の是非②

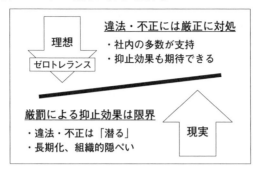

で、社内リニエンシーの採用の是非が決まってきます。

【法務部員】 あちらを立てればこちらが立たず、という感じで、大いに判断に迷いますね[34]。

【弁護士】 それぞれの会社の実情に応じ、どちらのメリットのほうが大きいと考えるのかで判断をしていくことになると思います。個人的には、やはり不正を長期に潜行させることは避けたいので、社内リニエンシーを導入したうえで、モラルハザードの低下を招かないように、役職員にその趣旨を十分に説明していくのがよいように感じています。

【法務部員】 導入にあたって考えられる工夫があれば、教えてください。

【弁護士】 まず、制度の対象となる「罪種」を限定することは必要だと思います。当該企業が直面するリスクが高い個別の法令違反に限定し、さらに違反類型を絞ることも考えられます。

また、何らかの組織的背景がある場合に限るのが適当です。単なる私的な動機・目的に基づく非違行為は含めては、モラルの著しい低下を招きかねな

---

[34] 社内リニエンシーを導入している企業としては、たとえば、パナソニック株式会社があります（〈https://www.panasonic.com/jp/corporate/sustainability/fair_practices/fairtrade.html〉）。公正取引委員会や消費者庁も制度の導入を推奨しているようですが、導入企業はごく少数にとどまっていると聞きます。やはり、デメリットへの抵抗感が強いのだと推測されますが、本文に述べたような工夫をして導入することは検討に値すると考えられます。

いからです。

そして、すでに会社に発覚していた場合は対象としないというのは当然です。また、申告時点で外部への内部告発をしていないことも条件とすべきです。それから、単なる通報だけではなく、その後の調査への協力も求められる内容としなければなりません。なお、合意制度の場合と同様に、自分の責任を軽くしたいために、ウソをついて、他の人に責任を転嫁したり押しつけたりするおそれがありますから、ウソをついていることがわかった場合のペナルティも必要だと思います（処分を加重する）。

申告者の協力の結果、会社に対する行政上、民事・刑事上の制裁ないし処分が軽減されたことを懲戒処分の軽減が認められる条件とすることも一案だと思います。

処分の軽減については完全な免責はせず、あくまで軽減にとどめるとか、「猶予制度」を導入する（たとえば、一定期間、社会貢献活動を命じ、十分な成果を上げた者については訓戒処分にとどめるなど）といった工夫もあり得るのではないでしょうか。

ちなみに、申告に伴う部外秘情報・資料の部署外への持出しに対する免責は必要でしょう（社外への持出しは不可）。

【法務部員】　猶予制度というのはおもしろい発想ですね。

【弁護士】　刑事裁判にも執行猶予という制度がありますよね。一定期間、その人の行状を観察し、更生が可能と判断すれば、あえて厳しい処分を行わないという点で、基本的な発想としては同じです。一定の牽制・威嚇効果はあります。また、すんなりと許されるわけではないという意味で、一定程度モラルハザードの低下を食い止められるようにも思います。

【法務部員】　内部通報にしても、社内リニエンシーにおける違反者からの自己申告にしても、その内容の信用性を判断するポイントはありますか。

【弁護士】　内部通報も違反者の自己申告も、結局のところ、事実調査の端緒ですから、これまで事実調査について説明してきたところと基本的には同じで、具体的かつ詳細かどうか、客観的な事実や資料と合致するか（客観的裏付

けがあるか）という点などがポイントとなります（☞本章83頁参照）。

【法務部員】　本格的な調査実施へ移行するタイミングも同様に考えればよい
ということですね。

【弁護士】　そのとおりです。特に、内部通報については、先ほどお話したと
おり、玉石混交ですから、具体性をもつ通報について、まず、必要最小限の
裏取り調査をしてみて、裏が付いてくるようであれば、さらに調査を進め、
段々と不正に関する心証が姿を現してくれば、調査を本格化させていくとい
うことになると思います。最初の段階で、なんでもかんでも徹底的、網羅的
に行う必要はありません。その辺りのところは、弁護士などの専門家に必要
なアドバイスを求めるのが有効だと思います。

2　事実調査のあり方（事例イの場合）

【法務部員】　事実調査における留意点などは事例アのところですでに詳しく
説明をしていただきましたので（☞本章64頁参照）、よく理解できました。

　今度は、事例イに関してお尋ねしたいと思います。これは、他社（乙社）
の検査データの偽装の事案です。乙社の内部通報窓口に工場従業員のＥさ
んから、工場長Ｆさんの指示で検査データの偽装を指示され、製品検査・
公表のための書類に実際と異なる内容の記載をさせられているという内部通
報がされたというものです。Ｆさんから事情を聴くと、製品開発担当の役員
Ｇさんの指示によることが判明し、また、調査の結果、代表取締役Ｈさん
もこれに関与している疑いも生じたとのことです。

【弁護士】　社長さんも関与していたというのですか。ちょっとびっくりです
ね。

【法務部員】　そうですね。実は、Ｈ社長は、問題となった製品を含む製造
部門の出身で、Ｈ社長が現場にいた頃から、検査データの偽装は行われて
いたようで、当時から担当者として不正を認識していたことは間違いないよ
うなのです。

【弁護士】　ということは、Ｈ社長が当該不正を指示ないし黙認していた疑

第 3 章　実務対応編／Ⅱ　事例イ（内部型・上司 vs. 部下プラス会社 vs. 役職員）

いもあるということですね。

【法務部員】　残念ながらそのようです。このように、データ偽装が H 社長の指示ないし黙認の下で行われていた疑いがある場合、事実調査の実施体制において留意すべき点は何でしょうか。

【弁護士】　通常であれば、事実調査の実施にあたっても会社の業務執行の最高責任者である社長が指揮をとることになるのでしょうが、自らの不正を自ら調査するというのは矛盾であって最たる利益相反になるので、調査の実施体制からは社長を外さなければなりません。

【法務部員】　むしろ社長は調査対象者ですからね。

【弁護士】　そのとおりです。調査実施のトップには、ほかの役員が就くことになりますが、社長が関与していたことになると、社内出身者は適当でないように思われます。社外取締役か社外監査役を責任者とすることにより、社長の影響力を排除するのがよいでしょう。また、調査実施のチームに社外の専門家を加えることも検討すべきだと思います。

【法務部員】　事実調査の結果、H 社長は、社内でデータ偽装が以前から行われていたことは知っていたが、それがずっと続いていたことは知らなかったし、今回問題になった案件についての具体的な関与も認められなかったという場合はどうでしょう。

【弁護士】　結果として認定には至らなかったとしても、H 社長にも関与の疑いはあったわけですから、事実調査のラインから外れてもらったことは適切だと思います。また、具体的関与まではなかったことがわかった後も、晴れて無罪放免となるわけはなく、どちらかといえば、調査対象のカテゴリーには含まれたままだと思いますので、取扱いを変える必要はないでしょう。

【法務部員】　H 社長にもヒアリングをしたほうがよいのでしょうか。

【弁護士】　事例イについては、H 社長にもヒアリングをして事実確認を求めたほうがよいように思われます。

　ただし、これはケースバイケースで判断すべきで、たとえば、事例イのようなケースではなく、会社の業務というよりも、社長が首謀者でその個人的

164

な動機に基づいて行ったような不正事案では、下手に社長に直にあたると、証拠隠滅や関係者への働きかけ等により不正自体の隠ぺい、もみ消しをするおそれが高いと思われます。そういう場合には、あえて社長には調査が進行していることを伏せて隠密裏に事を運ぶ必要があるように思います。その意味で、情報管理はとても重要です。社長派の役員にも調査の動きを悟られないように慎重なオペレーションが求められます。

3　合意制度に関する会社としての判断など

【法務部員】　事実調査の結果、データ偽装についてH社長もこれを承諾していたことが明らかとなった場合、どうすればよろしいでしょうか。

【弁護士】　そうなりますと、H社長は、特定犯罪（不正競争防止法違反〈虚偽表示〉）の被疑者となります。まず、会社の立場からすると、H社長がこのまま会社の業務執行に従事するのは適当ではありません。自ら社長を辞任してもらうか取締役会で解職するかなどの対応が必要になるでしょう。そして、他に代表権をもつ役員がいれば、当該取締役、いない場合には別の取締役に代表権を付与し、新たな代表取締役が業務執行の任にあたることになるでしょう。そのままH社長が代表者に居座るということは適当とは思われません。

【法務部員】　ただ、刑事事件では有罪が確定するまで無罪の推定が働くのではありませんか。それにまだ起訴さえもされていないのですから、H社長に代表権を返上させたり、はく奪したりするのは性急ではないでしょうか。

【弁護士】　確かにそういう見方もありますね。ただ、ここはそういう厳密な法律問題として考えるというより、会社としての政策判断、経営判断のあり方を重んじるべきです。会社として、事実調査の結果、H社長の関与を認定する以上、業務執行から外さなければ、社内外の納得は到底得られないで

35　合意制度の適用対象となる特定犯罪として政令で定める罪（法350条の2第2項3号）の一つとして、不正競争防止法違反が定められています（同号の罪を定める政令〈平成30年政令第51号〉30号）。

第3章　実務対応編／Ⅱ　事例イ（内部型・上司 vs. 部下プラス会社 vs. 役職員）

しょう。特定犯罪に関与した者が社長を続けている会社がどうして社会の信頼を保てるというのでしょうか。仮に、結果として起訴されなかったとしても、あるいは後に無罪となったとしても、このような判断が左右されることにならないと思います。

【法務部員】　H社長が潔く辞任してくれればよいのでしょうが、その地位にしがみつくような場合はやっかいですね。

【弁護士】　そういう場合にこそ、社外取締役や監査役が果たす役割が重要なのです。会社の内部統制を働かせて自浄能力を発揮する正念場といえるでしょう。

【法務部員】　H社長の立場に立った場合、H社長としてどうすればよいのでしょうか。

【弁護士】　これは、相手が社長であろうがなかろうが、特定犯罪の関与した者として、調査対象者になるわけですから、会社としての事実調査に協力してもらわなければなりません。もちろん、任意の協力をベースとするものではあります。

　それと、被疑者の立場に立つわけですから、弁護人の選任の必要がありますが、事例アでのB本部長やC取締役の場合と同じように（☞本章90頁参照）、H（元）社長に弁護士を紹介したり、弁護費用を会社で負担したりということは避けるべきだと思います。社長の立場にいた人が被疑者になるということは、正に青天の霹靂であり、言いたいことは山ほどあるという心情になりやすいでしょう。心穏やかに会社の方針に従うということにはなりにくいのではないでしょうか。高い地位にいた人ほど、利害衝突の可能性は高いように思われます。

【法務部員】　H（元）社長は、そういう刑事事件だけではなく、会社に対する損害賠償責任（会社が提訴しなければ株主代表訴訟）も生じることにもなるのでしょうから、なんだか気の毒な感じもしてきます。

【弁護士】　損害賠償責任というと数億円から数十億円という規模になる可能性がありますからね。それだけ、企業経営者の責任が重いということだと思

166

います。そういうことにならないようにするためにも、目先の業績向上にばかりとらわれることなく、日頃から、内部統制の整備・運用の適正化やコンプライアンス経営の実現等に十分意を用いていただきたいと思うのです。エラそうなことを言わせてもらえば、企業の長期的繁栄のためには、あえて急がば回れの発想が必要だと痛感いたします。投資市場でも ESG 経営[36]の重要性が叫ばれていることですし。

【法務部員】　それでは、H社長の関与の有無は別として、データ偽装については、製品開発担当の役員Gさんの主導の下で行われていたことが判明した場合はどうでしょうか。

【弁護士】　これは、事例アで説明した対応がほぼそのままあてはまります。単純化すると、このケースは（H→）G→F→E というラインで行われた組織犯罪ということになります。Eさんの通報によって不正が発覚し、事実調査の結果、Fさんをはじめ上位者の関与が明らかになったわけですから、合意制度の適用が考えられるのは、まずEさんで、広げたとしてもFさん辺りまででしょう。会社としては、事実調査の結果を重視して、Eさんらに合意制度への積極的な対応を促すとともに、自らも捜査機関による捜査に協力していくべきです。場合によれば、会社自体も検察官と合意をすることにより両罰規定による罰金刑[37]の軽減を受けられる可能性もあります。

【法務部員】　先ほどもお聞きしましたが、役員のGさん、そして場合によってはH社長も差し出す、つまり切り捨てるということになるのですよね。そんなことができるのでしょうか。

【弁護士】　繰り返しになりますが、会社は一個人のものではありません。個

36　ESGとは、環境（Environment）、社会（Social）、ガバナンス（Governance）の頭文字をとったもので、これら三つの分野への適切な対応が会社の長期的成長の原動力となり、最終的には持続可能な社会の形成に役立つことを示した投資の判断基準の一つとして、昨今注目されています。

37　データ偽装は、本文でも述べたとおり、不正競争防止法違反（虚偽表示）に該当し、同法21条2項1号、2条1項20号により、5年以下の懲役もしくは500万円以下の罰金に処せられ、またはその併科とされ、さらに、同法22条1項3号により、法人も3億円以下の罰金刑に処せられます。

第3章　実務対応編／Ⅱ　事例イ（内部型・上司 vs. 部下プラス会社 vs. 役職員）

人とは別の社会的存在として多くのステークホルダーの利益を担っているのであって、言わば公的な立場を有しています。そういう立場を前提に是々非々で判断していくしかありません。

【法務部員】　それでは、オーナー経営者のような場合はどうでしょうか。会社の株の過半数あるいはほとんどを経営者が所有しているとか、上場さえもしていない会社もありますが。

【弁護士】　そういう会社の場合、仮に会社の所有者は株主であるという考え方を貫けば、経営者個人の意のままにできるということになりそうですが、会社は、株主の利益のためにだけあるのではなく、そこで働く従業員、取引先、消費者等多くの関係者に支えられる存在と考えれば、大株主とはいえ、経営者の独善が許されるはずはありません。そういう会社は、いずれ社会から見放され、淘汰されていくだけだと思います。

　ちなみに、日本の大企業のオーナー経営者は、非常に立派な方が多く、むしろコンプライアンス経営という意味ではお手本となる例が多いように感じています。ただ、いずれにしても、経営者の力が大きければ大きいほど、独立・公正な視点をもった社外取締役、監査役などの役割が一層重要になるのだと思います。

【法務部員】　先生、これも事例アで説明していただいたところと同じようなことかもしれませんが、事実調査の結果、Eさんの話は本当らしいが、それを裏付ける証拠が必ずしも十分ではない場合はどのように考えるべきでしょうか。証拠は不十分だが、とりあえず検察官に対し協議の申入れをしてみるというのは間違っていますか。

【弁護士】　そうですね。真偽不明の場合には、Eさんに合意制度の利用を促すことはしないというのは事例アで説明したとおりです（☞本章85頁参照）。

　お尋ねの趣旨は、「本当らしいが、裏付け証拠が十分ではない」ということですので、全くの真偽不明とは少し違いますね。Eさんの話だけではなく、何らかの裏付け証拠やそれに沿う客観的状況もある程度存在するからこそ、「本当らしい」という見方ができるのでしょう。この場合には、もちろん、

168

直ちに検察官との合意が獲得できるとはいえません。ただし、裏付け証拠の十分性はある意味で価値判断であり、また流動的なものでもあります。仮に合意が成立しなくても、検察官への不正の申告は自首に該当し得るので、処分のうえで、有利に考慮される可能性は十分あります。逆に、何もせず放っておき、たとえば、内部告発などによって捜査機関が端緒をつかんだ場合、そういう会社の姿勢はむしろネガティブな評価を受けるリスクがあります。

　その一方で、仮に会社が申告しなければ、捜査機関に発覚せずにすんだのに、正直に申告したがために発覚して捜査が開始されることになるのであれば、かえってヤブヘビだというとらえ方もあるでしょう。これをリスクと見るかどうかですが、個人的には、これをそのまま放置するのは得策ではないように思います。なぜなら、確実な証拠はないものの、会社として不正の存在を認識している状況で何もしないということは、消極的な隠ぺいに等しいのではないかと考えられるからです。昨今の不祥事案を見ますと、内部告発など何らかのきっかけで発覚する例が非常に多いと感じます。つまり、黙認、放置したとしても、早晩、不正の存在は明るみに出るということです。会社がさしたる対応をとらないということがかえって内部告発を誘引する要素になっているのではないでしょうか。

【法務部員】　放置したことが善管注意義務違反に問われるおそれはあっても、正直に申告したことが善管注意義務違反になる可能性は低いともいえますよね。

【弁護士】　私も同感です。個別ケースにおける総合的な判断になると思いますので、断定的な言い方は控えますが、十分な裏付け証拠がなかったから放置するということは避けるべきだと考えます。

【法務部員】　それなら、全く放置するということではなく、会社としてできる限りの調査を実施して（内部調査あるいは第三者委員会による調査）、その結果を公表するとともに、監督官庁にも報告し、経営責任もとるということではどうでしょうか。

【弁護士】　放置ないし隠ぺいするのではなく、そういう方法で説明責任を果

第3章　実務対応編／Ⅱ　事例イ（内部型・上司 vs. 部下プラス会社 vs. 役職員）

たすということは十分あり得ると思います。経営判断としての誠実さも感じられます。

【法務部員】　そのうえで、必要に応じ、捜査機関による捜査にも真摯に協力していけばよいですよね。

【弁護士】　おっしゃるとおりです。なんだか、私のほうが教えられている感じですね。

【法務部員】　恐縮です。そうなりますと、事例アでもおうかがいしましたが、経営陣の中に、「データ偽装が公になれば会社にとって大きなダメージになる。会社としては過去にも問題となったデータ偽装は許さないとしてきたが、Ｇらも会社のことを考えてしたことだし、検察に差し出すようなことはすべきではない。そんなことをすれば、世間からも冷たい会社だと非難される」という考え方についても、不適切ということになりますよね。

【弁護士】　おっしゃるとおり、NG ですね。理由はすでにお話したとおりです（☞本章86頁、94頁参照）。実はこの手の質問はよく受けるんですよね。心情的には理解もできます。合意制度の初適用事例の火力発電事業会社の事案でも、会社は合意によって両罰規定の適用を免れたのに、役員は起訴されたという点をとらえて「とかげのしっぽ切り」ではないかという見方も根強くあったところです。こういう見方をされてしまうことが、合意制度を社内、特に役員クラスに説明する際の足かせになっているということもよく聞きます。しかし、ここは心を鬼にしなければなりません。個々人の損得を捨象し、「不正行為に関与していない多くの社員を含め、会社のステークホルダーの利益を守るために必要かつ合理的かどうか」[38]という観点から、適切な判断を下すべきなのです。

【法務部員】　会社として「Ｃ以下の役職員がデータ偽装行為を行っていた。Ｃらの捜査に対して会社として協力する」として、協議・合意を検察官に申

38　「不正行為に関与していない多くの社員を含め、会社のステークホルダーの利益を守るために必要かつ合理的かどうか」というのは、当該火力発電事業会社のプレスリリースにおいて、検察官との合意に応じた理由を説明するために用いられた表現です。

し入れることを決定する場合の社内手続については、基本的に事例アの場合（☞本章100頁〜106頁参照）と同様に考えればよいですか。

【弁護士】　そうですね。基本的には同じと考えてください。具体的な業務執行の一場面としてとらえ、経営陣として、協議・合意の申入れを判断し、会社の弁護士を通じて検察官にアプローチすることになります。必ずしも取締役会決議を経る必要はありません。

【法務部員】　協議・合意に関する会社としての意思決定の権限は誰にあるのでしょうか。

【弁護士】　原則として、その権限は代表取締役にあります。刑訴法上、「被告人又は被疑者が法人であるときは、その代表者が、訴訟行為についてこれを代表する」と規定されており（法27条1項）、また、会社法上も、「代表取締役は、株式会社の業務に関する一切の裁判上又は裁判外の行為をする権限を有する」と規定されています（会社法349条4項）。もっとも、会社としての意思決定の権限は取締役会にとどめ、その決議を経て、具体的な権限行使を代表取締役が行うという建付けもあり得ると思います。

【法務部員】　ただ、H社長が関与していたという場合、H社長が協議・合意に関する判断をするというのは変ではありませんか。

【弁護士】　確かにそのとおりです。代表取締役が個人として特定犯罪に関与していた場合、会社とは利益相反の関係に立ちますので、当該代表取締役に権限行使をさせるわけにはいきません。

【法務部員】　じゃあ、どうすればいいんですか。

【弁護士】　他に代表権を有する取締役がいれば、その人が意思決定ないし権限行使をすることになります。たとえば、代表取締役会長や代表取締役専務といった人がいる場合です。他に代表権を有する取締役がいない場合には、事案に応じ、速やかにH社長を解職し、後任者を選定するとか、解職しない場合でも、別の取締役に代表権を付与するといった手当てが必要になるでしょう。

【法務部員】　そういう場合には、取締役会を開く必要がありそうですね。

第3章　実務対応編／Ⅱ　事例イ（内部型・上司 vs. 部下プラス会社 vs. 役職員）

【弁護士】　そうですね。社長が関与していたという事案の深刻さ、特に会社として社長の刑事事件の捜査等に協力していく重大局面ですから、取締役会の開催は不可欠だろうと思います。事が事だけに臨時取締役会を緊急招集するべきでしょうね。

【法務部員】　事例アについてもあてはまることですが、会社として協議・合意を検察官に申し入れる場合は、具体的にどのようにするのですか。誰がいつ何をどのように行うのかという意味ですが。

【弁護士】　協議・合意の申入れ自体は弁護士を通じて行う必要があります（☞第2章制度編48頁参照）。事例イの場合ですと、Eさんの弁護士、会社も合意を得ようとするのなら会社の弁護士、それぞれから検察官に協議の申入れをすることになります。その申入れは、そろってしなければならないわけではなく、別々にしてもよいのですが、Eさん側とは十分な意思疎通をしておき、検察官に矛盾した説明をしないように注意しておかなければなりません。

　なお、いきなり正式な申入れをするというより、事実上の打診から始めて、検察官との下交渉を重ねたうえで、正式な協議に入っていくことになると思います。

　そのタイミングについては、事案によりけりですので、断定的なことは申し上げられませんが、抽象的な言い方をすれば、事実関係が相当程度明らかとなり、裏付け資料も得られた段階で速やかに検察官に申入れを行うということです。検察官との下交渉の中で、たとえば、事実関係についてさらに補充してほしいとか、他にこんな資料はないかといった検察官からのリクエストを受けて再度調査を行って報告するといったキャッチボールがある程度続くことも予想されます。そういう細かなやりとりを経て、合意が形成されていくものだと思います。

【法務部員】　先生、何度も恐縮ですが、制度の趣旨がそもそも組織犯罪において上位者の責任追及のための証拠を収集するということにあるとすれば、実行役の従業員が検察官と合意することは本来の姿でしょう。それに加えて

172

会社も合意して処分の減免を受けられるというのには、やはり違和感があります。特定犯罪の首謀者とはいっても、決して、私利私欲のために行ったことではないはずで、それにもかかわらず、会社が合意のメリットを得るため、当該役職員の捜査に協力するというのは心情的に割り切れません。他の役職員にも不信感を与えることにならないでしょうか。

【弁護士】 すでに何度もお答えしていると思いますが、なかなかその疑問は解消できないようですね。その割り切れなさが、先ほど質問のあった「社内の消極論」の背景にあるのだと思います。確かにわかりにくいとは思います。

　ただ、私としては、第1号事案のように、当該特定犯罪において主要な役割を果たした役職員が処罰される一方で、会社が合意して処分の減免を受けることがそんなにおかしなことではないと考えています。会社は、当該役職員から見て、果たして「上位者」にあたるのでしょうか。会社は、一個の法人格を有し、個々人とは別個の存在として、株主、不正にかかわらなかった多くの従業員、取引先、消費者、債権者等多くの関係者に支えられ、それらの人々の利益を担っています。下の者を切り捨てて上の者が助かるという関係に立つわけではありません。会社としての意思決定を行っている経営層を指して「上位者」と見ることもできるのかもしれませんが、経営層は、個人の立場を捨象した、組織としての意思決定を行うべきものなのです。会社として社内の役職員が行った特定犯罪の捜査等に協力して真相解明に貢献するというスタンスは会社に対する社会的要請にも合致することであり、その結果、検察官と合意でき、処分の減免を受けられるというのは、会社を取り巻く多くのステークホルダーの利益にかなう行為ではないでしょうか。

　ちなみに、米国司法省の捜査手法で、カーブアウト（☞コラム7　カーブアウトによる個人訴追の問題174頁参照）と呼ばれるものがあります。これは、会社の処分を軽減する条件として、当該不正に主要な役割を果たした役職員を特定させてその責任を追及するというもので、上記の例と似ていますね。米国司法省に摘発された日系企業もこのカーブアウトを少なからず経験をしておられるはずです。

173

第3章　実務対応編／Ⅱ　事例イ（内部型・上司 vs. 部下プラス会社 vs. 役職員）

【法務部員】　しつこくてすみません。社内でどうやって説明すればよいか、あれこれ悩んでしまって。役員クラス以上の者にとっては、部下から「指される」、会社からは「売られる」という恐怖というか不安感を抱きがちなのだと思います。自分でもよく頭の整理をしてみます。

【弁護士】　それだけ、社長を含めた会社の上位陣は、緊張感をもって、政治家流にいえば、襟を正して会社経営にあたらなければならないということではないでしょうか。合意制度は、そういう意味で、経営陣が自己抑制を働かせるきっかけになるように思います。コンプライアンスの遵守は会社経営に従事する人たちに課せられた重大な使命なのです。

コラム7　カーブアウトによる個人訴追の問題

　報道では、米国で日系企業が巨額の罰金を支払うこととなったということが紙面をにぎわせていますが、米国の競争法やFCPA（海外贈収賄防止法）等に違反した場合、個人にも大変厳しい処罰が下ることがあります。まず、どのような形で個人が処罰されることになるのかを簡単に説明をした後、そのような行為に関与した人がどのような対応をしているのかについて説明していきます（なお、以下では、米国司法省（DOJ = Department of Justice）に調査を受けていることを前提に説明いたします）。

　個人が処罰されるためには、その個人が起訴されて、陪審裁判で有罪となることが必要となります。では、どういう経緯で個人が起訴に至るのでしょうか。通常は、端緒（☞第4章シーン1　199頁）があった場合、米国司法省は、法人に対する捜査を開始します。通常、個人は、法人に対する捜査を行う際に、参考人として事情を聴取されることになるでしょう。その中で、米国司法省が、参考人として事情を聴いていた個人を刑事訴追したほうがよいと考えた段階で、米国司法省は、「事後、当該個人を、被疑者として事情聴取を行う必要があるので、当該個人の弁護士を雇うように」などと告げてきます（米国には、取調

べの際に、弁護人の同席が認められています）。そのうえで、さらに捜査を進めていき、米国司法省が当該個人を起訴するという心証をとった場合、当該個人を起訴する旨を法人に告げます。法人としては、法人自身の刑罰を軽減するためにそれを了承することがあり、これらの流れのことをカーブアウトといいます。多くの場合、このような手続を経て、米国司法省は、個人を起訴していくことになります。もちろん、米国では、司法取引が広く認められていますから、個人が米国司法省と司法取引を行うこともできます。米国の陪審裁判に不慣れな日本人従業員は、多くの場合、米国司法省と司法取引をし、取引の結果に基づき刑期が決まり、米国の裁判所に収監されていきます（服役する刑務所も司法取引の内容となるようです）。日本と違って、執行猶予は付かない、実刑判決で、刑務所行きが待っているという厳しい現実があります（2014年（平成26年）の数字ですが、刑期は平均25か月に上ります）。仮に、米国司法省と司法取引ができなかった場合または無罪を主張して米国司法省と争う場合には、米国裁判所で陪審裁判を受けることになります。

　ところが、子どもが小さいなどの理由で米国の刑務所へ収監されることを望まない個人もいます。日米犯罪人引渡条約（昭和55年3月5日条約第3号）により、日本国民は、自国にとどまる限り、犯罪者を国外に引き渡す必然性はなく、裁量によって、犯罪者を国外に引き渡すことができることとなっており（同条約5条）、これまで、日本政府がこの裁量を用いて日本国民を国外に引き渡した実例はありません。そうすると、このような個人は、日本にとどまるという選択肢を選ぶ場合もあります。一見、この選択肢は、簡単なように見えるかもしれませんが、実は、大変な負担があります。たとえば、そのような個人は、海外旅行や国外出張ができなくなってしまいます。上記取扱いは、国内にとどまることが前提となっていますので、たとえば、シンガポールに旅行に行った場合も、国内にとどまらなくなることになるので、シンガポール等において逮捕されてしまう可能性もあります（なお、日本の警察にも、米国で起訴されていることが伝えられているようです）。米国司法省や裁判所は、起訴された日本人が日本国内にとどまることを批判しており、そのような批判的意見を載せたウェブサイトは当然のことながら公の目にさらされます。さらに、個人

第3章　実務対応編／Ⅱ　事例イ（内部型・上司 vs. 部下プラス会社 vs. 役職員）

の弁護士費用は、通常、法人が負担していますが、自らの意思で国内にとどまり、その後、何らかの形で当局に身柄拘束されるに至った場合、法人が負担しないということもあり得、その場合の弁護士費用は非常に高額となります。

　日本国内にとどまっても、米国で収監をされることになっても、米国司法省のウェブサイトには、個人が起訴された事実は個人名も併せて記載されますので、これを見た知人や家族にこれらの事実を知られてしまうということもあります。このような記事が掲載されると、銀行から融資を受けるときに不利益な取扱いを受けたり、不動産を借りるということができなくなったりするおそれもあります。このような事態に陥らないようにするために、積極的に犯罪行為に関与することは論外ですが、そのような疑いをもたれることのないように、日頃から行動を律する必要があるといえるでしょう。

4　合意制度よるメリットとして、会社が獲得を目指すべきものは何か

【法務部員】　事例イの場合、会社も合意制度の対象となるわけですが、会社はどういうメリットの獲得を目指せばよいのでしょうか。

【弁護士】　会社に対する法定刑は当然のことながら罰金刑です。ですから、会社が得られるメリットは不起訴または罰金額の軽減ということになります。もちろん、第一義的には不起訴を目指すべきです。ただし、事例イについては、当該会社限りでのデータ偽装で、他社がかかわった事案ではありません。会社は、データ偽装を行っていた期間も、当該偽装の存在を秘したまま相応の利益を上げてきたわけですから、重要な役割を果たした役職員を特定するなどして捜査に協力したとしても、一切おとがめなしとなる可能性は低いようにも感じます。現実的には罰金額の軽減がいいところかもしれません。

【法務部員】　そうなりますと、会社の捜査協力へのインセンティブは大分削がれることになりませんか。

176

4 合意制度よるメリットとして、会社が獲得を目指すべきものは何か

【弁護士】 役職員も処罰され、会社も不起訴としてもらえないのなら、いっそのこと黙っていようという考えも湧いてくるかもしれませんね。ただし、この手の判断がかなりリスキーなこともすでにお話したとおりです（☞本章121頁参照）。

【法務部員】 そうしますと、検察官から「罰金の額を減額する」という提示があった場合、会社としてはこれを受け入れて合意したほうがよいということになりますか。

【弁護士】 検察官がそういう提示をするということは、おそらく不起訴までは難しいということでしょう。[39] 先ほど申し上げたように、不起訴にならないのなら合意はしないという選択肢もあり得ないわけではありませんが、結論としては、この提示は受けたほうがよいと思います。事例イの場合、やはり、元々不起訴というのは無理筋だと思われ、罰金の減額でもある意味、御の字ではないかというのが一点。もう一点は、合意が不成立の場合、それまでの協議の中で行った供述などの証拠の使用は制限されるといっても、そこから派生して得られた証拠や別のソースから得られた証拠の使用は制限されません（☞第2章制度編40頁参照）。合意が不成立になったからといって、捜査機関が当該事案の立件をしないかというと、必ずしもそういうわけにはいきません。そして、その後の捜査の結果、起訴に至った場合、通常どおりの罰金刑の求刑をされてしまうでしょうから、罰金額の減額というメリットは受けられません。また、検察官との合意を拒んだということが後で社会的にどのような評価を受けることになるかも心配です。たとえ合意不成立の事実を伏せていたとしても、情報が瞬く間に拡散するこの世の中ですから、何らかの形で明るみに出てしまうのではないでしょうか。

【法務部員】 ただ、減額といってもどの程度なのかわからないと、判断に困りますよね。

---

39 本当は不起訴まであり得るところを交渉の駆け引きとして罰金の減額を提示してみるというやり方を日本の検察官がするとは思われません。事例イの事案の性質も併せ考慮すると、検察官が罰金減額を提示する以上、不起訴は無理だというメッセージだと見るのが無難です。

177

第3章　実務対応編／Ⅱ　事例イ（内部型・上司 vs. 部下プラス会社 vs. 役職員）

【弁護士】　おっしゃるとおりですね。今のところ、検察からは、一般的な基準のような形で、具体的な減額の目安が対外的には示されているわけではありません。そこが明確ではないと使い勝手がよくないのは確かです（☞第2章制度編37頁、56頁参照）。米国では連邦量刑ガイドライン（☞コラム8　米国の連邦量刑ガイドライン179頁参照）が定められ、どの程度軽減されるのかがオープンになっているのとは対照的です。ただ、個別の事案の協議の中では、当然のことながら、本来の求刑額と合意した場合の求刑額は示されると思われます。

【法務部員】　ところで、H社長もデータ偽装に関与していた場合、検察官が会社としての協議の申入れに応じる可能性はあるでしょうか。

【弁護士】　会社のトップ自ら不正に手を染めていたわけで、正に組織ぐるみの事案という評価が可能です。可能性がないとは申しませんが、事の重大性からして、検察官が会社と合意する見込みは低いように思われます。

【法務部員】　まず断られるだろうということがわかっているのなら、最初から協議の申入れはしないということになりますか。断られた場合、会社にとって何のメリットもないのでしょうか。

【弁護士】　必ずしもそうはいえないと思います。会社として放置しておくことがいかにリスキーかということはすでにお話したとおりです。仮に断られる可能性が高いとしても、まずはダメ元でもよいから申し込んでみることです。協議の申入れを行うということは、すなわち捜査への協力姿勢を示すことにほかなりません。仮に、会社自身が協議・合意に至らなくても、そこで御破算にするのではなく、引き続きそのような協力姿勢自体は維持していくことは、検察官が訴追裁量を働かせるうえで、会社に有利に考慮してくれる一つの事情になることは間違いありません。それはある意味でメリットといえるでしょう。

178

コラム8　米国の連邦量刑ガイドライン

　米国では、連邦量刑ガイドライン（Sentencing Guideline）が定められ、有罪となった被告の量刑について基準が定められています。日本では、求刑（裁判所に対して、どのくらいの刑期とするのが適切かという検察官の意見）について、検察官に広範な裁量が認められていますが、量刑ガイドラインが定められている米国では、量刑に関する裁量の幅が狭くなっています。これは、歴史的には、行政機関（警察や検察）に対する不信感を前提とした米国民には違和感のないものですが、行政機関に対する不信感が米国ほど根強いものとはいえないわれわれ日本人としての感覚からすると量刑ガイドラインは物珍しいものであると感じるかもしれません。

　この量刑ガイドラインは、1984年量刑改革法（Sentencing Reform Act）に基づいて設置された量刑委員会（Sentencing Commission）によって作成されたものであり、その目的は、連邦犯罪によって有罪判決を受けた者に対して適用する適正な量刑のガイドラインをあらかじめ用意することによって正義を確保することにあると説明されています。要は、量刑における不合理なばらつきをなくすために、あらかじめ裁判所の量刑の基準となるガイドラインを定めるというものです。量刑ガイドラインは、当初は個人に対するものが作成され、その後、1991年には組織体に対するものが作成されています（企業に対する処罰はこのガイドラインが適用されます）。

　量刑ガイドラインにおける量刑範囲の決定は複雑なものとなっていますが、概略を示すと、個人の場合には、犯罪類型ごとに定められた犯罪の基本等級（base offense level）および固有の犯罪特性指数（specific offense characteristics）により基礎となる等級を決め、被害者関連事項（victim-related adjustments）、役割（role in the offense）、司法作用への妨害（obstruction and related adjustments）、責任の受諾（acceptance of responsibility）等の要素によりこれを修正し、最終的な等級を決定し、被告人の犯罪歴（criminal history）等との相関によって導かれる量刑表から量刑範囲が決まるというしくみ

第 3 章　実務対応編／Ⅱ　事例イ（内部型・上司 vs. 部下プラス会社 vs. 役職員）

になっています。

　また、組織体の場合（犯罪を目的とする組織体ではない場合）には、犯情等の要素によって犯罪の等級を決定し、罰金表に定められた金額が導かれます。そして、この金額、犯罪によって組織体が得た財産上の利益額、故意に生じさせた財産上の損害額のうちの最高額が基礎罰金額（base fine）となり、犯罪行為への関与または容認（involvement or tolerance of criminal activity）、違反歴（prior history）、命令違反（violation of an order）、司法妨害（obstruction of justice）という加重要素、効果的なコンプライアンスおよび倫理プログラムの存在（existence of an effective compliance and ethics program）、自己申告・協力・責任の受諾（self-reporting, cooperation, or acceptance of responsibility）という減軽要素から算出される指標によって基礎罰金額に乗じる倍数のランクが決定され、罰金額の範囲が計算されるというしくみになっています。

　このように、量刑ガイドラインを適用していくことにより、犯罪ごと、被告人ごとに、言い渡される量刑の範囲がある程度特定されるうえ、量刑ガイドラインによって定められる量刑範囲はかなり狭いものとされている（上限は下限の25％または 6 か月増しを超えてはならないとされています）ことからも、有罪となった場合にはどの程度の量刑となるかが予測できることになります（特別な事情がある場合には、量刑ガイドラインによる量刑範囲を超えることも許容されていますが、その場合には裁判所はその事情を示さなければならないこととされています）。

　なお、わが国の検察官には、広範な裁量が認められるといわれていますが、その根拠となる刑訴法248条によれば、検察官は、犯人の性格、年齢および境遇、犯罪の軽重および情状並びに犯罪後の状況を考慮することとなっています。これらの一つ一つの事情を見ると、上記有責スコアの算定基礎となる事実と、その多くは同様の趣旨であることがおわかりになるかと思います。

　たとえば、上記有責スコアに定められた、法人が今後の対策として効果的なコンプライアンスプログラムを導入したという事実は、日本における手続に置き換えた場合でも、犯罪後の状況が良好であるという事情の一つとして評価されるべきものです。米国の連邦量刑ガイドラインと聞くと、なじみのなさから

180

ある種の抵抗感を覚える方もおられるかもしれませんが、量刑上有利に働く事情が何かという点では、日米でそれほど大きな違いがあるわけではありません。

第3章　実務対応編／Ⅲ　事例ウ（外部型・会社 vs. 役職員）

Ⅲ　事例ウ（外部型・会社 vs. 役職員）

　ゼネコン大手の丙社において、大規模な道路建設工事の入札案件をめ
ぐって他の複数社（丁社、戊社）と談合し、工区ごとに受注を分け合っ
ていたことが、関与していた所管事業部の営業社員Ｉからの内部通報に
より発覚。丙社では、数年前から、他の大型プロジェクトでも、本件と
同じ複数社と同様の談合を行っていた。

　社内の関与者はＩのほか、担当次長Ｊ、部長Ｋ、事業本部長（取締役）
Ｌの４名。Ｉは一連の談合の経緯、状況について詳細な説明を行ってお
り、ＪもおおむねＩの説明を肯定し、ＫおよびＬからの指示で行ってい
たことを認めている。他方、Ｋは、ＩおよびＪに対する指示を否定し、
後から知らされたが、公にならなければよいと思って黙っていた、Ｌに
も報告していなかった、Ｌから指示を受けたこともない旨弁解し、Ｌは、
一切知らぬ存ぜぬで、今回発覚して初めて知ったことである旨弁解して
いる。

　なお、丁社ではいまだ発覚していないが、戊社ではすでに社内で問題
化し、対応を検討中であるとの情報がある。

※関係者に成立する可能性のある犯罪
- ＩないしＬ、丁社および戊社の関係者につき、独禁法違反（不当な取引
  制限の罪）（同法89条１項１号、３条後段）（法定刑は５年以下の懲役または
  500万円以下の罰金）。
- 丙、丁および戊の各社につき、上記罪の両罰罪（独禁法95条１項１号）
  （法定刑は５億円以下の罰金）。

〈丙社としての対応サマリー〉

　①　基本的には、事例アにおける甲社の対応と同様（☞本章59頁参照）。

182

② また、事例イと同様に、丙社も両罰規定により罰金の対象となるので、合意制度の適用を受けることを念頭に、捜査機関の捜査に必要かつ十分な協力を行うとの方針で臨むこととする。
③ リニエンシー申請や合意制度の適用に関し、他社（丁社、戊社）との競合が存在するので、事実調査やそれに基づく会社としての意思決定を迅速かつ適正に行う必要がある。
④ 他社との競合の観点から、情報管理には特に留意する一方、可能な限り、他社情報の入手に努める。また、他社の動向の注視を怠らない。

1 事実調査のあり方（事例ウの場合）

【法務部員】 先生、さらに、別の事例ウについて、お話を聞かせてください。実は、ゼネコン大手の丙社において、大規模な道路建設工事の入札案件をめぐって他の複数社（丁社、戊社）と談合し、工区ごとに受注を分け合っていたことが、関与していた所管事業部の営業社員Iからの内部通報により発覚したらしいのです。丙社では、数年前から、他の大型プロジェクトでも、本件と同じ複数社と同様の談合を行っていたようです。

【弁護士】 なるほど、聞いたことがあるような事例ですが、典型的な談合事案ではありますね。自社だけではなく、他社が絡んだ特定犯罪[40]ということで、合意制度も関係してくると思います。

【法務部員】 このような事案をベースとして、私のほうで、社内向けの説明のために、いくつか条件を付け加えてケーススタディの材料作りをしています。

　そこで、この事案において、社内の関与者はIのほか、担当次長J、部長K、事業本部長（取締役）Lの4名とします。Iは一連の談合の経緯、状況について詳細な説明を行っており、J次長もおおむねIの説明を肯定し、K部長およびL本部長からの指示で談合を行っていたことを認めています。他

40　独禁法上の不当な取引制限の罪も特定犯罪とされています（法350条の2第2項3号および同号の罪を定める政令〈平成30年政令第51号〉3号）。

第3章　実務対応編／Ⅲ　事例ウ（外部型・会社 vs. 役職員）

方、K部長は、IおよびJ次長に対する指示を否定し、後から知らされたが、公にならなければよいと思って黙っていた、L本部長にも報告していなかった、L本部長から指示を受けたこともない旨弁解し、L本部長は、一切知らぬ存ぜぬで、今回発覚して初めて知ったことである旨弁解している、という設定です。なお、丁社ではまだ発覚していないが、戊社ではすでに社内で問題化し、対応を検討中であるとの情報があるというおまけも付けてみました。

【弁護士】　これはまた随分と凝った事例を考えましたね。他社が絡むだけではなく、社内関係者の間で供述が一致しないということで、事実調査の点でも、合意制度等へどのように対応するかという点でも悩ましい問題が含まれているようです。

【法務部員】　そこで、お尋ねですが、関係者へのヒアリングのあり方について、Iさん、J次長とK部長、L本部長では、違いはありますか。

【弁護士】　基本的なところは事例アのところで説明したとおりです（☞本章73頁〜82頁参照）。IさんとJ次長は認めて、K部長とL本部長は否認しているということを踏まえると、進め方としてはまずIさんとJ次長のヒアリングを先行させて、客観的資料とも照合しつつ、その供述内容が信用できるのかどうかを十分に検討する必要があります。そのうえで、手強いK部長、L本部長のヒアリングに臨むことになりますね。

【法務部員】　K部長とL本部長のヒアリングには会社が依頼した弁護士にも同席してもらったほうがよいですか。

【弁護士】　相手は手強いので弁護士にやってもらうということも考えられます。他方、弁護士が最初から出てくると相手は警戒して、かえってうまく供述を引き出せないということもあり得ます。事実関係の調査体制に弁護士も組み込んで専門的な知見や経験も駆使して調査を進めていくという基本方針であれば、K部長、L本部長のヒアリングにも弁護士に加わってもらうということでよろしいでしょう。ただ、相手が手強いからといって急きょ応援をお願いするというのは付け焼刃な印象がぬぐえないですね。いずれにしても、ヒアリングを誰が行うかどうかというより、どういうスタンスで臨むか、ど

184

1　事実調査のあり方

ういう点に注意してヒアリングを行うかということが大事だと思います。

【法務部員】　Ｉさん、Ｊ次長は素直に詳細な事実関係を話しているようなので、おそらく信用できると思います。Ｋ部長、Ｌ本部長には自白を迫るべきでしょうか。

【弁護士】　この点については、事例アの「他人からのヒアリングの当否」（☞本章82頁参照）のところですでにお話したとおりです。ＩさんやＪ次長の話がおおむね正しいとしても、100％信用できるのかどうか断定することもできませんので、あまり先入観をもつことなく虚心坦懐にＫ部長やＬ本部長の話を聴いていくべきです。相手の言い分に耳を貸すことなく、決めつけるような態度でヒアリングを行えば、仮に相手が心のどこかで正直に本当のことを話すつもりがあったとしても、心を閉ざし、口をつぐんでしまうおそれがあります。また、Ｋ部長やＬ本部長が、ＩさんやＪ次長の話とは完全に矛盾した話しかせず、徹底的に否認をするのであれば、その言い分や弁解をできるだけ詳しく聴いたうえ、その内容の裏付けをとったり、客観的な資料や状況と合っているかどうかを確認したりして、信用性を吟味すればよいのです。自白を迫るとか、何が何でも認めさせなければならないとか、そういうことを考える必要はありません。決して感情的にならず、淡々と質問を重ねていくことです。なお、抽象的な否認や弁解に終始し、一向に具体的なことを話さないという場合は、合理的な弁解ができないことの現れとして、Ｋ部長やＬ本部長に不利に働く要素となり得ます。

【法務部員】　Ｋ部長とＬ本部長は、ヒアリング前に口裏合わせというか、あらかじめ互いに相談をしてくる可能性はありますね。

【弁護士】　確かに、その可能性は十分あります。それに備えて、一応ヒアリング前に、関係者と連絡をとってはいけないという警告を与えておきましょう。これは事例アやイの場合も同様です。

【法務部員】　先生、そんな警告をしていたって、自分たちの責任を逃れるためですから、平気で口裏合わせをするのではないですか。

【弁護士】　そうでしょうね。それは織り込み済みです。大事なことは、そう

185

第3章　実務対応編／Ⅲ　事例ウ（外部型・会社 vs. 役職員）

いう警告をしていたにもかかわらず、口裏合わせをしていたという事実です。
ヒアリングで細かい点まで話の内容が一致し、ある意味でできすぎた供述を
している場合には、口裏合わせの存在を疑わせます。後日、デジタル・フォ
レンジック[41]による社内メール等の調査の結果、本件に関する二人のやりとり
が判明した場合には、二人が虚偽の弁解をしていたことや行為の違法性を認
識していたことの裏付けにもなります。ヒアリング時に、二人の携帯電話な
いしスマートフォンを見せてもらってEメールやラインのやりとりの有無
を確認することも考えられます。もちろん、任意ではありますが、見せられ
ないということはやましいことがあるのではないかということになり、本人
たちに相当のプレッシャーを与えることができます。仮に何ら警告をしてい
なかった場合には、正確な話をするために記憶喚起をしようと思っただけで
口裏合わせをしていたわけではないという言い逃れを許すことになりかねま
せん。

2　合意制度に関する会社としての判断など

【法務部員】　この事例のように、丁社、戊社といった他社が関与している場
合の一般的な留意点について教えてください。

【弁護士】　合意制度や課徴金減免制度（リニエンシー）[42]の申請の関係では、
他社も自社と同じ立場にあるということです。特にリニエンシー申請につい
ては、現在の制度の下では、申請の順番（時間的な先後関係）によって課徴
金の減免の割合が変わり、しかも申請ができる事業者数にも制限があります

41　デジタル・フォレンジックとは、コンピュータや電子機器媒体、電磁的記録（デジタ
　ルデータ）に対する調査・解析や、それらに関する手続や手法のことをいいます（一般
　社団法人保安通信協会編著『デジタル鑑識の基礎(上)』5頁［東京法令出版・2017年］)。コンピ
　ュータや電子機器媒体上に残る膨大な情報やデータの中から、証拠や痕跡を探し出し、
　事件・事故を解明、解決することが目的です。最近では、デジタル・フォレンジックサ
　ービスを専門とする民間業者が多数あり、警察等の捜査や民間企業の訴訟対応等の分野
　において積極的に活用されているようです。

42　課徴金減免制度とは、企業が自ら関与したカルテル・談合について、単独で、その違
　反内容を公正取引委員会に報告し、それを裏付ける資料を提出した場合には、課徴金を
　免除または減額する制度です。

186

ので（ただし、2019（令和元年）5月31日現在、改正案が国会において審議中です）（☞コラム9　課徴金減免制度（リニエンシー）における減免内容197頁参照）、迅速に対応する必要があります。いわば他社との競争のようになってきます。合意制度についてもしかりです。

　ちなみに、このようにリニエンシー申請については、場合によっては時間との戦いのようなところがありますので、会社として迅速な意思決定が必要となります。この点は、先ほど合意制度のところでも述べましたが、リニエンシー申請の場合はその比ではありません。経営トップへの情報ルートや意思決定のメカニズムがきちんと確立されているかどうか、今一度確認をしておいてください。リニエンシー申請を怠ったことを理由として株主代表訴訟になった事件（☞コラム12　住友電工カルテル株主代表訴訟208頁参照）もあります。

【法務部員】　リニエンシー申請をすると同時に、検察官にも協議を申し入れるということでしょうか。

【弁護士】　そんなに焦らないでください。談合、カルテルといった不当な取引制限や私的独占等の重大な独禁法違反の罪（独禁法89条〜91条）については、公取委の告発がなければ起訴することはできません（専属告発、同法96条）。そして、公取委は、談合事案の全てについて刑事手続をとるわけではありません。その中でも特に悪質で重大なものに限って告発をするというスタンスです（2005年（平成17年）公取委「告発方針」[43]参照）。ですから、リニエンシー申請と同時に協議申入れを行うことは現実的にはありません。検察庁に連絡をしても公取委からの報告前でしょうから、面食らうだけです。また、公取委の担当者としても、犯則調査を行うかどうかも検討未了、ましてや検

43　公取委の「告発方針」によれば、①カルテル等の独禁法違反行為であって、国民生活に広範な影響を及ぼすと考えられる悪質かつ重大な事案、②違反を反復して行っている事業者・業界、排除措置に従わない事業者等に係る違反行為のうち、公取委の行う行政処分によっては独禁法の目的が達成できないと考えられる事案について、積極的に刑事処罰を求めて告発を行う方針であるとされています。公取委は、これらの事件を犯則調査の対象としています。

187

察庁にも相談していない段階で、頭越しに検察庁に連絡をされても困ってしまうでしょう。

【法務部員】 刑事手続になるかどうかはわかるものですか。

【弁護士】 そうですね。公取委の担当部署の違いである程度は判断できます。

まず、リニエンシーの申請先は、**課徴金減免管理官**で、企業からの報告や資料を受け取るなどの業務を行っています。このリニエンシー申請が端緒となって、**犯則調査**[44]または**行政調査**[45]が開始されます。一般的には、この事件の端緒の検討段階で、告発を見込まないときは、実務上、その後、犯則調査・刑事手続への移行は考えにくいといえます。逆に、告発を視野に入れる場合には、当初から、公取委の中の犯則審査部の**特別審査長**が犯則調査を行います。すなわち、特別審査長がチーフ（責任者）となり、担当職員を率いて、犯則調査の対象となる事件（犯則事件）の調査を行います。犯則事件の調査に必要であれば、裁判官が発する許可状によって、関係事業者の臨検、捜索を行い、必要な物件を差し押さえることができます。調査の結果、刑事告発が相当との心証を得たときは、検事総長に告発を行うという流れになります。告発を予定しない場合には、公取委の審査局の中にある**審査長―上席審査専門官**のラインで行政調査が行われます。この場合には、審査長や上席審査専

44　犯則調査というのは、刑事処罰を求める事案について、その告発のために公取委が行う調査のことで、事件関係人の営業所への立入検査や関係者からの事情聴取等の調査に加え、必要に応じ、裁判官の発する許可状により、臨検、捜索または差押えを行うことができます（犯則調査権限）。

45　行政調査には、広い意味では、行政機関が行政目的で行うさまざまな調査が含まれますが、重要なものは、取締法規違反の疑いがある場合に、その事実関係を確認し、行政処分を課すかどうかやその内容等を決定するために行われる情報収集で、公取委や証券取引等監視委員会の行う調査、税務署による税務調査などがこれにあたります。相手の任意に基づいて行われる場合には（これを「任意調査」といいます）法律上の根拠は必要ではありません。任意に出頭を求めて事情を聴取したり、関連する資料物件の提出を求めたりといったことです。他方、行政調査にも、調査そのものは令状によるものではありませんが、拒否すると罰則が科される場合があります（たとえば、独禁法47条1項に基づく審尋、意見・報告の徴収、物件の提出命令、立入検査等を拒否などすれば、同法94条により1年以下の懲役または300万円以下の罰金に処せられます。金商法にも同様の規定があります）。処分に従わない場合には罰則を科するという間接強制により実効性が確保されているわけです。これを間接強制調査といいます。

門官がチーフとなり、担当官を率いて、独禁法違反事件の審査をします。独禁法違反事件を審査する際には、違反の疑いのある企業に立入検査をして書類などを収集したり、関係者を取り調べて供述を聴取したりして、証拠を集めます。独禁法違反を立証することができると、違反企業に対し、独禁法違反行為の排除措置を命じます。また、違反企業が価格カルテル等を行っていた場合には課徴金の納付を命じることになります。

　このように公取委の担当部署がどこかによってその後の刑事手続が予定されているかどうかをある程度見極めることはできます。

【法務部員】　そうすると、検察庁への連絡といいますか、検察官への協議の申入れのタイミングはどの段階で行えばよいということになりますか。

【弁護士】　先ほど専属告発のことについて触れましたが、公取委は、告発前の犯則調査中の段階から、検察と必要な連絡・連携をとりつつ調査を進めており、検察による捜査も同時並行的に行われることになります。そして、そのような捜査の結果、十分な証拠が収集でき起訴が可能と判断した段階で、公取委が検事総長宛に告発を行います。[46]

　ですから、タイミングとしては、公取委が犯則調査を開始し、担当検察官との連携・連絡をとり始めてからということになると思います。

【法務部員】　具体的にはどうすればよいですか。

【弁護士】　そうですね。まずは当面のカウンターパートである公取委側の担当官との意思疎通が重要です。当該担当官にも、弁護士を通じて、検察官との協議・合意を念頭に置いているということを伝えておきましょう。犯則調査の進展状況や公取委の検察官に対する事件相談の状況等は外からうかがうことは難しいので、担当検察官への申入れのタイミングなどは公取委側にま

46　ちなみに、前掲・注43公取委「告発方針」によれば、「3　告発問題協議会」として、「告発に当たっては、その円滑・適正を期するため、検察当局との間で、検察当局側が最高検察庁財政経済係検事以下の検事、公正取引委員会側が犯則審査部長以下の担当官で構成される『告発問題協議会』を開催し、当該個別事件に係る具体的問題点等について意見・情報の交換を行う」とされていますが、この協議会は最終段階で行われるもので、実際の連絡・連携はそのはるか以前から行われています。

189

ず相談するのがよいと思います。ですから、公取委側にも合意制度を利用したいということはむしろ伝えておくべきではないでしょうか。

【法務部員】 リニエンシーで第1順位になると公取委は当該事業者を告発しないという方針をとっていると承知していますが、その場合には検察官への協議・合意の申入れは必要ないということになりますか。

【弁護士】 おっしゃるとおり、第1順位となった事業者について公取委は告発をしない方針ですので、刑事手続も予定されません。したがって、検察官への協議・合意の申入れは必要ありません。ただし、検察官から参考人として捜査への協力は求められますので、必要な協力を行う必要がありますし、関係先として捜索・差押えが実施される場合もありますので、ご留意ください。

【法務部員】 1位になると、非常に得ですね。

【弁護士】 そうなんです。課徴金もなくなれば刑事罰もなくなるのですから。どの国でもリニエンシーは1位になった事業者が得られるメリットは極端に大きくなっています。それだけインセンティブを大きくして、リニエンシー申請に導こうとする政策的意図があるのです。正に、大きなアメを用意しているわけです。

【法務部員】 それでは第2順位以降の業者はどうなりますか。

【弁護士】 第2順位以降の業者は告発の可能性があり、検察官との協議・合意の余地がありますので、しかるべくアプローチをすることになります。

【法務部員】 ちなみに、自分の会社の順位はどうやってわかるのですか。

【弁護士】 まず、課徴金の減免に係る報告書を提出する前に順位を確認したいという場合、電話で照会することも可能です。他の事業者が同一の違反行為についてすでに報告等をしているかどうかを公取委が確認できる程度に違反行為の内容、対象商品または役務について明らかにして照会があった場合は、その時点で想定される順位が教示されます。ただし、照会後、報告および資料の提出を行うまでに他社から報告および資料の提出が行われることがあり得ますので、この教示した順位を保証するものではありません。

〔図表24〕 独禁法違反での合意制度の手続上の位置付け

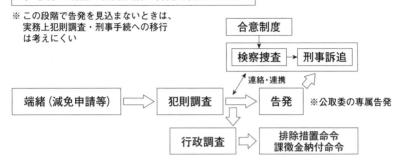

そして、カルテル・談合等についての報告書および資料の提出が行われると、それを踏まえ、公取委から申請事業者に対し、正式な順位の通知が行われます（独禁法7条の2第15項）。この通知が行われますと、公取委としては、事業者からの報告および資料の提出が行われたことを正式に認め、その報告の順位を認定したことになります。したがって、この通知の後に、たとえば当該報告に虚偽の内容が含まれていることが判明するなどして減免の資格を失うことがあった場合でも、事実の報告および資料の提出の順位に係る事実（何番目に報告および資料の提出を行ったかとの事実）が変わるわけではありませんので、原則として当該事業者より後順位の事業者の繰り上がりは生じません。

【法務部員】 リニエンシーの申請はしないが、合意制度の適用は求めていくという方法はあり得るでしょうか。

【弁護士】 リニエンシーの申請をあえてしないが、合意制度の適用を求めるということは考えにくいと思います。現在のリニエンシー制度の下では、報告および資料の提出が形式的に整っていて、順位が5番目までに入っていれば、自動的に課徴金が順位に応じた割合の額だけ減免されることになります。少なくとも申請事業者の調査協力の程度等が減免の額に反映されるという建

第3章　実務対応編／Ⅲ　事例ウ（外部型・会社 vs. 役職員）

付けにはなっていません。つまり公取委の裁量の余地はないということです。[47]
ここが検察官の裁量判断に委ねられている合意制度と大きく異なる点の一つ
です。ですから、リニエンシー申請をあえてしないという選択は非常にリス
キーです。それこそ代表訴訟の格好の餌食となってしまうおそれがあります。
リニエンシー申請については、自動的にといいましょうか、真っ先に行うべ
きではないでしょうか。

【法務部員】　でも、先生、リニエンシー申請をしたが、5番目までに入らな
かった、あるいはあえてしなかったのではなく、申請をしようと思った時点
では枠が一杯になっていたということもあり得ますよね。そういう場合、合
意制度の適用を求める余地はあるのでしょうか。

【弁護士】　確かに、そういう事態は考えられますね。合意制度においては、
数や順位の制限はありませんので、不幸にしてリニエンシーの適用を受けら
れなかったとしても（ただし、新たに導入される予定の制度の下では申請事業者
数の上限は撤廃されます）、合意制度まで諦めてしまうことはありません。合
意制度の適用を受けるために肝心なのは、事案の真相を明らかにする供述と
それを裏付ける客観的証拠を提供できるかどうかです。ただ、リニエンシー
に間に合わず、すでに複数事業者に先を越されていることを考えますと、状
況的には不利なことは否定できません。事実調査においてもかなり出遅れて
いるでしょうから、よほどのウルトラCがなければ他の事業者にはかなわ
ないかもしれません。やはり、そういう事態を招かないように機動的かつ迅

47　現在、国会において、独禁法上の課徴金の賦課および課徴金の額について公取委の裁
　量を認める新たな課徴金制度の導入が審議されています。この制度に関しては、課徴金
　算定の基礎となる売上額の見直し、算定期間の上限撤廃・延長、算定率の変更、課徴金
　減免制度における証拠価値に基づく裁量的な減算率の決定、継続協力義務、調査妨害に
　対する加算制度等、さまざまなあり方が検討されます。仮に、こうした制度が導入され
　ると、課徴金減免制度は、検察官の訴追裁量権を基礎とする協議・合意制度とかなり似
　通ったものになるといえます。たとえば、課徴金減免申請において、公取委に提供する
　証拠の証拠価値が課徴金の減算率に影響することになれば、十分な内部調査を尽くし、
　可能な限り重要で信用性のある証拠を見つけ出して提供する必要があり、また、継続協
　力義務に照らしても、減免申請後も、引き続き調査を継続して重要証拠の発見に努め、
　その都度提供していく必要があります。

2　合意制度に関する会社としての判断など

〔図表25〕　独禁法上のリニエンシーとの比較

	対象	要件	効果
リニエンシー（課徴金減免制度）	事業者	自己の違反事実の申告	課徴金の減免 ・第1順位なら、全額免除プラス刑事告発も免れる ・第2〜5順位も所定の割合による減額
合意制度	行為者事業者	他人の犯罪の供述等	不起訴、軽い求刑

※第2順位以降は、不起訴等を確保するためには、引き続き、捜査機関への協力が重要となります

速な対応を心掛けなければなりません。

　ちなみに、リニエンシーと合意制度の比較について〔図表25〕のとおりまとめておきましたので、参考にしてください。

【法務部員】　丁社、戊社といった**他社の社内情報・動向を把握する方法**はあるでしょうか。

【弁護士】　それは、スパイでも送り込まない限りは、正確なところはわからないでしょうね。ただし、これは内部調査の一環として、談合にかかわった役職員から詳細なヒアリングを行う中で、ある程度推測することも可能ではないでしょうか。たとえば、それまで談合を行っていたということは、当該談合に参加していた各事業者の担当者とは程度の差こそあれ情報交換を行っていたはずです。そのような従来の状況に変化が見られたりした場合（たとえばそれまで頻繁に連絡をとり合っていた担当者と急に連絡がとりにくくなった、会合の予定がキャンセルされた、担当者が変わったなど）は他社がリニエンシー申請に向けて動き出しているサインかもしれません。

　最近は、談合にしても価格カルテルにしても、はっきりとしたルールとか、それに基づく受注者の決定や価格の合意などかちっとした明確に特定できる

193

第3章　実務対応編／Ⅲ　事例ウ（外部型・会社 vs. 役職員）

行為はなく、従来の経緯を踏まえたふわっとした暗黙の約束事があって、それをベースとした業者間の、露骨な表現を使わない、情報交換や会話をする中で（たとえば、「X社さんが汗をかいておられますね」という言い方で受注予定者を暗示するとか「なかなか値段が厳しい状況ですね」などと言って一定の価格の維持を持ち掛けるなど）、何となく競争の実質的制限が行われるというのが実態のようです。それに、このように特段自覚的な行為がなく、業者同士は実はそれほど仲がよいわけではないようですので、なかなか他社の動向には気づきにくいという面もあるでしょう。ただ、よくよく担当者に話を聴いて可能な限りの情報を集めることは大事だと思います。

【法務部員】　ところで、先生、どの会社が受注するかについて発注者の意向が強く働いており、受注調整に必要な情報等も発注者から流れていたという事情があるため、談合という評価に納得がいかない場合、どのように対応すべきでしょうか。

【弁護士】　発注者が受注調整に関与していた場合でも、そのことによって競争性が排除されることにはなりませんので、談合にあたることは否定できません。したがって、納得がいかないという気持ちも理解はできますが、リニエンシー申請やその後の合意制度への対応をしっかりと進めていくべきです。

　ちなみに、発注者の担当者については、不当な取引制限の共犯（ほう助犯または身分なき共謀共同正犯）として刑事責任が問われ得ます[48]。また、発注者が国や地方公共団体等の場合には、その担当者の行為は入札談合等関与行為防止法により処罰されることもあります（いわゆる官製談合）。

【法務部員】　事例アやイのところでも同じようなことを質問させていただきましたが、事例ウの場合にも、たとえば、「まだ発覚しておらず、仮に丁社、戊社にも特段の動きがない場合、あえて、リニエンシーや合意制度の適用に向けて動く必要はないのではないか。馬鹿正直に動けば、大型プロジェクトが水泡に帰すばかりか、会社にも多大なダメージが生じることになる。少な

48　下水道事業団談合事件（東京高判平8・5・31高刑集49巻2号320頁）、旧道路公団鋼橋工事談合事件（東京高判平19・12・7判時1991号30頁）

194

くとも、丁社、戊社の動きがわかるまで静観するのがよいのではないか」との考え方もあり得るとは思いますが、これもやはりマズイですか。

【弁護士】　そうですね。すでに繰り返し説明したとおり（☞本章86頁、121頁、170頁参照）、非常にリスキーだと思います。確かに、日本でしか問題にならないような事案で、課徴金の規模が数億円ないし数十億円程度にとどまる場合に、リニエンシー申請を行って問題化させるのはかえって得策ではないとして、あえて申請をしないという価値判断をもあり得るとは思いますし、実際にそのような会社もあるのではないかと推測します。しかし、自社が申請をしなくても他社が申請をするかもしれない、そうなれば、いずれ発覚するし、課徴金減免はもちろん合意制度のメリットは受けられないということになります。社会的にも、ダンマリを決め込むことイコール組織的な隠ぺいと評価されることは必至で、企業に対する信頼が失墜することは避けられないのではないでしょうか。きれいごとに聞こえるかもしれませんが、弁護士の立場からは、やはり事後対応として最もやってはならないことだといわざるを得ません。[49]

【法務部員】　それでは、先生、仮に、リニエンシーや合意制度に関し、丁社、戊社に先を越された場合、どのように対応すればよいでしょうか。

【弁護士】　リニエンシー申請に関していえば、もちろん1位になれるに越したことはないのですが、5位まで（調査開始日前の場合）に入っていれば、課徴金額の減額（30％の減額）を受けられますので、可能な限り、そのメリットを享受するため、迅速に手続を進めなければなりません。合意制度の適用に関しては、リニエンシー申請で1位になれなければ、当然検討すべきことになるのですが、検察官への申入れにおいて1番手とならなくても、先ほど申し上げたように、制度上、数や順番の制限はありません。検察官との合意を勝ち取るために最も大事なことは、価値ある信用性が認められる供述や

---

[49]　ただし、事実関係に疑問があり争う余地があると考えられる事案についてまで、リニエンシー申請を行うということではありません。たとえば、日系企業は米国司法省（DOJ）へのリニエンシーや司法取引に安易に応じすぎではないかとの批判もあるところです（☞第4章番外編221頁参照）。

証拠を提供していくことですから、決して諦めることなく、きちんとした事実調査を行ったうえ、証拠資料を整えて検察官に協議の申入れをしていく必要があります。もちろん、この場合も迅速に対応しなければならないことはいうまでもありません。証拠の価値というものは必ずしも固定的なものではなく、捜査の進展に応じ陳腐化してしまう可能性もありますので、「旬」の時機を逃してはなりません。

【法務部員】　検察官が複数の合意をすることはあるのでしょうか。

【弁護士】　組織的犯罪の真相解明に必要ということであれば、制度上は可能です（☞第2章制度編29頁参照）。

　もっとも、検察は最高検察庁新制度準備室「合意制度の当面の運用に関する検察の考え方」と題する運用方針（法律のひろば2018年4月号48頁以下〔資料3〕285頁参照）の中で、対象事案をかなり絞り、慎重に運用する見込みであること（謙抑的な姿勢）を示しています。たとえば、「国民の理解を得られる場合でなければならない」とか、「合意制度の利用に値するだけの重要な証拠が得られる見込みや、供述につき裏付け証拠が十分にあるなど積極的に信用性を認めるべき事情がなければ合意しない」などと述べています（☞第1章入門編13頁参照）。そこから推し量るに、少なくとも合意を乱発することは考えにくいと思います。慎重な吟味のうえで、真に合意に値するものだけを選択するでしょう。ですから、なるべく早くとは言っても、拙速は禁物です。先ほど申し上げたとおり、2番手、3番手になったとしてもそれでアウトということにはならないと思います。

【法務部員】　検察官との協議・合意にあたり、丁社、戊社に関する証拠を提供するうえで、注意すべき点はありますか。

【弁護士】　基本的なところは、先ほど、検察官との合意を得るために留意すべき点のところでお話したとおりです（☞本章120頁参照）。他社に関する証拠という点について、若干付け加えると、当たり前のことですが、他社の関与の有無は当たり前のことですが、関与した他社関係者の氏名、地位、権限、それぞれの関与の有無、程度や具体的な役割など、詳細な事実関係が必要と

2　合意制度に関する会社としての判断など

なります。また、それらを裏付ける客観的資料を可能な限りそろえる必要が
あるでしょう。他社関係者が作成した資料の写し、メールやラインのやりと
り、会合や打合せの存在を示す資料（たとえば、案内状、一緒に撮影した写真、
領収証、手帳の記載）等です。また、特定犯罪そのものではなく、事後的な
事柄にはなりますが、他社関係者が当局等への対応について問合せをしてき
たり、口裏合わせを求めてきたりといった事実も他社関係者の違法性の認識
を示す事実として重要となる場合があります。

コラム9　課徴金減免制度(リニエンシー)における減免内容

1　申請事業者数

　課徴金の減額（または免除）が適用される事業者数は最大5事業者までです。
ただし、公取委による調査開始日（同委員会が違反行為について立入検査また
は捜索を行った日をいいます）以後の申請者では3事業者までとなっています。
〔表1〕のようになります（表の最下欄のとおり、調査開始日前にすでに5社
の申請がある場合、調査開始日以後の申請はできないことになります）。

〔表1〕

調査開始日前	調査開始日後
1社	3社
2社	3社
3社	2社
4社	1社
5社	なし

2　申請順位と減免率

　調査開始日前の1位申請者は課徴金が全額免除となり、それ以下の順位の申
請者はその順位等に応じ、減額率が異なっています。次頁〔表2〕のようにな
ります。

第 3 章　実務対応編／Ⅲ　事例ウ（外部型・会社 vs. 役職員）

〔表 2〕

調査開始日前の 1 位申請者	100％減額（免除）
調査開始日前の 2 位申請者	50％減額
調査開始日前の 3 位〜 5 位申請者	30％減額
調査開始日以後の申請者	一律30％減額

　以上のように、この制度の基本的なしくみは、より早く申請をした事業者に
はより大きく課徴金を減額するというところにありますので、他の事業者に先
駆けて自社が関与しているカルテル・談合等の違反行為を発見することは非常
に重要ということになります。

　なお、先ほども触れましたが（本章186頁、前掲脚注47　192頁）、2019年
（令和元年） 5 月31日現在、課徴金制度の改正案が通常国会において審議され
ています。その内容は、課徴金の算定基礎や算定率を見直すとともに、課徴金
減免制度も〔表 3〕のとおり公取委に大幅な裁量を認めるものとされています。
これにより、違反事業者の協力の度合いに応じた柔軟な課徴金額の賦課および
算定が可能となることが見込まれます（現行制度においては、違反事業者がリ
ニエンシー申請をしたものの、申請後は公取委の調査に必ずしも協力的ではな
いという事情も背景にあったようです）。

〔表 3〕

		課徴金減免制度の改正案			現行制度
調査開始日	申請順位	減免率	協力の程度に応じた裁量的減免率		減免率（一律のみ）
前（前日まで）	1 位	100％（全額免除）	—		100％（全額免除）
	2 位	20％	＋最大で40％		50％
	3 位〜 5 位	10％			30％
	6 位以下	5 ％			なし
以後（開始日を含む）	最大 3 事業者	10％	＋最大で20％		30％
	上記以下	5 ％			なし

※　現行制度では、減免対象事業者数は、調査開始日前後を通じ、最大 5 事業者まで（調査開
　始日以後は 3 事業者まで）。また、申請事業者の協力の程度に応じた裁量的減免もなし。
※　改正案でも、調査開始日以後の申請で10％減免の対象となる最大 3 事業者は、調査開始日
　前の申請事業者とあわせて 5 位内に入っている必要がある。

シーン1　端緒

第4章　番外編
──域外適用編
あなたの会社に国際紛争案件が
やってきたら？

　本章では、少し切り口を変え、日本版司法取引（合意制度）に関し、当該
案件が、日本国内のみでなく、むしろ日本国外にも影響を与える可能性があ
る事案を取り扱うことにします。どのように対応していけばよいかについて、
イメージがわきにくいかと考えましたので、ロールプレイング形式で順を追
って述べていくことにします。

　なお、一定の局面ごとに本文を区切り、その冒頭に、「シーン」と題する
部分を作成しました。シーンには、本文のまとめや本文を読んでいく中で注
意したほうがよいことなどを盛り込んでいます。

シーン1　端緒

　当該案件が担当者に発覚することを「端緒」といいます。

　法務部長Bの下で働く法務部員A（以下、「部下A」といいます）は、
米国で提起された民事訴訟の対応をしていたのですが、その対応をして
いく中で不審なEメールを発見しました。そのメールは、営業部長X
が競合他社Z社の担当者と価格の擦り合わせをする内容でした。わが
国の独禁法では、カルテルを行うことは禁止されており、米国司法省
（DOJ = Department of Justice）等が日本企業に対してわが国の独禁法違

199

第 4 章　番外編──域外適用編

反に相当するシャーマン法を米国の領域外に適用して（これを「域外適用」といいます）、日本企業や個人に対して刑事責任を追及しています。ここでは、担当者である部下 A が、どのような形で域外適用の可能性のある案件の端緒をつかむのかについて説明していくこととします。

【部下 A】　B 部長、大変です。米国の民事訴訟のディスカバリ対応をしていた時に、営業部長の X さんの E メールの中に、Z 社との間でカルテルをしているような内容のものが見つかりました[1]。

【B 部長】　（部下 A と一緒にディスプレー画面を見る）これは、パッと見ただけでも、まずいじゃないか。一昨年、別の製品でカルテルの疑いが掛けられ、弁護士などに高いお金を支払ったのに、またか。あの時の辛さをあの時いなかった君にはいろいろと話してきたつもりだが、まさか歴史が繰り返されるとは……。

【部下 A】　まずは、今回の対象製品は何かを特定して、その商流を調べることから始めますね。

【B 部長】　次の一歩、何も言わずとも、さすがに A 君、よくわかっているね。一緒に飲みに行って愚痴を聞いてもらった甲斐があったな。商流が存在する国の法律が域外適用されてわが社に影響を与えるのかどうかを確認することになるが、商流を調べる前提として対象製品を調べる必要があるからな。

【部下 A】　営業部長の X さんに話を聴きますか？

【B 部長】　それはまだだ。しばらくは、検索を行うこととするから、まずは、ディスカバリのベンダー[2]を呼んで、調査を本格的に開始するかどうかを検討しよう。何かの冗談であったらよいのだが。どこを見ればいいかわかるか。

【部下 A】　はい。誰が、誰に対し、誰を CC に入れてどういう内容の E メー

1　米国の民事訴訟では、広範な証拠の開示（ディスカバリ）が認められています。しかし、その前提として、明らかに不必要な文書を選別する作業を行う必要があります。このような作業を行う過程で、意図せずに別の犯罪や不適切な行為があったことが発見されることも多く、本設例でも、ディスカバリ対応を行う過程で、競合他社との間でカルテルを疑わせる E メールを発見したという事例を用いています。内部告発等、他の端緒もありますが、端緒をつかんだ後の手順は、さほど変わるところはありません。

200

シーン1　端緒

ルを送っているのかを見るのですよね。

【B部長】　そのとおり。その結果を後で報告してくれ。それと、商流がわかれば、場合によってはその国の弁護士のリサーチ[3]、それと法務担当役員のC取締役に報告だ。

コラム10　ベンダー（デジタル・フォレンジックを専門とする民間業者）

　多くの会社では、ITに関連する部門を有しているので、この部門を活用すれば足り、あえて、ディスカバリに関するベンダーを雇う必要がないと思われる方もおられるかもしれません。

　ディスカバリ作業は、大きく分けると、情報（多くの場合は、Eメールなどの電子情報となります）を収集し、選別し、相手方に提出するという一連の過程をたどります。そして、このいずれにおいても、誤りが起こった場合には大きなサンクションが科される可能性があります。このサンクションは、立証責任の転換などの重要な法的効果をもたらすことも含まれますので、過誤が生じるおそれを考慮すると、一概に内製化をしたほうが会社にとってコストを抑制するという結論に至らない可能性もあります。

　また、欧米諸国には秘匿特権という制度がありますが（☞コラム13　秘匿特権215頁参照）、社内のIT部門にディスカバリに関する事項を担当させると、秘匿特権というメリットを受けられない可能性があります。さらに、個人情報を収集し、移転する場合に特有の法規制をしている国々もありますので、この

2　ディスカバリ業者の選定をどのように行うかについては、実はあまり知られていません。最近は、AIを活用した文書の分析を行うことが多く、上手にAIを活用すれば、費用を節約することができます。ディスカバリに関するベンダーについてはコラム10ベンダーを参照。なお、コラム11　AIを活用した文書分析202頁も併せて参照。本事例では、カルテルということが主題となっており、諸外国の調査が含まれることもあると考えて、B部長は、内製化を行わないという判断を行ったようです。

3　商流が諸外国にも存在する場合には、外国法が適用される可能性があり、秘匿特権を保持するメリットがあるので、当該国の弁護士資格をもった弁護士を関与させるほうがよい場合もあります。コラム13　秘匿特権215頁を参照。

201

点についても留意する必要があります。

　技術的な側面でいうと、ベンダーの中には、データの消去やデータが改変された場合にそのデータの復元を行うことを得意とする業者も存在します。調査対象者が消去や改変するデータの中には、意図的に証拠を隠滅したものも含まれる可能性もあるので、調査の内容・性質や対象者の性格等によって、これが内製化で賄えるかというところも判断要素の一つとなります。

　もちろん、内製化を行うことによって社外に流出する費用を抑えるということは、会社にとって最重要課題の一つであり、場合によっては、費用対効果に見合わないという事例も多々存在します。明らかに費用対効果に見合わない場合には、あえて外部のベンダーを用いないという判断も十分に理由があります。

　結論として内製化を行うか、外部のベンダーを使うかという問題は、上記のようなさまざまな事項を検討し、総合的に判断する必要があります。

　その結果、ベンダーを起用するとの判断に至った場合、どのようにして適切なベンダーを見つけるのかも問題です。ベンダーとは、場合によっては、弁護士よりも長い付き合いをすることもまれではありませんので、複数業者から説明を聞き、必要な調査を実施するうえで適切な技術を有しているかどうかをしっかりと確認したうえ、相見積をとるなどして慎重に選択をするべきです。

コラム11　AIを活用した文書分析

　現代社会における文書は、過去とは異なり（もちろん、現代においても、伝統的な文書の検討を行うことも重要であることに変わりはありません）、電子データの形式で作成、管理されることが圧倒的に多く、必然的に、その量が膨大となる傾向があり、その分析にはデジタル・フォレンジックの技術が欠かせません。デジタル・フォレンジックによる文書分析を行うことによって、大量の文書の中から関連性のない文書を抽出できれば、米国訴訟制度のディスカバリ手続におけるEディスカバリの作業も飛躍的に効率性が高まり、相手方に提出しないでよい文書を不用意に提出してしまうというミスも防ぐことができ

ます。

　かつては、弁護士事務所のアソシエイトが、昼夜を問わず、関連性のない文書であるか否かの分析作業を行い、この文書分析に要する費用が非常に多額となっていました。ところが、今日では、AIが発達してデジタル・フォレンジックによる文書分析の方法にも著しい変化が起きています。

　具体的には、ある程度の経験を積んだ弁護士が、一定量の文書分析を行い、その傾向を機械が理解・学習したうえ、残る膨大な文書の中から関連性のある文書を瞬時にピックアップし、そのうち関連性の程度において上位に出現した文書を改めて人間の目でチェックするという過程を繰り返します。これを繰り返すと、関連性のある文書がさらに上位に選別されていきます。これらのチェックを複数の人間が行うと、人為的ミスの割合も少なくなっていきます。

　また、これらのAIを活用した文書分析によって、かなり初期の段階でまだ一部の文書分析を終えたにすぎない場合であっても、その時点における調査内容をある程度客観的に検証することができ、事後の対応を適切に行うことができる場合があります。たとえば、従業員が外部業者と結託して不正な価格で製品の発注を行っているとの内部通報を端緒としてAIを用いた文書解析を行ったところ、調査初期に、外部業者と結託する内容のEメールが複数発見される等、不正行為を疑わせる兆候が見つかった場合には、速やかな社内での対応（不正な発注を行った従業員を担当から外す等）が可能となります。

　AIを活用した文書解析を行うことにより、文書解析に要する費用が劇的に低額になったという報告もあるようですので、ベンダー（デジタル・フォレンジック専門の民間業者）を用いる場合には、当該業者がAIをどの程度活用した文書解析を行えるのかについても見定める必要があるでしょう。

シーン２　法務部としての初期対応

　部下ＡとＢ部長は、端緒をつかんだ後に、直ちに内部調査を行うことを決定し、これを直属の上司の法務担当役員Ｃ取締役に報告するこ

第 4 章　番外編──域外適用編

ととしました。

　この初期対応は、大変重要です。会社は、組織として対処方針を決定する必要性があり、そのリスクが高ければ高いほど、機敏な対応が求められます。

　本件では、X 営業部長の E メールという証拠が存在すること、違反行為があった場合のリスクが高く、組織として速やかに対処方針を決定する必要がありますので、法務担当の C 取締役に報告するという B 部長の判断は賢明なものでしょう。

　では、B 部長と部下 A は、C 取締役に事案を説明した後に、法務部として、C 取締役にどのようなことを進言するのでしょうか。あなたが B 部長であったら何をするかイメージしながら、読み進めてください。

【部下 A】　（電話を掛けた後）部長、C さんですが、2 週間後にしか時間がとれないと、C さんの秘書に言われてしまいました。

【B 部長】　なに！　それでは遅い。俺が電話する。

（電話を掛けた後）……今から15分後に、15分間のお時間をいただけるようだ。A 君、こういう時のために、秘書には、日頃から気を遣ったほうがいいよ。

【部下 A】　勉強になります。過去の事例で、取締役会に諮るタイミングが遅くなってリニエンシー申請が間に合わず、その結果、取締役の損害賠償責任が追及された事案があったとお聞きしていましたから、本当によかったです。確か、あの案件は和解になったと聞いていますが、和解金額が高額になったと教えていただきましたね（☞コラム12　住友電工カルテル株主代表訴訟208頁参照）。

【B 部長】　そう、その案件のことを C さんにもう一度説明しておかなければならないね。こういう時は、言葉は悪いけれども、ある程度ブラフも掛けていかないと、物事が思うように進んでいかないからね。その前提として、事件記録を見てきてくれないか。

【部下 A】　えっ、民事事件の裁判記録は、見ることができるのですか。

【B 部長】　できるよ。裁判所に問い合わせれば必要な手続は教えてくれるよ。

204

シーン 2　法務部としての初期対応

裁判が係属中かどうかとか、記録の保存が当該裁判所の庁内か庁外かによって、記録の準備に要する時間に違いがあって受け付けしたからすぐに見られるというわけではないけどね。見るために必要な費用も数百円程度だったよ。ただ、法律上の利害関係者でないと、見ることはできても、コピーをとることなどはできない。

　やはり、上司を説得するためには、正確な事実と証拠を積み重ねて、先例がどうなったのかを的確に伝えることが必要だ。今回の場合には、取締役については、退任後の取締役にも多額の損害賠償の支払いが命じられることがあるということをしっかりと伝えるようにしよう。

【部下 A】　つまり、取締役会に速やかに正確な事実を報告し、そのうえで、十分な審議をしてもらい、リニエンシー申請を決定してもらうべきだということですね。

　取締役に対しては、正面から筋論を説明し理解を得ること、その際、それをしなかったらこうなるというリスクも併せて示したうえ、賢明な判断を迫るということですね。

【B 部長】「迫る」という言い方は多少きつい気はするが、意味としてはそのとおりだ。

　ただ、取締役会の開催はタイミング的に難しい場合もあるから、常に取締役会決議を必要とする運用をしていると、反対に時機を逸してしまう。今回は、法務部としては、法務担当役員に対し、こういう事態が生じましたということを直ちに報告し、併せて、その結果として具体的にどういう影響が出てくるかも丁寧に説明することだ。そして、それを踏まえて誰がどのような対応をとっていくべきかを決められるように、迅速に動いていこう。

　あぁ、そうそう、関係する文書が廃棄されたり紛失したり、行方がわからなくなったりしないよう、きちんと保全するお願いを出しておいてくれよ。X 営業部長とその関連者だ。

【部下 A】　承知いたしました。[4]

——C 取締役と部下 A と B 部長は、面談をすることとなった。

205

第4章　番外編──域外適用編

【C取締役】　内容はわかった。これは、明日の朝の経営会議で話をすれば
よいかな。

【部下A】　いえ、取締役会で説明をしていただけませんか。刑事責任が追及
されるかもしれない重要なことですし、罰金も高額となる可能性があり、経
営にも重要な影響を与える可能性もあります。

【C取締役】　次の取締役会は、来週か。メンバーは、社長、専務、常務2
名と私とH君の6名、明日の経営会議には、これに営業部長のほか、取締
役でない5名が出席するから、このメンバーでやればいいじゃないか。

【B部長】　いえ、それでは秘匿特権[5]の問題が生じます。A君、秘匿特権につ
いて、簡単に説明してくれ。

【部下A】　はい。限られた人数の中で、国によっては、弁護士立会いの下で
……。

【C取締役】　そうだ、思い出したよ！　だから、前回の時は、米国の弁護
士資格をもつH君が参加したんだった。確か、欧州では別の問題があると
いうことだったよな。その後、H君は、あの事件での功績が認められて取
締役になったんだったな。

【部下A】　最近、日本でもこれと同様の制度を認めようという動きがありま
す。あ、B部長、それとは別に、日本版司法取引（合意制度）のことも説明
申し上げたほうがよいのではないですか。

【C取締役】　いや、それは取締役全員で聴いたほうがよさそうだ。明日の
経営会議の後の昼食会を取締役だけで行うことにして、それを臨時取締役会

4　米国の訴訟では、ディスカバリに応じなくてはならない文書を廃棄などした場合に、
民事訴訟の局面では、当該証明主題に関する事実について、立証責任を転換される場合
があることがあります。また、刑事事件に移行した場合には、司法妨害の罪に問われ、
カルテル違反等と同等の処罰を受ける場合もあります。B部長は、これらのことが起き
ないように、あらかじめ、文書を消さないようにX営業部長を含む関係者に対して依
頼をしたもので、このような機敏な判断は奨励されるべきものです。
　なお、文書保全のための文書については、特段の決まりはありませんので、合理的に
文書を保全することができるような平易な文書を作成すべきです。
5　コラム13　秘匿特権215頁参照。

シーン2　法務部としての初期対応

とするか。A君、社外取締役のSさんに来てもらうように手配を頼んでいいかな。僕から社長には言っておこう。

【B部長】　よいチャンスを与えてくださりありがとうございます。A君に準備させます。

【C取締役】ところで、この件については、常に取締役会で話したり決議したりする必要があるのかな。

【B部長】　いえ、取締役会はなかなか急きょ開くということはできないと思いますので、今回は、可能な限り開かない方向でいきたいと考えておりますが、それでよろしいでしょうか。

【C取締役】　それでお願いします。[6]

【B部長】　Cさん、法務担当役員の鑑です！　Cさんが、こういう形でリスクを減らすために機敏に取締役会を開くなどということを提案していただけるのは、非常にありがたいことです。結果として会社の多額の損失を抑えることになるかもしれません。普段あまり意識されることはないのですが、法務部門やコンプライアンス部門の活動に掛かるコストについては、リスクを軽減して損失の拡大を抑えまたは低減に寄与するという意味で必要不可欠な

6　本事案では、事案の概要について取締役会で説明するということになりました。現段階では、取締役会で決議する対象が存在しないので、まずは、発生した事態の説明にとどまることになると思います。

　次に、非常事態に備えた対策をどこまで考えるかという問題があります。本事案では、取締役が、6名で、国外に取締役が存在しないことが前提となっています。仮に、①国外に取締役がいて、時差の関係で取締役会を適時に開けない場合にはどうするのか、②社外取締役がいたとして、その社外取締役が多忙であった場合にはどうするのかなどの問題があります。また、リニエンシーを用いる場合、何ら事前の取決めがなければ、事案の重要性によっては取締役会決議を経るべきことになります。そして、その場合に、適時に取締役会で決議ができなければ、取締役に対する善管注意義務違反の問題が生じます。これを回避するために、実務的には、緊急事態には、取締役会が、法務担当役員、社長、専務等に対し、リニエンシーを用いるという執行に関する部分を委任するなどという決議をあらかじめ行うことなどが考えられます。ただし、取締役会決議は、後日、閲覧が可能な状況に置かれる場合があり（会社法371条）、そうすると、秘匿特権を保持できなくなる可能性があるという問題点があります。法務部門は、議事録を作成する他の部門がある場合には、秘匿特権を保持することができるような記載方法について、他の部門と慎重に協議を行うべきです。

207

第4章　番外編――域外適用編

経費と考えるとよいと思うんです。

　そして、この問題が特に先鋭化するのは、海外子会社ではないでしょうか。海外には、贈収賄規制、個人情報規制など、いろいろな問題があるし、海外子会社の上層部が問題を起こしていることも多いと他社の法務部長から聞くことがあります。

　法務部門・コンプライアンス部門としては、今回のような不測の事態への対応にもっと経費を使えるようになるといろいろな対策を講じることができますし、願わくば、もう少し人員も欲しいところです。

コラム12　住友電工カルテル株主代表訴訟

　本訴訟は、リニエンシーの活用が遅れて多額の課徴金を支払わざるを得なくなったのは、内部統制システムの構築義務を怠ったからであるなどとして、株主から代表訴訟が提起された事案です。この事案では、最終的に和解が成立しましたが（大阪地裁平26・5・7）、和解金は過去最高とされる5億2000万円に上り、社会の耳目を集めました。

　主な争点は、取締役らが、①カルテル防止に関する内部統制システム構築義務違反が問題にされたほか、②リニエンシーに関する内部統制システム構築義務違反があったこと、③実際にリニエンシーを利用しなかった過失が認められるか否かが争点となりました。

　①については、大和銀行事件、ヤクルト事件、ダスキン事件（☞コラム3 ダスキン事件（株主代表訴訟）96頁参照）を根拠として、内部統制構築義務があるということを前提に、どの程度の内部統制システムが構築されていたのかについて、さまざまな証拠が提出されました。②については、2006年（平成18年）1月にリニエンシー制度が施行されたことから、有事に備えた体制作りが必要となっていたという主張がなされました。③については、ある部品についてはリニエンシーを用いることに成功しながら、別の部品ではリニエンシーを

用いることができなかったことが会社の過失であるなどという主張がなされました。

本件では、さまざまな主張や立証がなされたわけですが、最終的には、和解が成立しました。その内容は、「①会社は、従前よりコンプライアンス等に関する種々の施策を講じてきたものであるが、今後はコンプライアンス体制を一層強化すること、②本件カルテルの調査及び再発防止策を策定すること、③調査委員会を設置すること、④会社は右調査委員会に協力を義務付けること、⑤取締役らは、会社に対し、解決金5億2000万円を支払うこと、⑥会社は、解決金をコンプライアンス体制の強化に充てること」というものでした。

本件では、原告および被告がともに判決によるオール・オア・ナッシングの結論を避けたということになりますが、要するに、裁判所が過失の有無について判断できる決定的な証拠が見当たらなかったということになるのでしょう。企業法務の視点からすると、会社に過失がなかったという主張・立証に関し、たとえば、社内教育活動を実施した、社長のコンプライアンスに関するメッセージを出したなどという内部統制システムに関する証拠をそろえるのはさほど難しくはないでしょう。一方で、現にリニエンシーを利用しなかったという事実がある以上、その点について怠りがなかったという立証はなかなか容易ではありません。合理的な資料・根拠に基づき必要な検討をしたうえで、メリット、デメリットを勘案して合理的な判断を行ったということを相当程度客観的に主張・立証する必要があります。

ところで、本件では、和解金額が非常に高額に上ったわけですが、このような、株主代表訴訟による損害賠償に備える保険としては、会社役員賠償責任保険（D&O保険）があります。わが国の標準的なD&O保険では、犯罪行為や法令違反を認識しながら行った行為等は免責とされており、合意制度の適用対象となる特定犯罪を行った役員については、補償の対象とはなりません。したがって、本訴訟のケースに即していえば、会社がカルテルを結んでいたことについて知らなかった役員だけが、D&O保険による補償を受けられることになると思われます。

第4章　番外編——域外適用編

シーン3　取締役会にて

> 　法務部門として、部下AとB部長は、取締役会に報告することをC取締役に進言しました。取締役会の構成員の1名として、C取締役は、臨時取締役会を開催することを社長に提言し、臨時取締役会が開かれることになりました。仮に、C取締役が、部下AとB部長の進言を合理的理由なく無視した場合、会社法上の責任追及をされる余地があります（善管注意義務違反〈会社法423条〉）。
>
> 　部下AとB部長は、取締役ではない5名のメンバーのいる経営会議で事案の報告をしないという判断をしていますが、秘匿特権を保持するという観点から、この判断も適切なものであったと考えられます。以下では、部下AとB部長がどのようなことを取締役会に報告するのかということについて、部下Aが説明をする局面をイメージして記載しています。
>
> 　また、本事例のような場合に、取締役会の決議を常に必要とすると、適宜適切に意思決定をすることができないおそれがあり、社長がその旨の発言をしています。

【B部長】　本日はお時間をいただきありがとうございました。端的にいいますと、当社がカルテルに巻き込まれた可能性があります。これから法務部員のAさんがポイントを説明します。

【部下A】　Aです。パワーポイント1枚目をご覧ください。改めて説明をする必要はないかもしれませんが、今回のような場合、①どこの国の法律が適用される可能性があるのかという問題、②対象製品が何か、どのくらいの売上げがあったのか、そして、③どの程度の証拠があると見込まれるのか、本当に当社がカルテルに関与していたのかどうか、④最後に、他社の状況はどうなのかなどを慎重に検討する必要があります。

　まず、第一に、どの国の法律が適用される可能性があるかというと、今回は、米国と日本、それに欧州です。今回の事件は、すでにご存知のとおりの別件の米国の民事訴訟の証拠を検討していた際に、X営業部長のEメール

210

の中から、競合先のＺ社の営業部長との間に問題のあるＥメールが発見された。ことに端緒があります。Ｘ部長のＥメールには、これらの３国・地域をうかがわせる記載があります。

【専務】　なんと。間違いないのか。

【部下Ａ】　まだ調査中です。営業部長のＸさんにはまだ何も聴いていません。言い方は悪いですが、自分の責任を免れるためにウソを言う可能性がありますので（☞第３章実務対応編64頁参照）、まずは、動かしようのないＥメールなどの内容の精査を行う用意をしています。また、本日、お話することは、取締役の皆様限りでお願いいたします。

【専務】　秘匿特権だったけな。限られた人数だけで情報を共有しておかないと、後々、会社の情報を全面開示しなければならなくなってしまうということだったよな。Ｈ君は、米国の弁護士資格をもっていたんだよな。だから、今回の会話も秘匿特権の対象になるということだな。

【部下Ａ】　そのとおりです。米国についてはそうです。ただ、欧州では、Ｈさんが米国の弁護士であるだけでは秘匿特権の保護を受けることはできませんが。

【Ｂ部長】　この商品の商流は、米国と日本、欧州でよろしかったですよね。

【専務】　今は、インドや南アフリカにも出ているんじゃないかな。

【Ｂ部長】　それらの国々では、今、カルテルの取締りが厳しくなっているところです。Ａ君、大変だろうが、販売時期を見てくれ。インドや南アフリカへの販売時期がＸ営業部長とつながりがあるのかを見なければならないから。

【部下Ａ】　かしこまりました。販売を証明する資料の一部は、紙ベースで山梨県の倉庫にあると聞いています。電子管理を始めた時期等も調べなくてはならないので、営業部門の担当者に、法務部が連絡するということをお伝えいただけますと助かります。

【Ｃ取締役】　それは、私のほうから営業部長ＸさんとＸさんの部下に言っておこう。露骨にカルテルなどと伝えることはできないので、既存の民事訴

第4章 番外編──域外適用編

訟対応などと言っておこう。わが社にとってのリスクを説明してもらえない
か。

【部下A】　はい。まず、Xさん個人の収監ということも考えられます。日本
と異なり、米国では、執行猶予は付かずに、実刑になります。驚きを隠せま
せんが、それが現実です。[7]仮に、Xさんの調査が進んで、Xさんの関与が
明確になった場合には、個人弁護士をXさんに付けなくてはなりません。[8]

　そして、会社については課徴金等の支払が考えられます。金額は、売上金
額と対象期間が明らかにならなければならないので即答できませんが、わが
社の看板商品なので心配です。

【B部長】　A君、他社の動きはどうだ。それを踏まえて、リニエンシーへの
対応などわが社の今後の動き方も考えなくてはならないからね。

【部下A】　本商品の競合は、3社あります。うち1社で今回のXさんとの
メールの相手方のZ社は、別の製品で米国司法省から調査を受けています。

【専務】　アムネスティ・プラスだったな。[9]急がなくてはならないな。

【部下A】　おっしゃるとおりです。もし、今回の製品で調査当局に申告すれ
ば、課徴金の金額などが低くなりますので、Z社は、米国司法省に事実を申
告する動機があります。他方で、各国の捜査当局は、情報を共有しています

7　個人の行為が悪質だと判断された場合、仮に、法人がリニエンシー制度を用いたとし
　ても、当該個人の収監を条件とされる場合もあります。米国で刑事手続が進む場合には、
　個人の収監と法人の責任の減免という利益が相反する局面も存在するということになり
　ます。

8　企業が、個人弁護士の選任に関与することはよくあることです。また、個人弁護士に
　対する費用についても、企業が負担することが多いようです。もっとも、前注のとおり、
　個人と企業も利益が相反する局面も出てくることから、これを疑問視する向きもあり、
　米国司法省（DOJ）も苦言を呈しています（☞第3章実務対応編88頁～90頁参照）。

9　リニエンシーは、刑事罰の免責を受ける制度です。アムネスティ・プラスとは、ある
　事件（第1事件）でリニエンシー申請が認められなかった場合でも、別の事件（第2事
　件）でリニエンシー申請が認められた場合、第2事件での協力を考慮し、第1事件での
　量刑の軽減を受ける制度です。本事例では、Z社の他にもう1社競合他社が存在するこ
　とになっています。Z社以外の競合他社がリニエンシー申請をしたとZ社が考えたと
　仮定した場合、本事例において、アムネスティ・プラスを狙って、リニエンシー申請を
　行う動機が出てくることになります（☞コラム14　リニエンシー制度（米国）を用いること
　による負担223頁参照）。

212

ので、Z社が申告をする場合にはその情報が欧州と日本などにも伝わります。そうすると、米国だけではなく、欧州や日本でもリニエンシーに動く可能性が高いといえるでしょう。[10]

【社長】　この間、新聞で見たんだが、日本にも司法取引制度ができたようだね。

【部下A】　はい。そして、2018年（平成30年）6月に第1号事案、同年末には第2号事案が出ました。われわれ法務部も、日本版司法取引について、外部弁護士を招いて勉強をしているところですが、かいつまんで言うと、正式には、合意制度と呼ぶらしいのですが……（☞第2章制度編18頁等参照）。

【B部長】　さて、今後のアクションアイテム（具体的に何をするか）ですが、本日のお話は、報告議案として、「特定案件に関する報告の件」として、報告事項として取締役会議事録に残します。こうすれば、秘匿特権に関することを気にしなくてよいですからね。

【H取締役】　報告事項の内容として、「特定案件に関する報告の件」とだけ残せば、仮に、将来、取締役会議事録の開示が認められても、具体的な内容がわからないから、秘匿特権が放棄されることはないということになるね。[11]B君、よく覚えていたね。

【社長】　ところで、前の時もそうだったけど、他社の動きによっては、全てが全て、取締役会で決議しなければならないとすると出遅れてしまうし、出遅れたケースでは、実際に取締役が責任追及された、そういう事案があったね。

【B部長】　そうです。さすがによく覚えていらっしゃる。

10　国際捜査共助と呼ばれる制度のほか、各国の取締当局は、互いに連携して捜査・調査を進める傾向にあり、必要な情報を共有しているので、事実上、ある企業がリニエンシー申請を行った場合には、当該国以外の国も、同等の情報を有していると考えたほうがよいでしょう（少なくとも、そのように考えて行動をとるほうが企業法務のあり方として適切であるといえます）。リニエンシー申請を行う際には、必ず、適用可能性のある法令と実務を理解しなければならず、この判断を誤ると、文字どおり、木を見て森を見ずという結論になりかねません。

11　コラム13　秘匿特権215頁参照。

第4章　番外編──域外適用編

【社長】　では、緊急時には、私とC君、H君で会社としての意思決定を行うことを許容するということでよいかな。

【取締役全員】　異議なし。

【B部長】　では、A君、今の議論を議事録として残してくれ。

【部下A】　「特定案件に関し、何らかの事態が生じた場合には……」などと記載して、将来取締役会議事録が開示されたとしても、秘匿特権が放棄されないとするような書き方をします。

【H取締役】　そして、私がいるので、議事録にも秘匿特権が働く事案であるということを明示してくれ。できれば、それが、本日の他の議案と区別できるようにしておいたほうがよいのではないか。

【部下A】　承知いたしました。

【C取締役】　みなさん、この件は、予算と人員が必要な案件です。弁護士費用、外部ベンダー費用、それと、対象者の数によっては、何人か担当者の増員もお願いしたいところです。

【社長】　わかった。C君に任せる。

　日本版司法取引（合意制度）が導入されたことはわかったし、最近、著名な事件も起きているから、私たち自身もいろいろと専門家に聴きたいところだ。ところで、日本版司法取引（合意制度）ができたことで、会社が意思決定を行うにあたって留意する点はあるのかな。この点に関して、次回までに、わかりやすい説明をしてもらえないか（☞第3章実務対応編91頁参照）。

　それと、今回の調査の進捗があったところで、適宜、報告をしてほしい。C君とH君が取締役になったのは、調査、報告を適切に行ったことと、リスク軽減策に関して、リーダー的な役割を示したことが評価されたものだ。B君、頼んだぞ。バランスのよい解決策を客観的なエビデンスとともに示すことは、純利益を増やしていくことと同じだ。リスクを減らして無用な損失を防ぐため、どこで金と人員を使うのかについて、しっかり考えなくてはならない。そして、そのリスクたるや、数百億円単位になりかねないし、レピュテーションリスクも生じるとなると、君たちのような法務人材をうまく育

214

シーン3　取締役会にて

てていかなくてはならないと考えているよ。

【B部長】　ありがとうございます。精進いたします。

コラム13　秘匿特権（Attorney-Client Privilege）

　秘匿特権とは、弁護士と依頼者の間の自由なコミュニケーションを保障するために認められているものです。たとえば、依頼者が、弁護士に真実を話したと想定します。その依頼者と弁護士のコミュニケーションの内容を示す資料等を捜査機関が差押えをすることによって、その全てを知ることが可能であるという法制度であった場合、依頼者は、その結果を恐れ、そもそも弁護士に真実を話そうという気にならない可能性があり、ひいては、実質的に、依頼者による弁護士選任権を阻害することになりかねません。欧米では、このような結論を否と考え、秘匿特権が広く認められているようです（もっとも、わが国でも、実質的に秘匿特権を認める動きがあると報道されていますので、今後の動向に注意が必要です）。

　秘匿特権は、弁護士と依頼者とのコミュニケーションを保護する制度ですので、当然のことながら弁護士の関与が不可欠となります。

　この点に関し、社内弁護士で足りるかという論点があり、米国においては、社内弁護士と依頼者（会社の従業員）とのコミュニケーションでも秘匿特権の保護が及ぶとされていますが、欧州においては、社内弁護士では足りないとされています。

　また、秘匿特権は、弁護士が法律専門家として活動した場合のみ依頼者との

※　公取委では、新たな課徴金減免制度（裁量型課徴金制度）をより効果的に機能させるための取組みとして、関係人とその弁護士との間のコミュニケーション、すなわちさまざまな連絡・相談を行った文書について、たとえば、公取委規則で、直ちに押収せず一定の保護を与えるという方針を示しています（①企業への立ち入り検査の際、企業側が「この文書は弁護士とのやりとりが記載されている」などと主張すれば、その場で封筒に入れて封印し、②検査を担当する審査局以外の公取委職員が内容をチェックし、実際に弁護士とのやりとりだと確認されれば企業に返還するといったしくみ）。

215

第 4 章　番外編——域外適用編

コミュニケーションを保護しており、その他の役割を担う場合にはそのコミュニケーションは保護の対象とはなりません。また、法的助言を受ける目的のためになされたコミュニケーションのみが保護の対象となります。たとえば、弁護士が依頼者から聴取した内容をメモした手帳などは、法的助言を受ける目的のためのコミュニケーションと言えなければ、秘匿特権の対象とはなりません。もっとも、この場合には、弁護士が職務中に作成した文書の類であることから、訴訟を予期して作成されたものである場合には、ワークプロダクト（The work-product doctrine）という別の法理で聴取内容自体の秘密が保持される余地はあります。

　さらに、秘匿特権で保護されるためには、コミュニケーションの内容の秘密が保たれてなければならないので（保秘性）、多数の従業員が知っている可能性のある内容であってはなりません。最もありがちな落とし穴は、多数の従業員を CC に入れた E メール送信をしてしまうということでしょう。また、弁護士または依頼者でない第三者（外部専門家等も含まれます）が同席してなされたコミュニケーションや、コミュニケーションが後で第三者に伝達された場合には、保秘性は失われ、秘匿特権は放棄されたものと判断されます。

シーン 4　現場の理解を得るために

　法務部の部下 A と B 部長は、上層部の許可を得て内部調査を開始することができました。以下では、具体的な内部調査の進め方を記載しました。上層部に対して十分な根回しをした法務部員 A が、社内の協力を得ながら地道な調査を進めていきます。

【部下 A】　こんにちは。本社法務部の A です。こちらは、本社営業部で、X さんの部下の I さんです。

【山梨倉庫管理担当】　いやいや、こんなところまでお疲れ様です。なんせ、ここには、山梨名物の「ほうとう」くらいしかないようなところで。

シーン4　現場の理解を得るために

【部下A】　この度は、こちらこそ、無理なお願いをしてしまって申し訳ありません。実は、本社の米国民事訴訟対応で、こちらの倉庫に保管されている資料を見せてもらう必要があり、参上しました。法務担当役員のCさんからも連絡が来ていると思います。

【山梨倉庫管理担当】　はい、来ております。私のほうでも関係する記録を探してみたところ、倉庫の奥のほうにあるのを見つけました。写しなどはとられますか。

【部下A】　はい。できれば、コピーをとることのできるお部屋を貸していただければ。

【山梨倉庫管理担当】　はいはい、用意していますよ。

──部下AとIは記録を読むために部屋へ移動した。

【部下A】　Iさん、この伝票の意味は。

【営業部I】　この番号は、「……という意味で、これだと……という国へ、……という数量が、……ドルで出ている」という意味です。

【部下A】　この伝票は、少し違うようですが。

【営業部I】　そうですね。当時の担当に電話して尋ねてみます。

　──Iが当時の担当者に電話で確認

　Aさん、わかりました。こっちは、前の伝票と違って、……という意味だそうです。

【部下A】　ありがとうございます。これで大分わかってきたぞ。後はどのようにこれをわかりやすく整理したらよいか。いったん、私のほうでまとめますので、Iさん、後で、私の作ったものを見ていただいてもよろしいでしょうか。

──後日──

【B部長】　A君、I君と「ほうとう」を食べに行った後、ブドウも買って帰ったようだね。

【部下A】　はい。その後、電車を1本逃してしまって、2時間待たなくてはいけなかったところを山梨倉庫管理担当の方に甲府駅まで送ってもらってし

217

第4章 番外編——域外適用編

まって。

【B部長】 ブドウどころかブドウ酒もI君と飲んだそうだね。I君とも話がはずんだだろう。

【部下A】 はい、国産ワインを飲みすぎてしまって。

【B部長】 これから先、営業部には、事情聴取などをお願いすることになる。I君は、あちこちに気が利くし、顔も広い。今回、A君が、I君とたくさん話をしたことは、今後のために、とてもよいことで、これからの仕事がとてもやりやすくなる。

　法務部門は、物を売ることはなく、お金を使うだけのコストセンターだと批判されることもあるけれども、法務部門も営業部門もわが社のために働いているという点では同じだ。われわれ、間接部門の人間も、その思いを営業部門などに伝えればいいんだ。今回は、その思いをうまく伝えることができたようだね。

　また、とにかく、こういう場合には、現場の人にうまく甘えるのがコツだ。現場の人とのコミュニケーションがうまくいかないと、法務部は、ただの嫌われ者になってしまうから、しっかりとこの調子でやってくれ。

【部下A】 わかりました。

【B部長】 そして、どんなに遠方であっても、証拠物はできる限り実際に自分の目で見て確認すること。今回は、遠方にわざわざ出向いたことで、I君との信頼関係もできたようだし、本当によかった。遠方に行ったことで時間を使ったかもしれないが、I君というキーパーソンと知り合えた。そして、今後、営業部門の誰かを調べる必要が出てきた場合には、I君に口を利いてもらえばよい、こういうことを繰り返すことで、結果的に、大きな時間を節約できるし、I君から法務部門に対し貴重な情報を提供してもらえるかもしれない。とにかく、一つ一つ丁寧にやっていこう。

【部下A】 はい。

シーン5　証拠の評価——弁護士との話合い

シーン5　証拠の評価——弁護士との話合い

> 　部下Aは、Iの協力のほか、Iの同僚らの協力を得て、対象製品がどの国に、どの程度の量を、どのくらいの価格で売られていたのかについてエクセルシートに入力し、これを自己のパソコンの中に保存をしました。このような物理的な作業を行うと同時に、部下Aは、すでにIが自己のパソコン内で管理をしていた売上げ一覧表をEメールで受領しました。
>
> 　前者のデータも、パソコン内に取り込んだことによって、電子データとなり、後者のデータと同様の取扱いがなされることになります。具体的には、ディスカバリなどの対象となり、これらの数値は、損害賠償の金額の前提となる極めて重要なデータとなりますので、間違っても破棄したり、改ざんされたりすることがないよう、厳重に保全しなければなりません。前者のデータに改ざんを加えると賠償額を抑えられますので、原本と違うデータを入力したいという誘惑に駆られるかもしれませんが、このようなことは絶対にしてはなりません。刑事上は証拠隠滅罪の成立が考えられますし、民事上も、企業ぐるみで証拠隠しをしたということを消極的に評価され、米国法上の「三倍賠償」の根拠とされるおそれもあります。

　以下では、部下Aが根気強く集めた証拠を基に、弁護士との会話が始まります。

【B部長】　先生、ご無沙汰しております。

【弁護士】　ご無沙汰しております。前にお目に掛かったのは、確か7年前でしたか。米国のカルテルの案件であったと記憶しています。

【B部長】　はい、そのとおりです。こちらはAです。そして、今回も、ご相談内容はカルテルなんです。

【弁護士】　なんと。

【B部長】　対象製品は別の製品で、競合他社のうち1社は、米国司法省の調査が入っています。今回の件は、Aが別件の米国民事訴訟の対応をしていた時に、当社の営業部長が他社と談合をしているような内容のメールが見つ

219

第4章　番外編——域外適用編

かったことがきっかけです。

【弁護士】　対象国はどこになりますか。

【部下A】　売りが立っている場所は、米国、欧州、インド、南アフリカ、中国です。

【弁護士】　困りましたね。せっかく社内での教育活動を始めておられたとお聞きしていたのに。

【B部長】　はい。そうなんです。せっかく競合他社との接触の際のルールを決めて、それをチェックし、そのための社内規則の改定や行動憲章の改定として取り組んできたところでしたのに。

【弁護士】　確かに残念なことですが、そのような取組みは決して無意味ではありません。仮に、カルテル違反が米国で刑事事件となった場合には、そのようなコンプライアンス整備の取組みをしていたことは、連邦量刑ガイドライン（☞コラム8　米国の連邦量刑ガイドライン179頁参照）によれば、有利に考慮される要素になります。[12]

　また、米国のFCPA（海外贈収賄防止法）の事案ですが、中国の役員が中国の公務員に贈賄をしてしまったケースで、その会社が過去に従業員などに反復継続して研修などをしていたことを評価して、当該贈賄行為を会社としての違反行為としてとらえるのではなく、当該贈賄行為は、当該個人の犯罪行為であるとした事案もあります。[13]今回も、もしかすると、そういうことを主張するための一要素には必ずなりますので、日頃からの教育活動は重要で、意味がないことにはなりません。

【B部長】　最近、日本企業が米国司法省を相手にした訴訟で日本企業が勝訴したという事案も出たと聞いています。あれは、特殊なケースであったとも[14]

12　〈www.ussc.gov〉参照。売上額を基準にして、違反行為を防ぐ体制の有無、過去の犯罪歴、調査への協力等によって実際の罰則が定められる。

13　〈https://www.justice.gov/opa/pr/former-morgan-stanley-managing-director-pleads-guilty-role-evading-internal-controls-required〉

14　日本経済新聞2018年（平成30年）1月21日付け「米カルテル裁判で日本企業に無罪　捜査手法に一石」。

聞いていますが、今回、わが社で、無罪主張をすることなどはできないでしょうか。

【弁護士】 いえ、あの事件は、特殊でも何でもないと私は思っています。あの事件では、徹底的に内部調査を行い、証拠構造をつかんだうえで、米国司法省と交渉を行い、その過程でおかしいと感じた部分があったから正式裁判に挑んだというもので、普通の事件と何も変わりません。米国司法省の起訴の仕方が「おかしい」ということを、弁護士と当事者が感じることができるほどに十分な調査を行ったというところが着目されるべきです。

　私も米国の事件で、米国の弁護士に勧められるがままに司法取引を行い、その後に、大きな負担を被ることになった日系企業の方からいろいろと聞いています。場合によっては、リニエンシーや司法取引を利用したことがかえってコストを膨らませることになったのではないか、日系企業は、安易に司法取引に応じすぎてきたのではないかという声すらあります[15]。

　これまでは、米国司法省から調査を受けた場合、日系企業は、司法取引という選択肢しかないような考え方をしてきたと思います。これは、日本企業が米国司法省を相手に正式裁判に挑んだという先例がなかったこと、正式裁判になって有罪になった場合のサンクションが大きいということを聞いてきたからでしょう。しかし、企業として、内部調査を行って、それで無罪であると確信した場合には、やはり戦ってよいのです。私は、企業法務担当者から、「本当は、当社は、（犯罪行為を）やっていないのだけれども、戦っても無駄だから何もしなかった」ということを聞くこともありますが、戦った場合と戦わなかった場合のそれぞれのリスクと見込みを考えていくべきではないかと思っています[16]。

【B部長】 当社も前の事件の時に、米国司法省から召喚状が届き、内部調査を始め、先生と相談をしながら話を進めました。そして、司法省とやりとりを重ねていくうちに、いつのまにか、司法省から質問がこなくなりました。

---

15 〈https://www.jftc.go.jp/kokusai/kaigaiugoki/usa/2016usa/201608us.html〉刑事事件で無罪の判決が出た場合には、民事事件にも有利に影響を及ぼすことは当然です。

第 4 章　番外編——域外適用編

　米国の弁護士に正式な捜査終了書面を欲しいと頼んだものの、結局もらうことができず苦々しましたが、その後、何も起こっていない、こういう流れでした。すでに司法省は、全く別の調査を開始しているので、当社の事件は終わったと理解しています。

　これは正式裁判にはならなかったわけですが、先ほどの日本企業の事件と同様に司法取引に応じなかった当社が勝ったと思っています。もっとも、その後、民事訴訟が続いてしまい、この点が改善できないかということを現在の経営陣から言われていますが……。

【弁護士】　いろいろなケースがありますけれども、どんなケースでも、徹底した内部調査を行うことが必要です。おざなりな調査でいい加減な事実しかつかめていないということでは、最終的に争うかどうかは別として、およそ会社として正しい意思決定をすることなどできません。しっかりした事実調査を踏まえた事実関係を基に、次のステップを考えていくことが間違いのない進め方です。

【B 部長】　ありがとうございます。

　今日は、日本版司法取引（合意制度）が導入されたことによってどう考えればよいかと思いまして、先生のところに来たという次第です。

【弁護士】　基本的には、これまでの実務とそんなに変わらないと思います。内部調査をして事実を確認し、その後に、リニエンシーや日本版司法取引（合意制度）を利用した場合としない場合とを比較して、どのように対応すれば、会社にとってプラスになるのかということを総合的に考えるということになります。

【B 部長】　取締役会へ報告をするときには、これらの制度を用いると、どの

16　たとえば、本事例で仮に刑事裁判となってしまった場合、無罪となる証拠があるのか、米国司法省が有罪と考えるに至った証拠は何かを推測し、当該証拠を覆すような準備ができるのかなどということを検討して、米国司法省と裁判で戦えるか否かということを検討すべきです。その結果、戦えるかどうかという見込みや、米国司法省との裁判に負けた場合と勝った場合のリスクを考えた結果を取締役会に提示するということを目指すべきです（米国の刑事訴訟は、日本の刑事訴訟手続よりも、無罪判決が出る確率が高いという事実もあります）。

くらいの損失があるのかどのくらいの損失防止につながるのかということをよく質問されます。場合によっては経済学者のお知恵をお借りする必要もあるということを以前教えていただきましたが、日本版司法取引（合意制度）の場合はどうでしょうか。

【弁護士】　基本的に変わるものはないと思います。会社の利益や損失は何かということを比較対照する作業を行うことに変わりはありません。その具体的な算定をするにあたり、日本のことも考慮に入れるというということではないでしょうか。

【部下A】　先生、それを怠った場合、取締役に善管注意義務違反が生じるという点も変わらないと思いますが、それでよろしいでしょうか。

【弁護士】　はい、そのとおりだと思います。

コラム14　リニエンシー制度（米国）を用いることによる負担

　米国のリニエンシー制度を用いることによるメリットは、刑事罰を受けないということです。

　このこと自体は、間違いなく、企業にとって、刑事罰によるマイナス効果を避けられることにはなるのですが、リニエンシー制度を用いることによる負担も少なくありません。

　まず、捜査当局に対する協力を継続していかなくてはなりません。たとえば、追加の文書の提出や、新たに聴取事項が出てきた場合に、その事情聴取に応じなくてはなりません。多くの場合は、法務部門担当者がこの対応にあたることになるでしょうが、日常的な業務のほかに、捜査当局に対する協力を継続することはかなりの負担となります（調査に協力しないと、リニエンシー制度を用いたことによるメリット、つまり刑事免責という効果を剥奪されかねません）。

　次に、レピュテーションリスクは、リニエンシー制度を用いたことによっても消えることはありません。つまり、いくら1番に捜査に協力をしたからとい

第 4 章　番外編——域外適用編

っても、リニエンシー制度を用いる前提となる行為に関与していたという事実自体は打ち消すことはできないのであって、社会からは、当該会社が犯罪行為に関与していたという目で見られ続けることになります。場合によっては、他社を売る汚い会社であるといううがった見方をされるかもしれません。

　さらに、民事訴訟の負担があげられます。仮に、カルテル行為があったと想定すると、民事訴訟の原告としては、カルテルの直接の被害者であるメーカー（B to B ということになります）のほかに、カルテルの間接的な被害者として当該メーカーが製作した完成品の購入者等がクラスアクションを提起することが通常です。クラスアクションは、米国で訴訟を提起された場合、州ごとに提起される可能性もありますので、最悪の場合には、50州から訴訟提起をされる可能性があります。また、米国においては、刑事処分が決まらないうちに、クラスアクションが早期の段階で提起される傾向があります。民事訴訟においては、米国では、広範なディスカバリが認められていますので、ディスカバリ対応のために相当程度の費用と人員を費やさざるを得ません。

　加えて、一つの国でリニエンシー制度を用いたとして、他の国々にも商流がありその法律の適用可能性がある場合には、当該国々においてもリニエンシー制度を用いるかどうかの検討をする必要があります。そこでは、上記に述べたような全ての点を考慮しなくてはなりませんので、事態は、さらに深刻なものとなるといわざるを得ません。

　以上のように、リニエンシー制度を用いるか否かについては、さまざまな点を考慮し利害得失を踏まえた総合的な政策判断が必要となりますので、そのビジネス・ジャッジメントを行う主体である取締役会にいかなる事実とエビデンスを提供するかということこそが法務部門に求められている役割といえるでしょう。

　2017年11月、日系企業等が米国司法省から正式起訴されたものの〈https://www.jftc.go.jp/kokusai/kaigaiugoki/usa/2016usa/201608us.html〉、陪審裁判で無罪を勝ち取ったケースが出ました。同事件では、民事訴訟も提起されていましたが、この民事訴訟についても、非常に有利な形で事件が収束したとのことです。法務部員としては、一概にリニエンシー制度を用いるというのではな

く、このような事例が存在することも考慮し、適切なビジネス・ジャッジメントを取締役会に求めるべきです。むろん、証拠関係を総合的に考慮し、無罪の見込みがあるのかどうか、無罪を争う価値のある事件かどうかの見極めは不可欠であることはいうまでもありません。

シーン6　弁護士選定

　　部下ＡとＢ部長は、過去に案件を依頼した弁護士に、日本版司法取引（合意制度）の導入が実務にどのような影響を与えるのかについて質問をしました。

　　結論としては、徹底した内部調査を行い、証拠がどの程度あるのかということや、どのくらいのリスクがあるのかを調査し、会社にとって何が一番プラスになるのかということを取締役会で検討することに変わりがないとのアドバイスを受けました。

　　そして、部下ＡとＢ部長は、社内で行ってきた教育活動が重要であったことを再確認し、安堵をしました。次のステップは、弁護士を選任する過程です。どのような弁護士にどうやってお願いをしていけばよいのでしょうか。

【部下Ａ】　部長、今後、どうやって弁護士を頼んでいくのですか。

【Ｂ部長】　まず、売上高からすると、米国弁護士は必要だね。欧州はどうするか。売上げは少ないんだよね。だけど、欧州の弁護士の単価はなかなか高いからね。それぞれ別の弁護士事務所を雇うということもあり得る一方で、欧州と米国の双方に拠点のある事務所に頼むのというのもあり得るね。ただ、そういう事務所は単価も高いし。

　特に、今回は、前回と違ってＨ取締役がいつもいるわけではないので、米国弁護士の存在は、秘匿特権を維持するためには必須だね。

【部下Ａ】　やはり、こういう場合は、世界的に著名な事務所のほうがよいのでしょうか。

第4章 番外編──域外適用編

【B部長】 それも一つの考え方だが、私は、個々の担当弁護士の資質・能力の問題がより重要だと思う。どんなに有名な法律事務所でも、実際の担当弁護士のスキルが足りなかったり、コミュニケーションがうまくとれなかったり、会社のニーズを理解してくれなかったりするような場合には、非常にストレスを感じることになるからね。そういう場合には、率直に、パートナーにその旨を伝えたほうがよいね。

【部下A】 有名な事務所だと、優秀な弁護士が多いのではないですか。

【B部長】 そういう優秀な人も確かに多いと思う。ただ、これからは、会社がどうやって弁護士を使っていくのか、そういうことを戦略的に考えていくべきだと思う。弁護士だからといってみんながみんな優秀なわけではなく、中には、残念ながら、会社というものがどういうものかわからない人もいらっしゃる。

　ある会社にとっては、あの弁護士がよいけれども、別の会社にとってはその弁護士はよくないこともある。相性というか、何というか。おっと、脱線してしまったね。

【部下A】 いえ、私が前に勤めていた会社でも、二人、インハウスの弁護士がいて、今、部長がお話されたようなタイプが両方いたことを思い出しました。

　結局は、人と人なのでしょうか。

【B部長】 たとえば、法務部員の集まる会合の場で、いろいろな弁護士の情報を聴くのも一つの手だね。ただ、間違ってはいけないのは、ある人からもらう情報が全てというわけではないことだ。つまり、A君にとってよい弁護士でなくてはならないということだ。君にとってよい弁護士でないということは、わが社にとってもよい弁護士とはいえないからね。

【部下A】 わかりました。ただ、米国の弁護士はどう探したらよいのですか。

【B部長】 いろいろあるよ。たとえばH取締役に尋ねてもよいし、私にも伝手がある。法務部員の会合で情報収集してもよいし、日本の弁護士に紹介してもらうこともできるし、ディスカバリのベンダーだって弁護士を知って

226

いる。

【部下 A】　ベンダーですか。

【B 部長】　そう。実は、弁護士を探すこととベンダーを探すことは、同時に行ってもいいんだ。最終的に、ベンダーと弁護士が協働できればいいのだから。積極的に相見積をとっても構わないよ。ビジネスマナーを守っている限りは。

　ただ、問題なのは、相見積をとって、安いところを選ぶというのではなく、まず、その予算で何ができるのか、何を目的に調査をしているのか、どういう成果物が必要なのか、そして、何よりも、A 君と会社にとってよき理解者、協働者になれるのかどうかということを見なければならない。

　よい弁護士を雇って、よいベンダーを雇って、そして、こちらも、気持ちよく信頼関係を築いた仕事ができる環境を作る、そうしたことによって、よい成果物を作ることができるはずだ。

【部下 A】　そうすると、今回は、カルテルで、数字が出てくるので、会計や経済学に精通した弁護士がよいということになりますか。

【B 部長】　数字が出てくるといっても、今回の場合は、損害額の算定のところだよね。損害額の算定はそこまで複雑ではない。たとえば、お金の出入りがどうなっているのかがわからないような不正会計の場合には、そういう数字に強い業者か弁護士を雇わなくてはならないけれども、今回はそうではない。そういうところは、とかく費用が高くつくんだよ。ところで、X 営業部長はコンピュータには詳しかったっけ。

【部下 A】　いえ、メールは、秘書が管理していて、本人は機械には疎いです。

【B 部長】　それならば、メールを隠匿することもないだろうから、フォレンジックの作業をしてデータを復元する必要はないな。

【部下 A】　そういう前提で、ベンダーと弁護士のリストを作ってみます。

【B 部長】　日本と米国、欧州はどうするか。ここの問題も入れたうえで、見積依頼をしてみてはどうかな。

　これは、恋人を探すようなものだから、A 君、しっかりと頼むよ。

227

第４章 番外編——域外適用編

【部下Ａ】 はい。任された以上は、しっかりとした恋人を探します。

【Ｂ部長】 今回のように、複数の国で調査が必要な場合には、秘匿特権の問題と、ベンダーとの関係など、国内だけの事案とは異なるから、しっかりと選んでくれよ。

シーン７ 調査の結果

　部下Ａは、幸いにも、親身になって相談に乗ってくれる米国の弁護士を見つけることができました。部下Ａは、対象製品が、日本と米国で相当数の売上げがあることから、当面は、日本と米国の弁護士に依頼することにしました。

　部下Ａは、インターネットなどでリサーチをした結果、米国では、①法人が１億ドル以下の罰金、②個人が10年以下の禁固刑または100万ドル以下の罰金、欧州では、③高額の制裁金、日本では、④法人が５億円以下の罰金、課徴金、⑤個人が５年以下の懲役または500万円以下の罰金の可能性があることがわかりました。部下Ａは、Ｘ営業部長のパソコンの中にあった文書を解析する作業も同時に行いました。その結果をＢ部長と日米の弁護士とともに話し合うこととなりました。

【Ｂ部長】 Ａ君、あれから、２週間、調査の進捗はどうかな。

【部下Ａ】 はい。文書解析は、半分くらい終わりました。その結果、こういう文書が出てきました。

【Ｂ部長】 弁護士はどう言っているのかな。

【部下Ａ】 ちょうど、テレビ会議をすることになっていますので、少しお待ちください。

——（米国弁護士が参加）喧々囂々の話合い

【米国弁護士】 こういうことですので、仮に、この前提が間違いないならば、米国で刑事事件になってもおかしくないし、民事事件にも当然なり得ます。日本法の下ではどうですか。

【日本弁護士】 はい、日本も同様です。

228

シーン7　調査の結果

【部下A】　そうすると、その前提が間違いないかどうかを調べることが重要になりますね。そのためには、X営業部長から事情を聴くことになりますね。

【日本弁護士】　そうです。ここからは急がなくてはなりません。競合のZ社が、米国で別事件の調査を受けているようですので。

【部下A】　ただ、この文書の前提となっている、この部分が、仮に、お互いをだまし合っているような形の金額を出しているならば、カルテルでも何でもないですね。つまり、意思を連絡して、価格をつり上げているというわけではなく、単に相手をだましているだけということになりますね。

【日本弁護士】　そうですね。これにひもづくような他の証拠はないですかね。クライアントからの見積依頼に対する回答をこの後に出しているのですが、ここでX営業部長が出している金額が、どうも不自然で。見積依頼の金額とX営業部長のEメールとの間に整合性が全くないのです。もしかすると、競合他社には高い値段を告げることによってだまし、実際の見積依頼では安い値段で出し、それらの競合他社を出し抜いているのかもしれませんね。

【B部長】　A君、こういう事実の確定の問題のほかに、同時並行で、刑事の罰金額の算定をしてくれ。それと個人の収監の問題もあるから、慎重に確認してくれよ。

　どういう結論になりそうかをしっかりと計算したうえで、取締役会に報告するから。

【部下A】　承知いたしました。

——後日、日米弁護士の立会いの下、X営業部長の事情聴取が行われた。

【米国弁護士】　Xさん、私は、米国の弁護士で、会社のための弁護士です。これからあなたから事情をお聴きいたしますが、言いたくないことは言わなくてよいですし、あなたが弁護士を個人で付けたい場合には、そのようにおっしゃってください。[17]

17　このように個人の手続と法人の手続を分離することや、以後の手続の流れなどについての説明を行うことは重要なことです。「アップジョン」とも称されます。

229

第4章　番外編——域外適用編

　仮に、あなたが、米国で起訴された場合、あなたには二つの選択肢があります。その一つが米国に行って裁判を受けるという選択肢です。米国では、陪審員による裁判が行われます。仮に有罪になって実刑判決が出た場合には、米国で収監されます。あまりうれしい話ではないでしょうが、仮に有罪と思われる場合には、収監される場所についても司法取引をすることができ、暖かい場所で収監される実例が多いようです。

　別の選択肢は、日本にとどまって、米国の裁判を受けないというものです。この選択肢による場合、収監されるリスクはないのですが、日本にとどまる¹⁸必要があるので、海外旅行・出張など出国できなくなります。¹⁹実は、日本では、この選択肢を選ぶ方も多く、米国司法省などはこのような対応を批判しているところではありますが、これは個人の自由です。会社は、これとは別に、何らかの人事処分や懲戒処分に付することもあります。昔、人事部長をされていたX部長にはおわかりのことだと思います。

　——その後、弁護士たちによるX営業部長の事情聴取が続く……

シーン8　資料の作成

　部下Aは、一定程度の内部調査が進んだことを取締役会に報告する資料を作成することをB部長に命じられました。部下Aは、事実の確定の問題（X営業部長が本当にカルテルに関与をしていたのか）に頭を悩ませつつも、会社にとって最大のリスクは何かということを示すために、事実の問題とは別に、損害に関する資料の作成を始めました。

18　日米犯罪人引渡条約は、犯罪人を引き渡さないことができる例外的な場合として、自国民である場合を規定しています。つまり、日本政府は、自国民である日本人を引き渡さないことができると定めており、日本政府の裁量によって、日本人を国外に引き渡した事例もこれまでのところ存在していません。

19　ボーダーウオッチングといって、特定の犯罪人が国外に出た場合に、その犯罪人を逮捕することができるような措置を講じていることがあります。仮に日本国外で逮捕された場合には、米国で裁判を受けることとなり、本文中の第1の選択肢と同じ結論となります。

230

シーン8　資料の作成

【部下A】　さて、資料を作りますか。まず、売上額を見てみます。販売時期は、米国、欧州、日本も、2001年からと。売上額が毎年、欧州では1年に50万ユーロ、米国には2000万ドル、日本は1億円か。今年が2019年だから、今年までの金額を入れてみることにして。日本は、課徴金が過去3年間に限定されているから3億円、うちの会社は小売だから小売業に適用される乗率3％を掛け合わせると。欧州は、3年を上限にするなどという制限はないから、50万ユーロに18年間分の18を掛けて900万ユーロか。これに30％とされている上限の乗率を掛ける。今回は、欧州では以前の犯罪歴がないから、これが基本額となる。上限が総売上げの10％だから、大体、10％になってしまう。

　日本と米国の場合は、罰金があるけど、米国のほうはちょっと複雑だな。米国での売上額をベースに、連邦量刑ガイドラインの基準をあてはめてみよう。そうすると、2000万ドル×18年＝3億6000万ドルに、どのくらいの金額を掛けるか。まず、わが社のコンプライアンスプログラムが評価されると3ポイント減算されるけど、今回の場合に、どのくらい米国司法省に評価されるか、ここは評価の問題があると。[20]

【B部長】　ふむふむ、A君、刑事罰と欧州の制裁金については、よくできていると思う。ありがとう。次に、ベンダーと弁護士の費用の見積りをしなければならないけれども、これは、どの程度、争うかによるから、1年ごとのコストの概算を出し、少し多めに見積もっておけばよいね。この費用を、営業部門が出せるかどうかは、X営業部長にも聞かなくてはならないね。[21]

　次は民事訴訟、こちらは、あまり予測ができないけれど、現在使っている日米の弁護士にそのままお願いするかどうかは別の論点だね。

【部下A】　え、同じ弁護士にお願いするのではないのですか。

【B部長】　もちろん、そういうこともある。ただ、あまりにもささいなと言

20　連邦量刑ガイドラインについては、〈www.ussc.gov〉を参照。

21　法務部の多くは多額の予算の配分を受けることはありませんので、有事対応の経費を全て法務部の予算で賄うことはできません。そのため、具体的な費目に応じ、どの部門がどのくらいの予算をあてるのかについて、あらかじめ、経理部門など関連する部門と事前に打ち合わせをしておいたほうがよいでしょう。

231

第 4 章 番外編——域外適用編

っては何だけれども、言いがかりのようなクラスアクションもある。そこまで今の弁護士にお願いをすると費用倒れになるかもしれないから、バックアップの弁護士を考えるのも一つの手だ。もちろん、今の弁護士が、最有力であることに変わりはないけれども。

【部下 A】　承知いたしました。確かにクラスアクションについては、同じ弁護士を使うべきかどうかという議論があったことを他の法務の人から聞いたことがあります。コストの問題と言えば、民事訴訟については、米国ではディスカバリのコストを考えなくてはならないんですよね。

【B 部長】　そのとおり。ディスカバリは、米国では非常に広い範囲で認められているからね。この点は、日本でも欧州でも、米国のディスカバリの範囲が広すぎると批判がされるくらいだからね。

　ディスカバリについては、原告の要求に対し、被告サイドとして文書でその要求は広すぎるなどという形で絞ったり、AI を用いた文書解析で絞り込んだりするんだけど、どこの段階でもコストが掛かる。

【部下 A】　最近、米国では、E ディスカバリが盛んであると聞きました。

【B 部長】　そう、現在、企業は、ほとんどの情報をコンピュータに入れて管理しているからね。現在は、従来のように紙ベースではなく、データ（電子情報）が中心になっているから、たとえば、検索ワードや AI を使うことによって、レビュー（確認・精査）作業は格段に早くなったけれども、なにせ量が膨大になってしまっているので、作業に伴う時間もコストも掛かるよね。

【部下 A】　余談かもしれませんが、個人の SNS とか、ボイスメッセージはどうなのですか。

【B 部長】　全てディスカバリの対象となるようだ。言葉は悪いが、会社のコンピュータなどを使わなければカルテルなどの悪事を働いてもばれないと考えている人がいるかもしれないが、それもディスカバリの対象となるのであれば、意味がなくなるね。

【部下 A】　そうすると、会社にとって、保存をしなければならないデータが多くなりすぎて、ものすごい負担になるのではないですか。

シーン8　資料の作成

【B部長】　それは、文書管理規程[22]と同じように考えればよいのではないかな。文書管理規程を合理的に作って、たとえば、文書廃棄の期間を、Eメール受領後の6か月にする。その後、これをしっかりと各部門に伝達し、適切に運用する。そうすると、廃棄することが正当化される。

　加えて、私的なデバイスで、会社に関することをやりとりすることを禁止する、または、使用できるデバイスを制限し、各部門にその旨伝達し適切に運用する。そうすると、会社としては、少なくとも、そのような運用の実情を主張することはできるし、実際に正しく運用しておけば、ディスカバリに関するルールに違反することはないと思う。

【部下A】　勉強になりました。私も他の法務部員などに尋ねてみます。

　さて、民事の問題もこの程度で、費用は捻出できますよね。

　後は、損害賠償と和解の話ですね。勝ち筋であるかどうかにもよりますが。

【B部長】　そのとおり。次の問題としては、証拠関係を総合的に検討し、どの程度の勝ち目があるかということだ。ここは、現在、お願いしている日米の弁護士にも意見を聴こう[23]。

【部下A】　それでは意見書をもらいましょうか。秘匿特権も付けたものにして。

【B部長】　それがいいね。この報告文書自体（A作成の資料のこと）も秘匿特権が付くようにしないとね。C取締役とH取締役に見てもらって。日米、両方の弁護士にも見てもらいましょう。

【部下A】　さて、ここで、リニエンシーによるか、日本版司法取引（合意制

22　文書管理規程とは、たとえば、Eメールの保存期間を6か月と定めたり、ローカルフォルダに残す文書を決めたりするものです。わが国でいえば、会計帳簿や医師のカルテなど、特定の期間の保存が義務付けられている場合もありますが、そのような義務付けがない場合には、文書を保存する期間などは企業ごとに定めて差し支えありません。ただし、保存する文書の性質などに照らし、合理的な方法で保存をしなくてはならず、文書管理規程を作る際には、どのような理由で、どのくらいの期間、Eメールを保存するのかなどを検討する必要があります。

23　Convington & Burling法律事務所のEdward H. Rippey弁護士に多くの知見を得ました。ここに感謝申し上げます。

233

度）によるかの検討をしていかないといけないな。

　刑事罰の減免があるとしても、リニエンシーとか司法取引をしたということはすぐにニュースになるので、民事訴訟に関しては、それが訴訟提起を誘発することになりかねません。特にクラスアクションが起きるかもしれないですね。

【B部長】　そうだね。日本版司法取引（合意制度）の場合には、減免の効果もあまりはっきりしていないから、検察官とうまくやりとりしないとね。

　事実の問題としては、現段階ではX営業部長は、問題となっているEメールのやりとりは、ブラフであったと主張しているから、その裏付けをとりに行かないと。仮に裏付けがとれた場合には、刑事事件についても民事事件についても、相手方にそれは事実と違うという主張を行うことができるからね。

【部下A】　事実の問題が確定してから、この資料を作ればよかったかもしれませんね。

【B部長】　そうかもしれないが、それ以外のところは、比較的簡単に事実と証拠を集めることができたので、これでよかったじゃないか。

　いずれにせよ、X営業部長の関与があったのかなかったのかは、来週の取締役会までに日米弁護士とともに協議をして、会社として結論を出さなくてはいけないね。

　以下では、X営業部長の話を信じるか否かの二つのバージョンごとに結論を書き分けていきます。エピローグ1では、会社としてX営業部長の話が信用できることを前提に、エピローグ2では、会社としてX営業部長の話を信用しないということを前提にした記述にしています。

エピローグ1　取締役会にて──ハッピーエンド

　部下AとB部長は、新証拠を発見しましたが、その内容は、X営業

エピローグ1　取締役会にて——ハッピーエンド

部長が、Z社の部長に対し、ブラフを掛けるためにEメールを発信したことを裏付けるものでした。日米双方の弁護士の協議の結果、当面の間は、X営業部長の説明を信じ、会社としては、米国のリニエンシーや日本版司法取引（合意制度）を用いないこととなりました。以下では、これらの結論が取締役会でどのように判断されるかについて説明していきます。

——部下Aの説明

【B部長】　法務部からは以上です。現段階で、取締役の皆様がどのようにお考えになるのか、今回の件を、報告事項として処理するのか、それとも決議事項として何かを決議しておくのか、仮に、決議をした場合に反対意見を付けるのかなど、活発な討論をお願いいたします。会社のために、いかなる判断を行うべきなのかという点を正面からお考えください。

　また、野暮ったいことを申し添えますが、仮に、取締役の皆様が、同等の規模の会社の取締役であれば通常しないであろうというような、合理性に欠ける判断をされた場合には、皆様には、善管注意義務違反を問われて損害賠償請求を受けるおそれがあります。

【社長】　B君、脅してばかりいないでくれよ（笑）。

【H取締役】　さて、お越しいただいた、先生両名にもご意見をお聴かせいただきましょう。まず、米国弁護士として、どうお考えになるか。欧州の弁護士とも事前にお話しいただいてきたようですので、その点も含めて。

【米国弁護士】　……。

【H取締役】　続いて、日本の弁護士として。先生は、前に検事をされていたそうですので、その観点からもご意見をいただければ。

【日本弁護士】　……。

【社長】　ありがとうございます。結局は、X営業部長の話が信用できるかどうかによって、本件でカルテルが成立するかどうかが異なってくるわけだな。

【B部長】　さて、ここまでが事実に関する報告です。これからA君が当社

235

第4章　番外編──域外適用編

にとっての最大リスクについて説明申し上げます。

【部下Ａ】　まず、Ｘ営業部長の主張が認められなかった場合、つまり、カルテル行為があったと想定した場合ですが、法人と個人の双方が、今回の場合には、日本と米国で刑事罰を受けるリスクが考えられます。

　民事についていえば、直接の被害者と、この直接の被害者から購入したエンドユーザーからのクラスアクションというものが考えられます。

【社長】　日本版司法取引が導入されたということだが、これは日本の刑事事件にしか適用がないということになるのかな。

【日本弁護士】　そういうことになると思います。ただ、米国で処罰がされたとしたならば、日本の刑事手続において、そのことが考慮され、日本のほうの処罰が軽くなる可能性はあると思います。いずれにしても、日本版司法取引（合意制度）は、米国のものとは全く別物ですね。

【社長】　そうすると、各国におけるリスクをそれぞれ見定めながら、米国のリニエンシーや日本版司法取引（合意制度）に対し個別的なアプローチを検討していくということでよいように思われるが。

【日本弁護士】　はい。ただ、必要な情報は、各国で共有される可能性があります。そうすると、たとえば、日本の検察官と司法取引（合意）をしたことをＺ社に知られてしまう可能性もあり、そうすると、米国で調査を受けているＺ社が米国司法省にリニエンシーを申請する可能性もあります。

【Ｂ部長】　そうすると、やはり、それらの制度を利用すると決めた場合には、各国で全て同時にというほうが都合がよさそうですね。

【日本弁護士】　もっとも、日本法の独禁法の場合には、競争の実質的制限という結果と事業者相互の意思の連絡行為との間に因果関係が必要なので、因果関係がないといえる場合には、日本法ではカルテルが成立しません。そうなると、日本法のことを考える必要はなくなります。

【社長】　大体わかった。そうすると、今日のところは、まだ、Ｘ君の主張に裏付けがとれたということで、しばらくは様子を見たほうがよいようだね。取り立てて、現段階で会社として何かすることはないと思うが。

236

【全員】　異議なし。

【B部長】　そうすると、本日のところは、何も決議する内容はなく、すなわち、報告事項として特定案件の調査の件という形で議事録を残すようにいたします。

【H取締役】　B部長、A君、何か新しい動きがあったら、特にX営業部長の言っていることがウソだということがわかるような証拠が出てきたら、直ちに報告してくれ。それ以外は、今日の報告とこれまでの決議内容で十分だと思う。

【B部長】　承知いたしました。

エピローグ2-1　取締役会にて──アンハッピーエンド

> その後の調査の結果を見て、B部長は、頭を抱えてしまいました。というのは、X営業部長の携帯電話の録音に、Z社の部長とのやりとりが残されていたのです。そのやりとりには、証拠隠滅の方法が残されていて、隠滅されたEメールをフォレンジック業者に復元してもらったところ、価格整合表まで出てきたというわけです。
> 　部下AとB部長は、これらを日米弁護士に連絡するとともに、報告のため取締役会に出席することとなりました。

【B部長】　大変残念ながら、X営業部長の話の信用性を疑問視しなくてはならない証拠が出てきてしまいました。この価格整合表です。

【社長】　こ、これは。社内説明用の内部の資料ではないのか。

【部下A】　いいえ。Z社の部長との私的なSNSの中で出てきたものです。X営業部長も、私的なSNSで価格のことをZ社の部長とやりとりをした結果、この表ができあがったと述べていました。

【専務】　X君は、直ちに出社停止で自宅待機だ。他社従業員とも自社従業員とも接触禁止の命令を出してくれ。

【H取締役】　X君の当面の処遇はともかくとして、会社としてこの事態に

237

第4章　番外編——域外適用編

どう対応するかが問題だ。両弁護士の先生は、今回のリスクをどうお考えですか。

【米国弁護士】　まず、米国の刑事手続に関していうと、司法省等が陪審員を説得できるのかという観点で考えるのが原則です。この価格整合表があり、これを競合他社同士で連絡をとり合って作ったという流れが合理的であれば、陪審員も有罪だと思うでしょう。

　ただし、この資料は、Ｚ社も持っているものです。アムネスティ・プラスを狙う動機のあるＺ社としては、これを使ってアムネスティ・プラスに動くことはできたのに、なぜそうしないのか。これ以外に有力な証拠はないか、あるいはこれらの証拠を打ち消すような、こちらに有利な証拠があるのではないかを検討する必要があります。

【日本弁護士】　私の立場からすると、日本版司法取引（合意制度）を利用するのが妥当ではないかと考えます。ただし、米国と欧州において、もしかすると有罪とはならない可能性があるというのであれば、そこは考慮しなくてはなりません。

　また、営業部長Ｘさんは、Ｚ社等の他社を出し抜くつもりで、この整合表とは関係のない価格を出そうと考えていたと弁解していますが、これは責任逃れにすぎないと思われます。米国の陪審員もそう思うのではないでしょうか。

　仮に、このＸさんの話が本当であれば、どうやって出し抜くつもりであったのかという説明が出てこなくてはなりませんが、この部分についてＸさんは覚えていないの一点張りでして。

【米国弁護士】　Ｚ社は、アムネスティ・プラスを利用しないのはなぜかということが気になります。もしかすると、Ｚ社の部長が悪いことをしたという認識がないまま、事実が会社に明らかになっていない可能性もあります。そうすると、会社としての意思決定ができていない状況なのかもしれません。

【Ｂ部長】　Ｚ社の動きについては、わが社の考えでコントロールできるものではないので、ここは何か情報があったら展開するということにいたします。

238

エピローグ 2-2

現段階では、Z社がわが社にとっては好ましくない行動に出るかもしれない
ということを前提とし、その場合のリスクがA君の説明した資料であると
いうことになります。ここで、皆様に議論をいただきたいのですが……。

エピローグ 2-2

その後も、取締役会で議論が続きました。経済合理性の観点から会社
としての対応を検討するため、徹底したリスク分析を行うべきという意
見もありました。他方で、数値が定まっていない現状において、そのよ
うな分析をすることは得策ではなく、株主の視点に立って事実を積極的
に開示することが望ましいのではないか、そうすれば三倍賠償を免れる[24]
ことができるのではないかという意見もあり、いずれにしても悩ましい
判断です。

また、会社としての対応については、刑事手続のみならず、民事訴訟
の動向も視野に入れたうえで判断をしなければなりません。

他方で、会社としての判断が遅れた場合、営業部長Xが、自らの判
断で、日本の検察官と司法取引をしてしまうおそれもあります（☞第3
章実務対応編99頁、119頁参照）。会社としては、Xがこのような行動をと
る可能性を織り込みつつ、迅速かつ適切な判断をしていかなければなり
ません。

24　主に不法行為に基づく損害賠償請求訴訟において、加害者の行為が故意に基づく悪質
なものである場合に、加害者に制裁を加え、将来の同様の行為を抑止する目的で、実際
に被害者に生じた損害に上乗せして支払うことを命じられる賠償を懲罰的損害賠償
（punitive damages）といい、主に英米法系の国において認められている制度です。米国
では実際の損害金の3倍までの賠償を命じることができるとされていることから、三倍
賠償とも呼ばれています。他方、わが国で認められている損害賠償は、実際に被害者に
生じた損害に対するものだけです。

239

事後対応

〔不祥事対応事例（分析表）1〕 失敗事例

No.	事件名	事　案
①	A銀行ニューヨーク支店巨額損失事件	同行ニューヨーク支店で債券売買を担当していた行員が10年以上にわたり顧客に無断で債券売買を繰り返し、最終的に11億ドル（約1100億円）の損失を発生させた事件（1995年（平成7年）9月発覚）。 ●同支店は1992年（平成4年）、支店ぐるみで、債券売買取引に関する届出違反につき、FRB検査を不正に欺くための偽装工作と虚偽報告を行っていた。 ●頭取以下銀行経営陣が中心となって数々の損失隠し工作を行っていた（当該行員の犯行告白とそれに伴う事態収拾策に乗ったもの）。→これらの工作自体が重大犯罪。 ●米国からの追放処分、A銀行に対し3億4000万ドル（356億円）の罰金、日本の代表訴訟敗訴で800億円超の賠償（ただし、控訴審で和解成立）。
②	乳業メーカー食中毒事件	2000年（平成12年）6月から7月にかけ、近畿地方を中心に発生した、同社の乳製品（主に低脂肪乳）による集団食中毒事件で、認定者数1万4780人の戦後最大規模の事案。 ●事件直後の7月1日に行われた会社側の記者会見では、大阪工場の逆流防止弁の洗浄不足によ

240

事 例 編

問題点	教 訓	種 別
●ばれないように処理するという経営陣の下した方針が、とり得る措置の選択肢の幅を狭め、必然的に違法行為を組織ぐるみで行わざるを得ない状況に陥った。要するに、こういうことをすればどんな事態を招くかという想像力（イマジネーション）の欠如である。 ●米国で事業を展開しながら、米国当局の法規制の厳しさに対する正しい認識を欠き（＝甘く見て）、米国当局を欺いたうえ、法令違反の隠ぺい工作を繰り返したことは、遵法精神の欠如も甚だしく、「無法者」のレッテルを貼られるのも当然のことであった。	●発生した不祥事が重大であればあるほど、発覚を免れたいというメンタリティが働きやすいものであるが、組織的な隠ぺいは、企業の存続をも脅かしかねないことを肝に銘じなければならない。 ●米国においては、隠ぺい工作自体、司法妨害という重大な法令違反に該当し、時として不正・不祥事そのものよりも重い制裁が課され得ることを認識すべきである。	組織的隠ぺい 取締役の責任
●食中毒が発生した後に製品の自主回収、社告の掲載、記者発表などが遅れたために食中毒の被害が拡大、ひいては同社の事実上の解体につながった。	●昨今、安全よりも「安心」がとりわけ重視される傾向にあり、コンシューマーオリエンティッドな企業でなくては生き残れない時勢にあることに照らせば（逆にそのような企	消費者・ユーザー軽視 公表・広報の不手際

241

事後対応事例編

		る汚染が明らかにされた。大阪保健所も、それ以上の原因追究は行わなかった。
		●しかし、大阪府警のその後の捜査により、大阪工場での製品の原料となる脱脂粉乳を生産していた北海道所在の工場での汚染が原因であることが判明（同年3月、同工場の生産設備で氷柱の落下で3時間の停電が発生し、同工場内のタンクにあった脱脂乳が20度以上にまで温められたまま約4時間も滞留し、この間に病原性黄色ブドウ球菌が増殖して毒素が発生していたことが原因）。
		●本来なら滞留した原料は廃棄すべきものであったが、殺菌装置で黄色ブドウ球菌を死滅させれば安全と判断し、脱脂粉乳を製造。ところが、殺菌で黄色ブドウ球菌が死滅しても、菌類から発生した毒素の毒性は失われないため、この毒素に汚染された脱脂乳を飲んだ子どもが食中毒を起こすこととなった。
③	外食産業　肉まん無認可添加物混入	同社が運営するフランチャイズ店が、2000年（平成12年）10月から、食品衛生法違反の無認可添加物入りの肉まんを販売した事案。
		●同年11月末、取引業者がその事実を知り、同社に連絡したが、同社担当取締役2名は、この取引業者に口止め料6300万円を支払う一方、肉まんの販売を中止しなかった。
		●販売が終わった後の2001年（平成13年）9月になり、他の取締役らはこれらの事実の全容を知り、この2名の取締役を処分したが、過去の無認可添加物入り肉まんを販売した事実の公表はしなかった。
		●しかし、匿名による内部通報が保健所などになされ、2002年（平成14年）5月、この事実をマスコミが報道、同社の信用は大きく傷つき、このため、同年から翌年にかけて、加盟店への補償金や信用回復のためのキャンペーン費用として約105億円を支出することになった。
		●元従業員の株主が旧経営陣である役員13人に対

242

〔不祥事対応事例（分析表）1〕　失敗事例

●被害発生の兆候を「通常の苦情、問合せ」と判断し、集団食中毒に発展するという意識を欠いた。 ●ブランドが傷つくことを恐れ、回収、社告の掲載、記者発表等の対処・決断が遅れた。 ●マスコミ対応にあたって、代表取締役の「私は寝てないんだ」という発言が大きく報道されるなど、経営トップの甘さが重大な結果をもたらした。	業の社会的評価は驚くほど高い）、事が食品の安全・安心にかかわる重大な問題だけに、消費者の利益を何よりも優先して速やかに被害の拡大防止のための十分な対策をとるべきである。 ●自社の論理にとらわれたり、事態を自社に都合よく解釈し、根拠薄弱なまま、曖昧な対応をとることは絶対に避けなければならない。常に最悪のシナリオを念頭に置くべき。 ●マスコミ対応上のリスクを知り、責任感と公正性を旨とした姿勢で会見等に臨むべき。	
●積極的に公表しない＝消極的に隠ぺいするということ ●事は食品の安全性にかかわり、当該会社にとっては企業の信用の基盤を揺るがしかねず、その存亡にも影響する問題であったのに、想定される事態を軽視し（甘く見積り）、事態を成り行きに任せ、問題を先送りにするという責任感の乏しい対応。	●前記②のケースと同様のことがあてはまる。 ●不正が発覚した場合、その根本的解決のため、一時的に会社の評判を悪化させることがあったとしても、膿を出し切るという強い覚悟と勇気をもって臨まなければならない。 ●会社として公表しないという決定をしたことは取締役等の善管注意義務違反に直結する問題であることを銘記すべきである。	消費者・ユーザー軽視 組織的隠ぺい 取締役の責任

243

事後対応事例編

		して106億円余の賠償を求めた株主代表訴訟で、大阪高裁は2006年（平成18年）6月、当時の役員のうち上記2名の取締役以外の取締役11名に対して約2億円から約5億円、2007年（平成19年）1月、上記2名の取締役に約53億円を支払うよう命じた。
④	自動車メーカー　リコール隠し	同社による二度にわたるリコール隠し等の事案で、死亡事故の発生や当時の役員が逮捕・起訴されるなど、社会からの信頼喪失と深刻な経営危機に陥った。 ●2000年（平成12年）に、同社の乗用車部門およびトラック・バス部門による、大規模なリコール隠しが内部告発により発覚（同社が運輸省（当時）の検査で見つからないよう市場への不具合情報を二重管理するとともに、リコールを行わずに不具合を改修（指示改修）する方法により、1977（昭和52年）から約23年間にわたり、10車種以上のリコール隠しを行っていた）。社長が引責辞任し、過去の不具合情報を調査してリコール届を行い、原因調査を行ったうえ、再発防止策を策定。 ●ところが、2002年（平成14年）、大型トラックのハブ破損等による2件の死亡事故が発生し、2003年（平成15年）これに関連して元役員等が逮捕され、構造上の欠陥とさらなるリコール隠しの疑念が濃厚となり、2004年（平成16年）同部門からハブ等の欠陥につきリコール届。さらに、乗用車における過去の指示改修の問題も顕在化し、以前のリコール隠し調査には不十分な点があり、リコール手続未了の案件が多数あることが判明。 ●これらが決定打となって、同社はユーザーの信頼を失い販売台数が激減、当時の筆頭株主らから資本提携を打ち切られるなど、深刻な経営不振、廃業の危機に陥ることとなったが、その後、系列グループによるさまざまな救済を受け、廃業の危機を脱した。

〔不祥事対応事例（分析表）1〕 失敗事例

●2000年（平成12年）のリコール隠し発覚後の対応が十分でなかったことが、2002年（平成14年）の死亡事故の発生と2004年（平成16年）の2度目のリコール隠しの原因となった。 ●乗り物の安全という正に利用者の生命・身体にかかわる重大な問題であり、かつ実際に相当数の死傷者が発生していたにもかかわらず、問題発覚や拡大を回避するため、小手先の打開策に終始したため、さらなる危機的事態を招来した。企業の社会的責任を無視し（消費者軽視の態度は甚だしい）、自社の論理で社会を振り回した悪質な事案。	●前記②や③のケースと同様のことがあてはまる。自社製品の安全・安心に対する消費者をはじめ関係者の信頼確保を何よりも重視し、特に、重大な死傷事故発生という現実から決して逃げてはならなかった。	消費者・ユーザー軽視

245

事後対応事例編

⑤	金属製品メーカー　給湯器一酸化炭素中毒	同社の半密閉式ガス瞬間湯沸器のうち7機種について、安全装置の不正改造等を原因とする排気ファンの作動不良等による一酸化炭素中毒事故が1985年（昭和60年）から2005年（平成17年）までの間に28件発生、21人が死亡した事案。 ●同社は、1985年（昭和60年）、上記のような不正改造を原因とする事故を認知し、1988年（昭和63年）から、営業所、サービスショップなどに対し、不正改造によって事故が発生することを告知し不正改造をしないよう注意喚起を行ったが、修理業者等に対し、いつどこでどのような事故が発生したかを具体的に伝えておらず、不正改造の発見、是正についても修理等の業務機会をとらえて点検することを指示したにとどまっており、対策としては十分ではなかった。 ●同社に対し、2005年（平成17年）7月に発生した2名の死傷事故について合計8700万円の賠償責任を認めた例など、複数の訴訟が提起。また、同社の代表取締役等に対し、2010年（平成22年）5月業務上過失致死傷で執行猶予付き有罪判決が下されている。
⑥	鮮魚市場運営会社　子会社不正融資	同社の100％子会社が「グルグル回し取引」（架空循環取引の一種）を1999年（平成11年）頃から行い、不良在庫が異常に積み上がっていたにもかかわらず、親会社代表取締役（子会社の非常勤取締役等も兼務）ら3名は、十分な調査もせずに15億円ほどの貸付債権を放棄し、また新たに3億円を融資して、これも焦げ付いたため、結局同社に18億円ほどの損害が発生したところ、被告3名がグルグル回し取引を早期に発見していれば、このような損害は発生しなかったとして、代表訴訟が提起され、同額の賠償が命じられた事案。 ●2002年（平成14年）11月、公認会計士から当該子会社を含めて在庫管理を適切に行うよう指導されたが、特段の対応はなされなかった。 ●2003年（平成15年）末〜2004年（平成16年）3月頃、当該子会社には不良在庫が異常に多いな

246

〔不祥事対応事例（分析表）1〕 失敗事例

●本来、マスメディアを利用した広報等により不正改造や一酸化炭素中毒事故の危険性について注意喚起し、物理的に把握可能な範囲まで不正改造の有無を確認し、不正改造品については回収するという安全対策を実施すべきであった。	●自社の製品に欠陥はなく、消費者または第三者の行為によって損害が発生しているようにみえる場合であっても、事が人の生命身体の安全にかかわる重大な問題だけに、何よりも優先して速やかに事故の拡大防止のための十分な対策をとるべきである。	消費者・ユーザー軽視
●同社の元役員らは、不良在庫の発生に至る真の原因等を探求してそれに基づき、対処すべきであったのに、当該子会社の不良在庫問題の実態を解明しないまま、安易にその再建を口実に、むしろその真実の経営状況を外部に隠ぺいしたままにしておくために、当該子会社に貸付けを行い、かえって損害を拡大させた。	●問題の深刻化をおそれ、中途半端な調査やその場しのぎの弥縫策を講じることは、かえって事態を悪化させることになる。事実を直視する勇気をもち、根本的な対応をとるほうが結局のところ事態を収拾する早道である。	組織的隠ぺい 取締役の責任

247

事後対応事例編

		どの報告を受け、調査委員会による調査を実施したが、具体的な証憑類までは確認せず、聴き取り内容をうのみにして踏み込んだ調査を実施しなかった。 ●そして、2004年（平成16年）4月〜同年12月まで合計19億円余りを貸し付けるとともに、同月、同貸付金残高15億5000万円の債権を放棄、同時に新たに3億3000万円を貸し付けた。
⑦	鉄道会社　列車脱線事故	2005年（平成17年）4月、同社の列車が運行中、カーブに制限速度を超える高速度で進入した結果、車両が転倒・脱線し、乗客等107名が死亡、乗客約500名が負傷した大規模列車事故。 ●同社は、事故発生から約6時間後の記者会見の中で粉砕痕（置石を踏んだ跡）の写真を報道機関に示すなどして、置石による事故であることを示唆。しかし、この会見後、国土交通省が調査が済んでいない段階での置石であるとの断定を否定、同社も原因が置石であるかのような断定を撤回。 ●2009年（平成21年）9月、事故当時鉄道本部長だった前社長が、先輩の事故調査委員に対し、鉄道模型などのお土産持参で接待し、事故の調査報告を有利にするための工作と情報漏えいが発覚。結果的には、事故調査報告書に反映されなかったが、幹部が事前に内容を知っていたことが判明。また、東京本部の副本部長が、先輩で航空・鉄道事故調査委員会の鉄道部会長だった委員に接触を図ったことが発覚（副社長の指示を受け、中間報告書の解説や日程を教えてもらった）。会社ぐるみで事故調査委員会の委員に接触を図っていた実態が判明。同副本部長は「情報を早く入手し、安全対策に貢献したかった。軽率で不適切だった」と謝罪したが、「昔からの付き合い。会社ぐるみとは思っていない」と釈明。 ●会社関係者が警察の捜査への対応マニュアルを作成するとともに、取調べを受ける社員に事故

248

〔不祥事対応事例（分析表）1〕　失敗事例

●原因がいまだ特定できていない段階で、（会見での質問・追及に乗せられる形で）安易に責任回避的な言動に及んだ迂闊さ。事後間もなく否定・修正を余儀なくされ、当該企業の責任感や公正性に対する不信感を募らせた。 ●会見等における記者の追及は、報道の背景にある「世間」を錦の御旗に、発表内容やその表現振りの揚げ足をとったり、一言一句の矛盾を突いて、問題点を浮き彫りにしようとする傾向があるのに、その意図をわきまえることなく、安易な言動に及んだ。 ●事故調査委員会の委員に不用意に接触すれば、仮にその意図がなかったとしても、情報操作等の不正・隠ぺいを疑われるおそれが高いにもかかわらず、接触相手が知己であることに甘えて不用意な行動に及んだことは、あまりに配慮に欠くもので、非常識といわざるを得ない。起こり得る事態に対する想像力がなく、世間には通用しない自社の論理	●マスコミ対応上のリスクを知り、責任感と公正性を旨とした姿勢で会見等に臨むべき。 ●発生した不祥事が重大であればあるほど、発覚を免れたいというメンタリティが働きやすいものであるが、組織的な隠ぺいは、企業の存続をも脅かしかねないことを肝に銘じるべき（前記①のケースを参照）。 ●自社の論理にとらわれたり、事態を自社に都合よく解釈し、不用意な「秘密工作」を行うことは厳に慎むべき。小手先の根回しその他の対策はいずれ世間に発覚することを知らなければならない（ヒトの口に戸は立てられず、たとえば、ネットを通じて拡散するおそれすらある）。	消費者・ユーザー軽視 公表・広報の不手際 組織的隠ぺい 当局対応不適切

249

		の関係資料や社員の供述内容をまとめたメモを配っていたことが口裏合わせにあたるのではないかと問題になった（検察庁が複数回捜索差押えを実施したことから、そのような社内資料の存在が判明）。
⑧	証券持株会社　発行登録追補書類虚偽記載	2006年（平成18年）12月、同社の100％子会社が①100％株式を保有し実質的に支配している持株会社を連結の範囲に含めず、②同持株会社が発行し同子会社が保有していた他社株券償還特約付債券（EB債）の発行日を遡らせて偽るなどして評価益を水増しし、内容虚偽の発行開示書類に基づく有価証券募集を行ったとして、同社に対する5億円の課徴金納付命令が勧告された事案。 ●上記勧告を受けた際の記者会見で、同社副社長らが本件の原因は同持株会社の一社員のミスにあるとする見解を発表し、組織的関与の否定に終始したため、マスコミの批判を浴びたのみならず、当時の金融担当大臣が異例の批判発言をする事態となった。 ●事ここに至って、ようやく、同社は、同月下旬、会社および社長が記者会見し、両者の辞任と特別調査委員会の設置を発表。
⑨	洋菓子製造販売メーカー　消費期限切れ原料使用	2007年（平成19年）1月、同社埼玉工場でシュークリームを製造する際に、賞味期限が切れた（実際は「社内規定の使用期限」切れ）牛乳を使用していた問題。 ●前年11月までに社外プロジェクトチームの調査によって判明し、その報告書の中に「マスコミに知られたら他社（前記②）の二の舞になることは避けられない」という表現（外部コンサルタント会社が危機意識を喚起する意図で使った表現）もあったが、同社がとった対応としては、消費期限切れ原料を使用しないという徹底遵守の指示にとどまった。

〔不祥事対応事例（分析表）1〕　失敗事例

で動いた結果。 ●対応マニュアルや供述メモの作成も、自社のためによかれと思って行ったものであろうが、上記と同様に、そのような行為が社会からどのように受け取られるかということに対する配慮が欠落したもの。		
●不祥事発覚時の対応が後手後手に回り、金融担当大臣がその対応を批判するまでの事態に至るなど、危機管理の不手際が事態をより悪化させた。	●マスコミ対応上のリスクを知り、責任感と公正性を旨とした姿勢で会見等に臨むべき。 ●原因がいまだ特定できていない段階で、安易に責任回避的な言動に及ぶことは厳に避けるべき。独りよがりで安易な対応は事後間もなく否定・修正を余儀なくされ、当該企業の責任感や公正性に対する不信感を募らせる結果を招来する。	公表・広報の不手際
●使用期限を1日過ぎた牛乳を原料使用した事実はあったが（社内規定に反したという形式的コンプライアンス違反）、それは食品衛生上も品質上も何ら問題なかったうえ、健康被害を出したわけでもなく、その危険が生じてもいなかった。にもかかわらず、同社の存続に危機的ダメージを及ぼす重大事態に発展。 ●左記のとおり、事実判明後、	●たとえ、法令上や安全上問題を生じるおそれが小さかったとしても、昨今、安全よりも「安心」がとりわけ重視される傾向にあり、コンシューマーオリエンティッドな企業でなくては生き残れない時勢にあることに照らせば（逆にそのような企業の社会的評価は驚くほど高い）、自社の製品に欠陥はなく、事が食品の安全・安心にかかわる重大な問	消費者・ユーザー軽視公表・広報の不手際

251

事後対応事例編

		●結局、このことは、洋菓子需要の繁忙期である クリスマス商戦を乗り切った後の2007年（平成 19年）1月、内部告発（＝報告書の外部流出） を受けた報道機関の手により発覚。翌日になっ て同社は、洋菓子の製造販売を一時休止する措 置をとったが、以降もずさんな食品衛生管理の 事例が明らかになり、企業倫理に欠ける安全を 軽視した姿勢や隠ぺい体質に対し、メディアか らの総バッシング、消費者からの苦情・批判が 殺到し、2か月以上にわたる全商品の生産・販 売の中止という危機的状況を招いた。 ※2006年（平成18年）当時の報告書には不自然な 点が多く社外プロジェクトチームに対する不信 感が募っていたため、報告書を公表しなかった とされる。
⑩	電力会社　やらせメール	2011年（平成23年）6月、原子力発電所2、3 号機の運転再開に向け日本の経済産業省が主催し 生放送された「地元県民向け説明会」実施にあた り、同社が関係会社の社員らに運転再開を支持す る文言の電子メールを投稿するよう指示していた 世論偽装工作。 ●7月2日、事実が発覚したが（6月25日同社子 会社社員が福岡県内の共産党事務所に内部告発、 社員向け通知文書を提供）、同社は、県議会委 員会において、否定。その後、同月6日になっ て、衆議院予算委員会でも質疑の対象となった ことから、内部調査を徹底し、その後になって ようやくやらせの事実を認めた。 ●同社は、10月、報告書を国に提出したが、その 内容の一部は第三者委員会の認定事実を事実上 否定（同社の報告書は県知事の責任や関与をほ とんど記述せず、第三者委員会の認定を事実上 否定。会社と第三者委員会は激しく対立。それ ぞれの会見で互いに批判の応酬）。国は、その ような同社の態度を厳しく非難（経産相：「知 事の発言が影響したかどうかが論点ではない。 自分たちでは信用されないから第三者に検証し

252

〔不祥事対応事例（分析表）1〕　失敗事例

会社のとった措置は、消費期限切れ原料を使用しないという社内指示にとどまり、何ら消費者への開示を行わなかった（＝消極的隠ぺい）。本来、原因究明、是正措置を講じたうえで、上記事実とともに公表すべきだった。 ●逆に、マスコミの取材を受けた途端、事実の確認がとれていない事項等を含めて公表したが、それゆえに明確な回答に至らず、かえって「隠ぺい」というイメージを増大させ、墓穴を掘ってしまった。	題だけに（特に子どもが口にすることの多い菓子類についてはよりきめ細かな配慮が不可欠）、何よりも優先して速やかに被害の拡大防止のための十分な対策をとるべきである。 ●マスコミ対応上のリスクを知り、責任感と公正性を旨とした姿勢で会見等に臨むべき（前記②や⑦のケースと同様のことがあてはまる）。	
●事実調査を徹底させるのは当然であるが、不正の事実が明らかになったり、その存在の可能性を把握した場合には、安易に当該事実を否定したり、公表せずに済ませようとすると、取り返しのつかない危機的事態を招くことになりかねない（内部告発の活発化やネット社会全盛の昨今、不正は必ず露見し、かつ数時間のうちに広く世の中に知れ渡ることを知るべき）。一連の対応は、同社の隠ぺい体質、組織的な不透明性を顕著に表すもの。 ●第三者委員会との関係。委員の人選には相応の配慮をする必要はあるが、自社の都合のよい結論を導いてくれるという期待を抱いていたとすれば、問題外。第三者委員会は時の	●初動時の対外的な対応については、前記⑦のケースと同様のことがあてはまる。 ●第三者委員会のクライアントは当該会社であるが、第三者委員会に委託した以上、原則として、その客観性・公正性を疑う特段の事情がない限り、その結論（認定・提言）は尊重しなければならない（これを軽視するのは、企業行動としては背理であり、その信用を大きく損なうことになる）。	組織隠ぺい 消費者・ユーザー軽視

253

事後対応事例編

		てもらったのに、第三者委員会の意見を自分たちでチェックをしたら間違っていると思いました、では全く意味がない。そこに気付かない、国民の目線に対する感覚が理解不能だ」)。そこで、同社は、やむなく第三者委員会の意見を取り込んで内容を修正した最終報告書を国に提出。
⑪	統一球仕様問題	プロ野球の統一球が2013年（平成25年）度から飛びやすくなるように仕様が変更されていたことを隠ぺいしていたことに加え、前年までボール生産の中で反発係数の下限を下回る球ができてしまったにもかかわらず、それを公式戦で使うことを認めていた問題。 ●2013年（平成25年）6月12日、コミッショナーは会見で、混乱を招いたことについて謝罪する一方、同コミッショナーの了承のうえで変更が行われたという事務局長の主張について「昨日まで全く知りませんでした」と否定し、責任を追及する記者に「不祥事を起こしたとは思っていません」と答えた。この発言に対し苦情が殺到、14日会見では「ファン、選手の方々に迷惑をおかけしたことについては大変な失態であったと思い、猛省しております」と述べたが、辞任については重ねて否定。一方、実際には統一球検査の報告を随時受けていたことが取材で発覚したが、9月19日のプロ野球12球団オーナー会議の席上で挨拶し、日本シリーズ前日の10月25日までにコミッショナーを辞職することを表明。 ●会見前日、同事務局長は「コミッショナーには相談して進めていた」と、コミッショナーの了承を得ていたと明かしていたが、上記のとおり、同コミッショナーは「説明を受けたという認識はありません」と、関与を真っ向から否定し、同事務局長の独断だったと説明。 ●コミッショナーは今季本塁打が増えたことにつ

254

〔不祥事対応事例（分析表）1〕　失敗事例

経営陣の保身のためではなく、株主、取引先、従業員、消費者、投資家その他多くの利害関係者のために最善の結論を導くために業務を遂行するものであり、むしろ耳の痛いことを提言してくれることこそ期待すべき。		
●「知らなかった！」＝「不祥事ではない！」→発言の無責任さ、主体性の欠如 ※一投一打に生活の全てをかけるプロ野球選手の気持ちに配慮できなかった点が、現場の反発を招いた点も重要。 ●感情的な対応 ●余計な発言 ●会見に対する受け身の姿勢	●マスコミ対応上のリスクを知り、責任感と公正性を旨とした姿勢で会見等に臨むべきである。 ●特に、本件では、左記のとおり、責任回避に終始する極めて印象の悪い会見であったことから、反面教師として、以下のような点を教訓としたい。 ・組織の論理を主張せず、記者の背後にあるパブリックを意識し、主体的な発言に心掛ける。 ・責任逃れ、隠している印象を与えない。 ・会見を積極的かつ有効に活用（受け身の姿勢で会見を開かない）。 ・感情的にならない（挑発に乗らない）。	公表・広報の不手際 消費者・ユーザー軽視

事後対応事例編

		いても「疑問はありませんでした。選手の能力に信頼を置いているし、工夫したというのもあるのだろうと思った」と話し「知っていれば公表していた」と繰り返した。結果的には組織のトップとして「ガバナンス（統治）」の問題を認めただけ。「批判には値すると思うが、隠ぺいではない」「不祥事だとは思っていません」など、開き直りとも受け取れるような言葉を連発。 ●同事務局長も、前日に発言した内容のほとんどを修正、撤回し、「確かに昨日はそういう趣旨の発言をしたが、私も（記憶が）混乱していた。コミッショナーにご迷惑をかけた。すべて私の責任です」と、頭を下げ続けた。なお、同事務局長は辞任を示唆する一方、上記のとおり、同コミッショナーが自らの進退に言及しなかった。
⑫	ホテル運営会社　メニュー偽装事件	2013年（平成25年）10月、自主的に社内調査を行った結果、メニュー表示と異なった食材を使用して客に提供していた事実が多数（23店舗、47商品）判明したと公表。 ●公表2日後、社長が初めて記者会見し、社内処分としての役員報酬カットを発表し、事態の収拾を図ろうとしたところ、その席上、同社長は、原因は従業員の認識・知識不足にあるとして、意図的に表示を偽って利益を得ようとした事実はない、誤表示だと思っていると発言。 ●この社長の見解表明では、謝罪の気持ちが伝わらなかったうえ、「誤表示」に固執したことに関し、食品業者等から、批判の声が上がり（「表示は明らかに虚偽で意識が低すぎる」「全く別物で調理人はわかっていたはず」等々）、官房長官も会見で「消費者の視点から考えて由々しきことだ」と批判。 ●官房長官会見と同日の夜、緊急会見を開いた社長は「無理のある解釈で行き過ぎた表示だった」「表示を誤ったという範囲を超えており、お客さまから偽装と受け止められても仕方な

256

〔不祥事対応事例（分析表）1〕　失敗事例

●原因追及を曖昧にしたまま型どおりの謝罪で乗り切ろうとして、ほとんど誠意を感じさせない記者会見を行い、さらに「誤表示」などと強弁したためにマスコミ等による厳しい追及を受け、ブランド毀損の経営責任をとる事態に発展。	●マスコミ対応については、前記⑧のケースと同様のことがあてはまる。 ●また、自社の論理ではなく、消費者第一の姿勢をもって責任ある対応をとるべきことは、前記②③⑨等のケースと同様。	公表・広報の不手際 消費者・ユーザー軽視

事後対応事例編

		い」と事実上偽装を認め、その3日後に辞任（問題発覚からわずか1週間で社長辞任に追い込まれた）。
⑬	化粧品会社　美白化粧品白斑	同社の美白化粧品が多数の白斑被害を引き起こし、50以上の商品の自主回収を余儀なくされた事案。 ●同社は、2013年（平成25年）7月、美白化粧品の回収を発表したが、それ以前の2011年（平成23年）頃から、消費者から白斑被害が寄せられていた（自主回収発表までに16万件以上の相談があり、約2万人の被害）。しかし、白斑は化粧品由来のものではなく、個人の病気であると認識していたため、自主回収に至るまでの間、何の対応もしなかった（その間の2012年（平成24年）9月には、白斑被害を訴える顧客が同社紹介による大学病院で「化粧品がトリガーとなった可能性がある」との診断がなされ、その結果は同社担当部署にも知らされていた）。 ●2013年（平成25年）5月には、同社とは関係のない別の大学病院医師から被害報告があったことをきっかけに調査を実施し、類似事例が相当数発見され、さらに、同社の関係医師からも同様の見解が示されたことなどから、対象商品の自主回収を決定し、上記のとおり公表。 ●被害者数は、2013年（平成25年）11月時点で、約1万3000人超に上り、全国各地に被害者弁護団が結成され、多数の損害賠償請求訴訟が提起されている。 ※白斑被害者は、同社へ連絡を入れたが、それ以降、連絡がない、治療費は先に自己負担してほしいなど、同社の対応に誠実さが欠けることから大きな不満をもち、解決金の交渉においても、解決金の詳細な算定の根拠、支払い時期、支払い対象など、一切開示がなく、弁護団として早期解決が難しいと判断し、訴訟提起に至った。
⑭	B銀行　反社融資事件	2013年（平成25年）に発覚した同行が、信販会社との提携ローンを通じて暴力団と融資取引を行

258

〔不祥事対応事例（分析表）1〕 失敗事例

●白斑は自己免疫疾患という思い込みを背景に、リスク情報が適切に対応部署に伝わらないという情報伝達上の問題が被害を拡大させた。 ●遅くとも2012年（平成24年）9月に最初の大学病院の医師から左記の知見を得た時点で、因果関係の存在を疑って適切な対応措置をとるべきであった。 ●また、別の大学病院から指摘を受け確定的に因果関係を認識した後、公表・自主回収までに約2か月を要したのは遅きにすぎた。 ●上記を前提に、早期に、公表方法の工夫や自主回収を行っていれば、その後の被害拡大やブランド価値の毀損という二次不祥事を避けることができた可能性あり。	●徹底した事実確認の重要性。 ●事態を自社に都合よく解釈するのではなく、最悪のシナリオを想定した迅速な対応をとること。 ●場当たり的対応ではなく、平時から、具体的なケースを想定した実践的なマニュアル等を用意して、有事に備えておくべき（他の事例にもあてはまる）。 ●前記②や③等のケースと同様のことがあてはまる。自社都合ではなく、その製品の安全・安心に対する消費者をはじめ関係者の信頼確保を何よりも重視しなければならない。	事実確認を軽視 消費者・ユーザー軽視 公表・広報の不手際
●事実確認、裏付け不十分なまま、組織トップに責任が及ば	●前記⑧のケースと同様、原因がいまだ特定できていない段	公表・広報の不手際

事後対応事例編

っていたとされる事件。ただし、実際には、同行の「反社会的勢力」の定義はヘビークレーマーなども含み非常に幅広く、問題とされた230件のうち、警察により暴力団と認定されている先は１件のみで、要するに、同行自らが「反社会的勢力」の定義の枠を広げすぎてしまい、本来は反社会的勢力には該当せず、かつ信用上は必ずしも問題のない顧客も反社会的勢力にしてしまった事案（暴力団融資の問題という側面は実は希薄）。

●むしろ、以下のとおり、当局対応やマスコミ対応等の失敗が本質であった。すなわち、同行は、金融庁の処分公表の際、十分な事実調査を経ていなかったのに、情報は担当役員止まりで経営トップには報告されていなかったとして、担当役員に責任をかぶせ、その後も同趣旨の発言を行っていた。

●ところが、その約10日後の会見では、「当時の頭取まで報告されていた」「その後、コンプライアンス委員会、取締役会にも複数回報告されていた」「担当者が経営陣に報告していないと思い込み、過去の資料を確認せず金融庁に報告した」などと発言し、わずかの期間で当初の公表内容が完全に覆され、実態以上に社会の疑惑を増大させ、収拾がつかない事態を招いた。

⑮	非鉄金属メーカー　光ファイバーカルテル代表訴訟	株主が、同社がリーニエンシーを活用せず課徴金の支払を命じられたのは内部統制システムの構築義務を怠ったからとして、取締役らに対し、善管注意義務違反により課徴金相当額の損害賠償を求めた事案。2014年（平成26年）５月、巨額の解決金（５億2000万円）を支払うことで和解に至った。
⑯	通信教育出版会社　個人情報流出事件	同社の会員情報管理を受託していたグループ会社からシステム保守の部分につき再委託を受けていた企業の従業員が個人のスマホを利用するなどして複数回にわたり会員情報（個人情報）約２億3000万件を不正に持ち出し、名簿業者に売却。こ

260

〔不祥事対応事例（分析表）1〕　失敗事例

ないように、責任逃れの発言をして信用失墜を招いたことは、経営陣のリスク認識や緊張感の欠如を現すもの。	階で、安易に責任回避的な言動に及ぶことは厳に避けるべき。独りよがりで安易な対応は事後間もなく否定・修正を余儀なくされ、当該企業の責任感や公正性に対する不信感を募らせる結果を招来する。	
●自社の法令違反リスクを具体的に想定した対応方針が不十分なまま、リーニエンシーの活用を怠った。	●場当たり的対応ではなく、平時から、具体的なケースを想定した実践的なマニュアル等を用意して、有事に備えておくべき。 ●取締役等として、代表訴訟リスクに対する現実的認識をもつことは、不可欠。	当局対応不適切
●被害状況がまだよく把握できていない状況で、世間が一番知りたいことを後回しにして、自社のリーガルリスク回避に向けた対応を優先。被害回復	●自分の個人情報が漏えいしているかどうかという顧客の一番気になる疑問にきちんと対応できないまま、焦って記者会見に臨めば、質問に答えら	消費者・ユーザー軽視公表・広報の不手際

261

事後対応事例編

れらの個人情報は、数回の転売を経て、ソフトウェア開発会社や英語教室、全国の学習塾、予備校、着物販売店等数十社にわたり、同社会員へ各社のダイレクトメールが届き、顧客からの問合せが急増したことにより、発覚。

●2014年（平成26年）7月9日、同社社長は、顧客の氏名、住所、生年月日などの情報が漏えいしたと発表し、謝罪（ただし、「御社は加害者ですか？それとも被害者ですか？」という記者の質問に対し「現時点では加害者です」と答えた）。

●また、同日の会見では金銭的な補償はしない方針を示したが、同月17日の会見では200億円分を補償すると発表。

⑰	ハンバーガーチェーン期限切れ鶏肉問題	2014（平成26年）7月、仕入れ先の中国の食品加工会社が期限切れの鶏肉を使用していた問題が発覚。以降、客離れは続き、特に「子供には食べさせたくない」というように父母らの不安は払拭しきれず、ファミリー客の激減は同社の深刻な業績悪化を招き、現在もその影響から脱却しきれていない。 ●問題発覚後、同社社長は直ちに会見を開かず、約10日後の中間決算発表の場で、冒頭に謝罪の言葉を読み上げたが、事件に「憤りを感じる」と被害者としての発言を繰り返した。 ●同社は、問題の食肉が日本に出荷された証拠がないと主張し、該当商品の返金対応は行わなかった。 ●なお、この問題の後、2015年（平成27年）に入って、次々と異物混入トラブルが発生（ナゲットにビニール片、ホットケーキに金属、サンデーチョコレートにはプラスチック片が混入、けが人も発生）。1月7日、ようやく謝罪会見を開いたものの、社長は「出張中」との理由で、会見に姿を現さなかった。

〔不祥事対応事例（分析表）1〕　失敗事例

●「現時点」という言葉の使い方＝責任回避を暗にほのめかす表現→顧客軽視、誠実さ、当事者意識の不足 ●顧客の立場への理解不足、説明責任の自覚不足のまま、中途半端な姿勢で会見に臨んだこと→受け身＝逃げの姿勢→200億円という同社にとっては多額の補償が「たった金券500円か」という評価しか受けられなかった。	れず、会見の場が炎上するばかりか、余計に顧客を混乱させ、企業イメージをさらに悪化させてしまう。公表スピードは確かに大切だが、発表内容をあらかじめ十分精査しておくことはより重要。 ●事件が発生してしまった以上、顧客の不安を完全に払拭するのは不可能。むしろ、できる限り正しい情報を提供することと、適切な対応策をとっていることを知らせることで、不安を和らげるという発想で対応することが必要。	
●問題発覚後、社長が約10日間も謝罪会見を開かず、決算会見にタイミングを合わせて陳謝したことは、同社が「商品の安全性を軽んじている」との印象を世間に与えた。この対応の遅さは致命的。 ●当時の会見で社長は「（同社は）だまされた」と訴え、被害者を装ったが、消費者からは責任転嫁と受け取られ、「申し訳ないことをした」という気持ちが全く伝わらず。その強気の姿勢は、報道関係者や消費者に、一番嫌悪される内容で、前記②の大量食中毒事件における、「私は寝ていないんだよ」という社長の失言を彷彿とさせるものであった。 ●異物混入トラブルでも、マスコミ関係者にも消費者にも	●前記②や③等のケースと同様のことがあてはまる。自社製品の安全・安心に対する消費者をはじめ関係者の信頼確保を何よりも重視しなければならない。 ●当事者意識をもち、責任感と公正性を感じられるマスコミ対応をすべきことは、前記⑯のケースと同様。	消費者・ユーザー軽視 公表・広報の不手際

263

事後対応事例編

⑱	ソースやきそば　虫混入事件	カップ焼きそばのゴキブリ混入問題を受け、製造元の食品会社が2014年（平成26年）12月、全商品の生産・販売休止に至った事案（発覚は同月2日、その10日後の同月12日にはゴキブリが出てきた製品だけではなく、全商品の販売休止に追い込まれた）。 ●同月2日、商品からゴキブリ混入を発見した消費者（大学生）がツイッターで写真を公開。同社担当者が「調査結果が出るまでツイートを消してほしい」と依頼。消費者はこれを圧力と受け取り、その旨ツイート。ネット上で同社に対する批判が起こる。 ●同社は最初の公のコメントで「製造過程で混入した可能性は考えられない」との主張。調査段階でありながら断定的に自社の責任を否定したことで大きな批判を招く（外部機関の分析結果では「製造過程での混入の可能性が否定できない」との結論）。 ●その後、同社は「通常の製造工程上、混入は考えられないが、食品の安心、安全の観点から万全を期すため」と説明したうえで、同じ日に同じラインで製造された2商品、約5万食を回収する旨発表したが、混入のおそれがあるのであれば1日分だけの回収では通用しないはずであり、この自主回収はポーズと受け取られた。
⑲	建設コンサルタント会社　不正リベート提供	同社が、ODAによる円借款を利用した海外の鉄道プロジェクトに関し、2009年（平成21年）から2014年（平成26年）にかけ、ベトナム、インドネシア、ウズベキスタン各国の政府関係者に対し、多数回にわたり、総額1億6000万円余りの利益供与（リベート）を行っていた、不正競争防止法違反の事案。

〔不祥事対応事例（分析表）1〕 失敗事例

「責任を部下に押し付けて、トップが逃げた」という印象を強く残し、同社の食の安全性に対する姿勢に一層の不信感を植え付けた。		
●厳重な衛生管理をすり抜けてゴキブリが混入するとは通常考えにくく、製造過程での混入は考えにくいとの見方も十分あり得ることであるが、当の会社がそれを外部へのコメントとして出してよいということにはならない。たとえ、外部から持ち込まれた場合でも、犯人は自社従業員である可能性が高く、責任は会社側にあるとみられる。原因が特定できない段階で、自社の責任を回避する趣旨の言動に及ぶことは危機管理としては極めて不適切（安易に本音を漏らすことは、社会的批判を増幅させるだけで、何のメリットもない）。	●前記⑧のケースと同様、原因がいまだ特定できていない段階で、安易に責任回避的な言動に及ぶことは厳に避けるべき。独りよがりで安易な対応は事後間もなく否定・修正を余儀なくされ、当該企業の責任感や公正性に対する不信感を募らせる結果を招来する。	消費者・ユーザー軽視 公表・広報の不手際
●経営トップが不正を把握したにもかかわらず、あえてその続行を組織として決断。	●前記③のケースと同様、不正が発覚した場合、その根本的解決のため、一時的に会社の評判・業績を悪化させることがあったとしても、膿を出し切るという強い覚悟と勇気をもって臨まなければならない。	組織的隠ぺい 取締役の責任

265

		●同社においては以前から国際部門において関係国の公務員に対するリベート供与が行われていたが、特に2013年（平成25年）4月、国税局による調査（使途秘匿金の指摘）をきっかけにそのような実態の存在を経営トップまで認識するに至ったにもかかわらず、国際業務の今後の存続のためにリベート供与もやむなしと判断し、組織として当面これを継続するとの判断を下し、本件が発覚するに至るまで繰り返していた。 ●東京地検特捜部により起訴、第一審判決で会社に対し罰金9000万円、当時の社長を含む役員3名に対し懲役2年〜3年、執行猶予3年〜4年が言い渡され、第一審で確定。
⑳	タイヤ・ゴムメーカーによる免震ゴムデータ偽装	2015年（平成27年）3月、同社が製造・販売した建築物の免震機構に用いられるゴム製部品について、不良品の出荷や性能データの偽装があったことが発覚した事案。 ●同社は、2007年（平成19年）にも断熱パネルの偽装事件も起こしていた（断熱パネルの性能試験を受ける際、サンプルには燃えにくい物質を混ぜて不正に認定を受けた。実際には販売される製品には、その物質は使われていなかった）。 ●免震ゴム偽装発覚のわずか半年後の2015年（平成27年）10月には、防振ゴムでも性能データの偽装があったことが発覚。その2か月前には、製品を総点検して「安全宣言」を出していた。しかも、2013年（平成25年）12月に取締役など経営幹部が問題の報告を受け、対策会議を開いたが、2年近くにわたって問題を放置し、不正な製品を出荷し続けていた。
㉑	自動車メーカー燃費偽装──追加試験における不正	2016年（平成28年）4月、同業他社との合弁会社で開発した軽自動車の燃費試験について、燃費を実際よりもよく見せるため、国土交通省に虚偽のデータを提出していたことを公表。該当車両は4車種。同業他社による測定の結果、届出値との乖離が見られたことから不正が発覚。実際よりも5％〜15％程度よい燃費を算出しており、軽自動

	●(株主代表訴訟は提起されていないようであるが）会社として公表しないという決定をしたことは取締役等の善管注意義務違反に直結する問題であることを銘記すべきである。	
●度重なる不正、その度に、問題の原因や背景、組織の体質・風土をなおざりにして、対処療法的な解決しか図ってこなかったのではないか。 ●組織内に澱のように溜まった膿を出し切り、悪しき精神構造を根元から改革する姿勢が見られなかった。今後、真に不正の連鎖を断ち切れるのかが大きな課題である。	●自社都合、組織の論理ではなく、ユーザーの立場・利益を第一義として行動すべきことは、前記④リコール隠しのケースと同様のことがあてはまる。	組織的隠ぺい 消費者・ユーザー軽視 取締役の責任
●国土交通省の指示による再検査で、本来であれば、複数の試験結果のうち中央値に近いデータ３つを採用すべきところ、下方の自社に都合のよいデータ３つを言わばいいとこ取りしていた（しかも70回も	●前記同社（④のケース）のリコール隠しや直近で発覚していた燃費偽装の教訓が全くといっていいほど生かされていなかった。	組織的隠ぺい 消費者・ユーザー軽視 取締役の責任

事後対応事例編

車の業界基準であるJC08モードで30km/1L以上という水準に見せかけていた。該当車種は即日販売および出荷停止。加えて、軽自動車に限らず、1991年（平成3年）以降に発売した多くの車種において、違法な方法で燃費試験をしていたことも判明。さらに後日、1991年（平成3年）から25年間にわたり、10・15モード燃費で計測した燃費データの偽装をしていたことも発覚。

●さらに、同社が国土交通省の指示により9車種の燃費を自社で再測定した際も、軽自動車での不正と同様、多数の走行結果から都合のよいデータだけを抜き出していたことが判明（同省が同社の販売中の9車種の燃費を独自に測定した結果、スポーツタイプ多目的車（SUV）、乗用車など8車種で、販売用のカタログで示した数値を、最大8.8％下回った）。同省は、同社が燃費値を再測定した際に不正な方法をとっていたとして、本社などの立入り検査を実施。

268

〔不祥事対応事例（分析表）1〕 失敗事例

試験を繰り返して）。 ●そのような試験方法に法令違反の認識はなかったとのことであるが、恣意性も疑われるような方法であることは十分認識し得たにもかかわらず、国土交通省への問合せもせず（試験方法についてもあらかじめ同省からレクチャーを受けていたとの報道あり）、漫然と再試験を実施（そもそも、そのような試験方法による結果が、国土交通省自身による試験結果と異なり得ることを想定していなかったのか）。		

269

事後対応事例編

〔不祥事対応事例（分析表）2〕 成功事例

No.	事件名	事　　案	参考ポイント
①	電機メーカー・温風機一酸化炭素中毒事件	2005年（平成17年）1月から同年12月にかけ同社製の温風機から漏れた一酸化炭素中毒により死傷者等が発生する事故が相次いだ（合計5件）。同社は比較的早い段階で自主的にリコールを開始。3件目の事故が発生した後の4月に会見を開き、新聞紙上に社告文を掲載したうえ、無料での部品交換、回収を実施。5月には新聞折り込みチラシによる告知を開始、販売経路を通じて名簿把握と点検、DMの送付、修理履歴名簿からの追跡などを実施。11月には緊急対策本部を立ち上げ、テレビや新聞などのメディアを通じた告知、大規模な顧客への注意喚起活動、重点地区における巡回訪問等の製品の探索・回収活動等を行うなど徹底した事後対応に努めた（2007年（平成19年）11月現在で総販売台数の約72%を把握）。「最後の1台まで回収する覚悟で臨む」と誓ったとおり、現在でもホームページでの回収を呼び掛けている。このような同社の対応は、その後のリコール対応のモデルケース（早期の信頼回復のお手本）といわれてい	●消費者・ユーザー重視 ●対応の自主性、迅速性 ●徹底した対策と持続的取組み ●積極的で誠実な広報

270

〔不祥事対応事例（分析表）2〕　成功事例

		る。	
②	カレーチェーン・廃棄カツ流出騒動	2016年（平成28年）1月15日、カレーチェーンを展開する同社は廃棄カツ等の産廃業者による不正横流しを発表。 　同社リリースによれば、問題のビーフカツの不正転売品は工場で使用している合成樹脂性の部品が混入した可能性があるため全ロットを廃棄、また、その他の不正転売品も、廃棄物として扱われた品であることから、不正販売品を見つけても決して食べないようにと呼びかけた。 　同社は言わば「被害者」の立場にあるともいえたが、同社の消費者を重視した素早い対応は注目を集め、かえって評価を上げることとなった。すなわち、同社のフランチャイジーに勤務するパート従業員がスーパーで買い物中に販売されているはずのないビーフカツを発見、本部に通報したのが11日。13日には同社は「産廃処理業者による…ビーフカツ不正転売のお知らせ」というリリースを発表。商品が出る前に発覚し、廃棄処分されたとはいえ、製造段階での異物混入という同社にとっては都合がよくない廃棄理由も明記したうえ	●消費者・ユーザー重視 ●1パート従業員の声を無視することなく、真摯に受け止め事後の対応に結び付けたことは、企業の誠実性を現すもの。 ●対応の自主性、迅速性（特に、迅速で的を射た調査実施は評価に値する） ●徹底した対策 ●積極的で誠実な広報

271

事後対応事例編

		で、不正転売の事実までたどりついてのリリース。迅速な事実調査力や、「異物混入」の可能性がある場合には全ロット廃棄するという厳しい管理体制もさることながら、数多あるフランチャイジーの1パート従業員の声を本部がきっちりとすくい上げて、即座に調査を行った点などが評価され（ネット上でも賛美の声が多数）、市場も敏感に反応し、15日の同社株は前日終値から160円高の5800円となった。	
③	電気通信事業者・個人情報流出	2006年（平成18年）、同社のISPの顧客情報が流出した事件。この事件で同社を恐喝したとして2名が逮捕された。流出規模は約400万件に及んだ。2004年（平成16年）の別件ISP顧客情報漏えい事件（約450万件）に次ぐ規模。2004年（平成16年）の事案では、外部委員会が設置され、顧客への金券送付等の対応が行われたにもかかわらず、損害賠償請求訴訟が提起された。他方、本事案ではそのような対応がとられなかったのに、訴訟提起なし。本事案では、調査結果に関するリリースで流出した情報は全て回収され、情報の悪用や第三者への流出のお	●対応の迅速性と徹底した取組み ●的確な公表・広報

272

〔不祥事対応事例（分析表）2〕　成功事例

		それがないことを明確にしたこと等が評価された可能性がある。その他、会見での社長の謝罪態度に責任回避の姿勢も認められなかった。	
④	居酒屋チェーン・アルコール製剤誤提供事案	2016年（平成28年）8月、同社が食品添加物アルコール製剤を、焼酎と間違えて約150人の客に提供したという事案（人体への影響はなく、健康被害の報告なし）。取引先のサーバーメンテナンス業者サイドの問題であった可能性があったが、自ら積極的に潔く公表、謝罪し、保健所に届け出た。	●消費者・ユーザー重視 ●不祥事が発生した時の対応によって、その企業経営者の誠実性がよくわかる。ばれずにすむのなら、公表せずにだまっている、という態度とは正反対。（ただし、7月21日に異常を感じたにもかかわらず、公表が3週間余り後の8月15日になった点についての合理的な説明は不足していた）
⑤	食品加工会社・冷凍パスタゴキブリ混入事件	2014年（平成26年）12月、同社の冷凍パスタからゴキブリらしき虫の一部が見つかったとして自主回収を公表した事案。該当製品以外の製品の販売は継続。本事案の場合は、発生原因と、混入の可能性がある製品の製造場所や製造日がすぐに特定でき、世間に知られる前に、会社側から公表できた。 　他方、別件即席麺の事案では、会社が知る前に世間に知れ渡り、現物回収もツイッター投稿の翌日。約1か月経過後も混入経路が特定できなかった。	●消費者・ユーザー重視 ●対応の自主性、迅速性 ●原因特定の迅速性と正確性 ●積極的で誠実な広報

273

事後対応事例編

| ⑥ | 製薬会社・目薬リコール対応 | 2000年（平成12年）6月14日朝、同社社長宛に、現金2000万円を要求する脅迫文（「応じなければ異物を混入した目薬をばらまく」）と、異物を混入した現物が届き、同社は直ちに警察へ通報。出張中の社長に連絡して帰社を促し、夕方には対応チームを立ち上げたうえ、リコールに要する直接経費を見積もり、新パッケージの開発に着手。記者会見や社告の準備にもとりかかった。

翌日午後3時、犯人は現金授受の現場に現れなかったが、同社は厚生省にリコール決定を報告し、午後7時には記者会見を開き、社長自らが事件の概要と一般目薬約250万個の回収を発表。自社のWebサイトにも社告を掲載。発生3日目（16日）には朝刊各紙に社告を掲載し、お客様相談室の回線を増設して照会に応じた。4日目には店頭からの全対象製品の撤去を完了。医薬部門のMR（医薬営業担当者）も応援に回るなど、全社をあげての緊急体制をとり、同日にはWebサイトの情報を更新して回収状況を掲示。さらに発生9日目（6月22日）、Webサイトで、店頭撤去完了の報告と新パッケージの製品を6 | ●消費者・ユーザー重視
●対応の自主性、迅速性（有事の備えありか）
●徹底かつ網羅的な対策
●責任転嫁をしない真摯で公正な姿勢
●積極的で誠実な広報 |

〔不祥事対応事例（分析表）2〕　成功事例

		月末から製造開始すると発表。 　発生10日目の23日夜に犯人が逮捕されたが、消費者の不安を完全に払拭するために、その5日後（28日）に新パッケージの生産開始、発生21日目の7月4日に全国で販売を再開。リコールに伴い、13億円の減益修正も、株価はすぐに回復。会社には何の落ち度もなく、むしろ被害者ともいえる事件を契機として、消費者の安全を最優先する企業姿勢を社会に示すことができた。	
⑦	マリンホースカルテルにおけるタイヤ・ゴムメーカーの対応	1999年（平成11年）12月以降、同社ほか1社および英米仏の外国事業者合計8社が、マリンホースの国際入札で談合、価格協定、市場占有率協定を行っていた事案。2006年（平成18年）秋、同社は、社内調査の過程でカルテル関与が明らかとなったことから、各国競争当局に対し、リーニエンシー申請し、いずれの国においても罰金・制裁等の対象とされなかった。同案件にかかわった他社においては、わが国で排除措置命令、課徴金納付命令を受けたうえ、米国、欧州、韓国で巨額の罰金等の支払を命じられ、さらに米国での集団訴訟が提起されたあげく、邦	●的確で迅速な有事対応（想定リスクへの備えが十分できていたものと思われる）。

275

事後対応事例編

		人担当者個人も米国で禁錮・罰金の実刑を受けることになった。	
⑧	中華料理チェーンにおける反社会的勢力との不適切取引事件	同社が過去十数年間、創業家と関係が深い会社経営者とその関係企業との間で、総額約260億円に上る不透明な取引を繰り返し、約170億円が未回収になっていた事案。 第三者委員会の報告書が公表されて以来、委員会から提示されたガバナンス向上のための提言を一つ一つ誠実にクリアし、創業家との取引を一切停止できたことをリリース（報告書受領後5回にわたり、逐一、再発防止策の実施状況を積極的にリリース）。	●不祥事発覚後、第三者委員会の提言を受領しながら、現実的な施策に落とし込んで実践していく企業が必ずしも多いとはいえない中、同社の姿勢は、企業としての誠実さ、現マネジメントの断固たる決意の表れで、よりよい企業風土への転換・形成に寄与するものであって、企業価値を評価するにあたって非常に重要。

276

資 料 編

〔資料 1 〕 協議・合意制度に関する刑事訴訟法の条文（抜粋）
第 4 章 証拠収集等への協力及び訴追に関する合意（平成28年法律第54号
本章追加）

第 1 節 合意及び協議の手続

〔合意〕
第350条の 2 　検察官は、特定犯罪に係る事件の被疑者又は被告人が特定犯罪に
係る他人の刑事事件（以下単に「他人の刑事事件」という。）について 1 又は 2
以上の第 1 号に掲げる行為をすることにより得られる証拠の重要性、関係する犯
罪の軽重及び情状、当該関係する犯罪の関連性の程度その他の事情を考慮して、
必要と認めるときは、被疑者又は被告人との間で、被疑者又は被告人が当該他人
の刑事事件について 1 又は 2 以上の同号に掲げる行為をし、かつ、検察官が被疑
者又は被告人の当該事件について 1 又は 2 以上の第 2 号に掲げる行為をすること
を内容とする合意をすることができる。
　一　次に掲げる行為
　　イ　第198条第 1 項又は第223条第 1 項の規定による検察官、検察事務官又は
　　　司法警察職員の取調べに際して真実の供述をすること。
　　ロ　証人として尋問を受ける場合において真実の供述をすること。
　　ハ　検察官、検察事務官又は司法警察職員による証拠の収集に関し、証拠の
　　　提出その他の必要な協力をすること（イ及びロに掲げるものを除く。）。
　二　次に掲げる行為
　　イ　公訴を提起しないこと。
　　ロ　公訴を取り消すこと。
　　ハ　特定の訴因及び罰条により公訴を提起し、又はこれを維持すること。
　　ニ　特定の訴因若しくは罰条の追加若しくは撤回又は特定の訴因若しくは罰

277

資料編

　　　　条への変更を請求すること。

　　ホ　第293条第1項の規定による意見の陳述において、被告人に特定の刑を
　　　　科すべき旨の意見を陳述すること。

　　ヘ　即決裁判手続の申立てをすること。

　　ト　略式命令の請求をすること。

②　前項に規定する「特定犯罪」とは、次に掲げる罪（死刑又は無期の懲役若し
　くは禁錮に当たるものを除く。）をいう。

　一　刑法第96条から第96条の6まで若しくは第155条の罪、同条の例により処
　　断すべき罪、同法第157条の罪、同法第158条の罪（同法第155条の罪、同条
　　の例により処断すべき罪又は同法第157条第1項若しくは第2項の罪に係る
　　ものに限る。）又は同法第159条から第163条の5まで、第197条から第197条
　　の4まで、第198条、第246条から第250条まで若しくは第252条から第254条
　　までの罪

　二　組織的な犯罪の処罰及び犯罪収益の規制等に関する法律（平成11年法律第
　　136号。以下「組織的犯罪処罰法」という。）第3条第1項第1号から第4号
　　まで、第13号若しくは第14号に掲げる罪に係る同条の罪、同項第13号若しく
　　は第14号に掲げる罪に係る同条の罪の未遂罪又は組織的犯罪処罰法第10条若
　　しくは第11条の罪

　三　前2号に掲げるもののほか、租税に関する法律、私的独占の禁止及び公正
　　取引の確保に関する法律（昭和22年法律第54号）又は金融商品取引法（昭和
　　23年法律第25号）の罪その他の財政経済関係犯罪として政令で定めるもの

　四　次に掲げる法律の罪

　　イ　爆発物取締罰則（明治17年太政官布告第32号）

　　ロ　大麻取締法（昭和23年法律第124号）

　　ハ　覚せい剤取締法（昭和26年法律第252号）

　　ニ　麻薬及び向精神薬取締法（昭和28年法律第14号）

　　ホ　武器等製造法（昭和28年法律第145号）

　　ヘ　あへん法（昭和29年法律第71号）

　　ト　銃砲刀剣類所持等取締法（昭和33年法律第6号）

　　チ　国際的な協力の下に規制薬物に係る不正行為を助長する行為等の防止を
　　　図るための麻薬及び向精神薬取締法等の特例等に関する法律（平成3年法
　　　律第94号）

　五　刑法第103条、第104条若しくは第105条の2の罪又は組織的犯罪処罰法第
　　7条の罪（同条第1項第1号から第3号までに掲げる者に係るものに限る。）
　　若しくは組織的犯罪処罰法第7条の2の罪（いずれも前各号に掲げる罪を本
　　犯の罪とするものに限る。）

③　第1項の合意には、被疑者若しくは被告人がする同項第1号に掲げる行為又
　は検察官がする同項第2号に掲げる行為に付随する事項その他の合意の目的を

278

達するため必要な事項をその内容として含めることができる。

〔弁護人の同意〕

第350条の3　前条第1項の合意をするには、弁護人の同意がなければならない。

②　前条第1項の合意は、検察官、被疑者又は被告人及び弁護人が連署した書面により、その内容を明らかにしてするものとする。

〔協議〕

第350条の4　第350条の2第1項の合意をするため必要な協議は、検察官と被疑者又は被告人及び弁護人との間で行うものとする。ただし、被疑者又は被告人及び弁護人に異議がないときは、協議の一部を弁護人のみとの間で行うことができる。

〔他人の刑事事件についての供述の求め〕

第350条の5　前条の協議において、検察官は、被疑者又は被告人に対し、他人の刑事事件について供述を求めることができる。この場合においては、第198条第2項の規定を準用する。

②　被疑者又は被告人が前条の協議においてした供述は、第350条の2第1項の合意が成立しなかつたときは、これを証拠とすることができない。

③　前項の規定は、被疑者又は被告人が当該協議においてした行為が刑法第103条、第104条若しくは第172条の罪又は組織的犯罪処罰法第7条第1項第1号若しくは第2号に掲げる者に係る同条の罪に当たる場合において、これらの罪に係る事件において用いるときは、これを適用しない。

〔司法警察員との協議〕

第350条の6　検察官は、司法警察員が送致し若しくは送付した事件又は司法警察員が現に捜査していると認める事件について、その被疑者との間で第350条の4の協議を行おうとするときは、あらかじめ、司法警察員と協議しなければならない。

②　検察官は、第350条の4の協議に係る他人の刑事事件について司法警察員が現に捜査していることその他の事情を考慮して、当該他人の刑事事件の捜査のため必要と認めるときは、前条第1項の規定により供述を求めることその他の当該協議における必要な行為を司法警察員にさせることができる。この場合において、司法警察員は、検察官の個別の授権の範囲内で、検察官が第350条の2第1項の合意の内容とすることを提案する同項第2号に掲げる行為の内容の提示をすることができる。

第2節　公判手続の特例

〔合意内容書面の取調べ〕

第350条の7　検察官は、被疑者との間でした第350条の2第1項の合意がある場合において、当該合意に係る被疑者の事件について公訴を提起したときは、第291条の手続が終わつた後（事件が公判前整理手続に付された場合にあつては、

資料編

その時後）遅滞なく、証拠として第350条の3第2項の書面（以下「合意内容書面」という。）の取調べを請求しなければならない。被告事件について、公訴の提起後に被告人との間で第350条の2第1項の合意をしたときも、同様とする。

② 前項の規定により合意内容書面の取調べを請求する場合において、当該合意の当事者が第350条の10第2項の規定により当該合意から離脱する旨の告知をしているときは、検察官は、あわせて、同項の書面の取調べを請求しなければならない。

③ 第1項の規定により合意内容書面の取調べを請求した後に、当該合意の当事者が第350条の10第2項の規定により当該合意から離脱する旨の告知をしたときは、検察官は、遅滞なく、同項の書面の取調べを請求しなければならない。

第350条の8 被告人以外の者の供述録取書等であつて、その者が第350条の2第1項の合意に基づいて作成したもの又は同項の合意に基づいてされた供述を録取し若しくは記録したものについて、検察官、被告人若しくは弁護人が取調べを請求し、又は裁判所が職権でこれを取り調べることとしたときは、検察官は、遅滞なく、合意内容書面の取調べを請求しなければならない。この場合においては、前条第2項及び第3項の規定を準用する。

第350条の9 検察官、被告人若しくは弁護人が証人尋問を請求し、又は裁判所が職権で証人尋問を行うこととした場合において、その証人となるべき者との間で当該証人尋問についてした第350条の2第1項の合意があるときは、検察官は、遅滞なく、合意内容書面の取調べを請求しなければならない。この場合においては、第350条の7第3項の規定を準用する。

第3節 合意の終了

〔離脱〕

第350条の10 次の各号に掲げる事由があるときは、当該各号に定める者は、第350条の2第1項の合意から離脱することができる。

一 第350条の2第1項の合意の当事者が当該合意に違反したとき その相手方

二 次に掲げる事由 被告人

イ 検察官が第350条の2第1項第2号ニに係る同項の合意に基づいて訴因又は罰条の追加、撤回又は変更を請求した場合において、裁判所がこれを許さなかつたとき。

ロ 検察官が第350条の2第1項第2号ホに係る同項の合意に基づいて第293条第1項の規定による意見の陳述において被告人に特定の刑を科すべき旨の意見を陳述した事件について、裁判所がその刑より重い刑の言渡しをしたとき。

ハ 検察官が第350条の2第1項第2号へに係る同項の合意に基づいて即決裁判手続の申立てをした事件について、裁判所がこれを却下する決定（第

350条の22第3号又は第4号に掲げる場合に該当することを理由とするものに限る。）をし、又は第350条の25第1項第3号若しくは第4号に該当すること（同号については、被告人が起訴状に記載された訴因について有罪である旨の陳述と相反するか又は実質的に異なつた供述をしたことにより同号に該当する場合を除く。）となつたことを理由として第350条の22の決定を取り消したとき。

　ニ　検察官が第350条の2第1項第2号トに係る同項の合意に基づいて略式命令の請求をした事件について、裁判所が第463条第1項若しくは第2項の規定により通常の規定に従い審判をすることとし、又は検察官が第465条第1項の規定により正式裁判の請求をしたとき。

　三　次に掲げる事由　検察官

　　イ　被疑者又は被告人が第350条の4の協議においてした他人の刑事事件についての供述の内容が真実でないことが明らかになつたとき。

　　ロ　第1号に掲げるもののほか、被疑者若しくは被告人が第350条の2第1項の合意に基づいてした供述の内容が真実でないこと又は被疑者若しくは被告人が同項の合意に基づいて提出した証拠が偽造若しくは変造されたものであることが明らかになつたとき。

②　前項の規定による離脱は、その理由を記載した書面により、当該離脱に係る合意の相手方に対し、当該合意から離脱する旨の告知をして行うものとする。

〔検察審査会の起訴議決〕

第350条の11　検察官が第350条の2第1項第2号イに係る同項の合意に基づいて公訴を提起しない処分をした事件について、検察審査会法第39条の5第1項第1号若しくは第2号の議決又は同法第41条の6第1項の起訴議決があつたときは、当該合意は、その効力を失う。

〔証拠能力〕

第350条の12　前条の場合には、当該議決に係る事件について公訴が提起されたときにおいても、被告人が第350条の4の協議においてした供述及び当該合意に基づいてした被告人の行為により得られた証拠並びにこれらに基づいて得られた証拠は、当該被告人の刑事事件において、これらを証拠とすることができない。

②　前項の規定は、次に掲げる場合には、これを適用しない。

　一　前条に規定する議決の前に被告人がした行為が、当該合意に違反するものであつたことが明らかになり、又は第350条の10第1項第3号イ若しくはロに掲げる事由に該当することとなつたとき。

　二　被告人が当該合意に基づくものとしてした行為又は当該協議においてした行為が第350条の15第1項の罪、刑法第103条、第104条、第169条若しくは第172条の罪又は組織的犯罪処罰法第7条第1項第1号若しくは第2号に掲げる者に係る同条の罪に当たる場合において、これらの罪に係る事件において用いるとき。

資料編

　三　証拠とすることについて被告人に異議がないとき。

第4節　合意の履行の確保

〔公訴棄却〕

第350条の13　検察官が第350条の2第1項第2号イからニまで、ヘ又はトに係る同項の合意（同号ハに係るものについては、特定の訴因及び罰条により公訴を提起する旨のものに限る。）に違反して、公訴を提起し、公訴を取り消さず、異なる訴因及び罰条により公訴を提起し、訴因若しくは罰条の追加、撤回若しくは変更を請求することなく若しくは異なる訴因若しくは罰条の追加若しくは撤回若しくは異なる訴因若しくは罰条への変更を請求して公訴を維持し、又は即決裁判手続の申立て若しくは略式命令の請求を同時にすることなく公訴を提起したときは、判決で当該公訴を棄却しなければならない。

②　検察官が第350条の2第1項第2号ハに係る同項の合意（特定の訴因及び罰条により公訴を維持する旨のものに限る。）に違反して訴因又は罰条の追加又は変更を請求したときは、裁判所は、第312条第1項の規定にかかわらず、これを許してはならない。

〔証拠能力〕

第350条の14　検察官が第350条の2第1項の合意に違反したときは、被告人が第350条の4の協議においてした供述及び当該合意に基づいてした被告人の行為により得られた証拠は、これらを証拠とすることができない。

②　前項の規定は、当該被告人の刑事事件の証拠とすることについて当該被告人に異議がない場合及び当該被告人以外の者の刑事事件の証拠とすることについてその者に異議がない場合には、これを適用しない。

〔合意違反の罪〕

第350条の15　第350条の2第1項の合意に違反して、検察官、検察事務官又は司法警察職員に対し、虚偽の供述をし又は偽造若しくは変造の証拠を提出した者は、5年以下の懲役に処する。

②　前項の罪を犯した者が、当該合意に係る他人の刑事事件の裁判が確定する前であつて、かつ、当該合意に係る自己の刑事事件の裁判が確定する前に自白したときは、その刑を減軽し、又は免除することができる。

資料2

〔資料2〕 刑事訴訟法第350条の2第2項第3号の罪を定める政令（平成30年3月22日政令第51号）

　内閣は、刑事訴訟法（昭和23年法律第131号）第350条の2第2項第3号の規定に基づき、この政令を制定する。

　刑事訴訟法第350条の2第2項第3号の財政経済関係犯罪として政令で定める罪は、第1号から第48号までに掲げる法律の罪又は第49号に掲げる罪とする。

一　　　租税に関する法律

二　　　金融機関の信託業務の兼営等に関する法律（昭和18年法律第43号）

三　　　私的独占の禁止及び公正取引の確保に関する法律（昭和22年法律第54号）

四　　　農業協同組合法（昭和22年法律第132号）

五　　　金融商品取引法（昭和23年法律第25号）

六　　　消費生活協同組合法（昭和23年法律第200号）

七　　　水産業協同組合法（昭和23年法律第242号）

八　　　中小企業等協同組合法（昭和24年法律第181号）

九　　　協同組合による金融事業に関する法律（昭和24年法律第183号）

十　　　外国為替及び外国貿易法（昭和24年法律第228号）

十一　　商品先物取引法（昭和25年法律第239号）

十二　　投資信託及び投資法人に関する法律（昭和26年法律第198号）

十三　　信用金庫法（昭和26年法律第238号）

十四　　長期信用銀行法（昭和27年法律第187号）

十五　　労働金庫法（昭和28年法律第227号）

十六　　出資の受入れ、預り金及び金利等の取締りに関する法律（昭和29年法律第195号）

十七　　補助金等に係る予算の執行の適正化に関する法律（昭和30年法律第179号）

十八　　預金等に係る不当契約の取締に関する法律（昭和32年法律第136号）

十九　　特許法（昭和34年法律第121号）

二十　　実用新案法（昭和34年法律第123号）

二十一　意匠法（昭和34年法律第125号）

二十二　商標法（昭和34年法律第127号）

二十三　金融機関の合併及び転換に関する法律（昭和43年法律第86号）

二十四　著作権法（昭和45年法律第48号）

二十五　特定商取引に関する法律（昭和51年法律第57号）

二十六　銀行法（昭和56年法律第59号）

二十七　貸金業法（昭和58年法律第32号）

二十八　半導体集積回路の回路配置に関する法律（昭和60年法律第43号）

二十九　特定商品等の預託等取引契約に関する法律（昭和61年法律第62号）

資料編

三十　　不正競争防止法（平成 5 年法律第47号）
三十一　不動産特定共同事業法（平成 6 年法律第77号）
三十二　保険業法（平成 7 年法律第105号）
三十三　金融機関等の更生手続の特例等に関する法律（平成 8 年法律第95号）
三十四　種苗法（平成10年法律第83号）
三十五　資産の流動化に関する法律（平成10年法律第105号）
三十六　債権管理回収業に関する特別措置法（平成10年法律第126号）
三十七　民事再生法（平成11年法律第225号）
三十八　外国倒産処理手続の承認援助に関する法律（平成12年法律第129号）
三十九　公職にある者等のあっせん行為による利得等の処罰に関する法律（平成
　　　　12年法律第130号）
四十　　農林中央金庫法（平成13年法律第93号）
四十一　入札談合等関与行為の排除及び防止並びに職員による入札等の公正を害
　　　　すべき行為の処罰に関する法律（平成14年法律第101号）
四十二　会社更生法（平成14年法律第154号）
四十三　破産法（平成16年法律第75号）
四十四　信託業法（平成16年法律第154号）
四十五　会社法（平成17年法律第86号）
四十六　犯罪による収益の移転防止に関する法律（平成19法律第22号）
四十七　株式会社商工組合中央金庫法（平成19年法律第74号）
四十八　資金決済に関する法律（平成21年法律第59号）
四十九　前各号に掲げる法律の罪のほか、次に掲げる罪（刑法（明治40年法律第
　　　　45号）の罪を除く。）
　イ　賄賂を収受し、又はその要求若しくは約束をした罪
　ロ　賄賂を収受させ、若しくは供与させ、又はその供与の要求若しくは約束を
　　した罪
　ハ　不正の請託を受けて、財産上の利益を収受し、又はその要求若しくは約束
　　をした罪
　ニ　イからハまでに掲げる罪に係る賄賂又は利益を供与し、又はその申込み若
　　しくは約束をした罪
　ホ　任務に背く行為をし、他人に財産上の損害を加えた罪又はその未遂罪
附　則
　この政令は、刑事訴訟法等の一部を改正する法律（平成28年法律第54号）附則
第 1 条第 4 号に掲げる規定の施行の日（平成30年 6 月 1 日）から施行する。

資料3

〔資料3〕 最高検察庁新制度準備室「合意制度の当面の運用に関する検察の考え方」（法律のひろば2018年4月号48頁掲載）（抜粋）

はじめに

　本年6月1日から施行される「証拠収集等への協力及び訴追に関する合意制度」（以下「合意制度」という。）の適切な運用を図るため、最高検察庁において、「合意制度の運用に関する当面の考え方」を作成した。合意制度の具体的な運用の在り方について、検察としての当面の考え方を示すものであるが、その内容は次のとおりである。

一　合意制度の趣旨及び概要

1　趣旨

　組織的な犯罪等において、首謀者の関与状況等を含めた事案の解明を図るためには、組織内部の者から供述を得ることなどが必要不可欠である場合が少なくないところ、近時、取調べによってかかる供述を得ることが困難となってきていることも踏まえ、手続の適正を担保しつつ組織的な犯罪等の事案の解明に資する供述等を得ることを可能とする新たな証拠収集方法として、合意制度を導入することとされたものである。

2　概要　〈略〉

二　合意制度の運用に関する当面の考え方

1　事案の選定について

○　合意制度を利用するためには、本人の事件についての処分の軽減等をしてもなお、他人の刑事事件の捜査・公判への協力を得ることについて国民の理解を得られる場合でなければならない。

○　基本的には、従来の捜査手法では同様の成果を得ることが困難な場合において、協議の開始を検討することとする。

○　協議の開始を検討するに当たっては、本人の協力行為によって合意制度の利用に値するだけの重要な証拠が得られる見込みがあるかということ（後記2(1)参照）や、協議における本人の供述につき、裏付証拠が十分にあるなど積極的に信用性を認めるべき事情がある場合でなければ合意しないこととなること（後記2(1)、4(1)参照）を考慮する必要がある。

○　協議の開始を検討するに当たっては、協議に時間がかかることや協議により取調べにおける供述の任意性に影響が及ばないよう配慮する必要があることなど、協議を行うことによる捜査・公判への影響をも考慮する必要がある。

2　協議について

(1)　協議に関する基本的な考え方

○　検察官は、合意するか否かの判断に当たり、合意をした場合に本人が行う協力行為により得られる証拠（供述等）の重要性や信用性、本人が合意を真摯に履行する意思を有しているかなどを見極めることが必要である。そのため、協議においては、本人から合意した場合に行う協力行為の内容を十分に聴取する

285

資料編

とともに、協議における本人の供述について裏付調査を行い、その信用性を徹底して吟味すべきである。

○　その上で、協議における本人の供述に高い信用性が認められるとともに、その協力行為により得られる証拠に合意制度の利用に値するだけの重要性が認められるのであれば、検察官は処分の軽減等の内容を提示すべきである。

○　他方で、協議における本人の供述につき十分な裏付証拠が得られないなど、本人の供述に高い信用性を認めることができず、あるいは、本人の協力行為により得られる証拠に重要性が認められない場合には、協議を打ち切るべきである。

○　協議に際しては、関係者に不信感を与えることのないよう、誠実な対応に努める必要がある。

(2)　協議に関する留意事項

①　手続の概要

協議は、その開始について検察官、本人及び弁護人との間で意思が合致した際に開始されることとなる。これに先立ち、検察官又は弁護人からの協議開始の申入れとそれに関する双方の意見交換を経ることとなろう。

後記のとおり、協議の開始に際しては、検察官から本人及び弁護人に対し、所要の事項について説明するとともに（後記③参照）、協議開始書を作成する（後記④参照）。

協議において、どのような順序でどのようなやり取りを行うのかは事案により異なり得るが、一般的には

○　弁護人による、本人が行い得る協力行為の内容の提示

○　検察官による、本人からの供述の聴取

○　検察官による、処分の軽減等の内容の提示

○　検察官と弁護人の間における、合意の内容等についての意見の交換

などが行われることになると考えられる。

②　協議開始の判断の在り方

ア　検察官が協議開始を申し入れる場合

○　検察官は、合意により、本人から、他人の刑事事件について、信用性の高い重要な証拠が提供される見込みがあると考える場合において、弁護人に対し、協議開始を申し入れることを検討する（前記1参照）。

○　協議には一定の時間を要するとともに、協議中は、基本的には取調べを差し控えることとするため（後記⑦参照〈略〉）、協議開始を申し入れるに当たっては、捜査の状況やその時点での証拠関係、取調べの要否等を踏まえ、捜査への影響を考慮する必要がある。

また、協議開始の申入れに際しては、検察官において、適宜、期限を設定して回答を求める必要がある。

○　協議開始の申入れは、原則として、弁護人に対して行うこととする。

イ　弁護人から協議開始を申し入れられた場合

○　検察官としては、弁護人から協議開始を申し入れられた場合には、合意に至る見込みがどの程度あるのかを見極めた上で、その申入れに応じて協議を開始するか否かをできる限り速やかに判断すべきである。

○　そして、事案の内容や証拠関係等に照らして、そもそも検察官として合意制度の利用が考えられないような場合には、弁護人から更に聴取することはせず、協議開始の申入れに応じない旨を速やかに伝えるべきである。

○　他方で、検察官において協議を開始するか否かの検討が必要な場合には、弁護人に対し、協議開始書（後記④参照）の作成までは協議に入らない旨を伝えるとともに、検察官としては、どのような事件についてどのような協力行為が得られるかを検討した上で、協議に入るかどうか判断するので、まずはその判断に必要な範囲で事情を聞かせてほしいなどと直ちに協議に入ることができないことを明確に伝えた上で、弁護人から、他人の刑事事件と本人が提供可能な協力行為の概要について可能な範囲で聴取すべきである。

　　その結果、合意に至る見込みがないと判断した場合には、協議を開始すべきではなく、協議開始の申入れに応じない旨を弁護人に速やかに伝えるべきである。

ウ　本人から協議開始を申し入れられた場合

○　本人から取調べの場において協議開始を申し入れられた場合、検察官は、本人から、他人の刑事事件や提供可能な協力行為の内容について聴取すべきではない。

○　そして、本人から更に聴取しなくとも、協議に入るべきでないことが直ちに判断できる場合や、本人がおよそ真摯に協議開始を申し入れているとは思われない場合には、本人に対し、直ちに、協議開始の申入れに応じないことを明確に伝えるべきである。

　　あるいは、検察官は、本人に対し、弁護人も交えなければ協議ができないので、本人から申出があっただけでは協議は開始しないことを説明し、必要があれば弁護人から検察官に申し入れるようにと申し向けるべきである。そして、取調べを継続する場合には、以後の取調べと本人からの協議開始の申入れとは全く関係ないことを明確に伝え、取調べへの影響を遮断しておくことが必要である。

③　本人及び弁護人への説明

ア　協議開始に当たって説明すべき事項

　　検察官は、協議開始に当たり、本人及び弁護人に対し

㋐　協議の手順（協議を経て合意に至ること、協議においては、まず本人が行い得る協力行為の提示及び本人の供述の聴取が行われる必要があり、その上で、本人の供述に高い信用性が認められると判断した場合には、その協力行為の内容を踏まえて検察官による処分の軽減等の内容の提示がなされること

資料編

等）

(イ) 合意の自由（協議を開始したとしても、合意するかどうかは相互に自由であること）

(ウ) 協議における供述に当たっての留意事項（本人には黙秘権があること、検察官は、裏付捜査を行い、協議における本人の供述に高い信用性が認められると判断した場合でなければ合意しないこと等）

(エ) 合意不成立の場合の供述の証拠能力の制限及びその例外（前記一2(5)参照〈略〉）

(オ) 合意の効果（合意を履行する義務、虚偽供述罪、合意違反等による合意からの離脱等）

(カ) 協議開始書の記載内容

等について説明すべきである。

　この説明は、協議に先立ち、本人及び弁護人の双方が在席している場で行うべきであり、通常は協議開始書を作成する際に行うこととなろう。

イ　処分の軽減等の見込み等に関する説明の在り方について

　協議の過程において、本人又は弁護人から、協力した場合の処分の軽減等の見込み等について問われることがあり得るが、処分の軽減等の見込み等を説明するのは、基本的に、供述を十分に聴取し、裏付捜査等を実施して、その供述に高い信用性が認められると判断できる状況になった後とすべきである。

④　協議開始書の作成

　協議の開始は、法律上は要式行為ではないが、協議の開始により法律効果が生じることとなるため（前記一2(5)参照〈略〉）、協議開始の有無及びその時期を明確にしておくことが望ましい。そこで、協議の開始に際しては、協議を開始する旨の書面（協議開始書）を作成することとし、その作成をもって協議の開始とする。

　協議開始書は、検察官、本人及び弁護人が連署して作成することとし、その内容として

○　本書面の作成をもって協議を開始すること

のほか、手続の進め方に関する了承事項として

○　検察官が弁護人のみとの間で協議の一部を行うことにつき、本人に異議がないこと

○　検察官が合意せずに協議を終了させる場合、弁護人に通知すれば、本人に通知しなくてもよいこと

についても記載しておくことが相当である（後記サンプル1参照〈略〉）。

　以下〈略〉

3　処分の軽減等について

(1)　処分の軽減等に関する基本的な考え方

○　処分の軽減等の具体的な内容については、基本的には、合意により本人が行

う協力行為の重要性に応じて定めることとする。具体的には、解明対象となる他人の刑事事件の重要性、本人の協力行為により他人の刑事事件が解明される（見込みの）程度、当該事件において他人が果たした役割の重要性及び組織内での地位、合意制度以外の方法により収集し得る証拠の内容等を考慮するものとする。

○ 合意制度を利用する事案においては、本人の協力行為が事案の真相解明に寄与し得ることに加え、本人に捜査協力を促す政策的必要性が認められ得ることから、事案によっては、本人の事件について処分等を大幅に軽減することも柔軟に検討する。

　事案によっては、起訴する予定であった者に不起訴を合意し、あるいは、予定していた求刑よりも大幅に低い求刑を合意することや、公訴の取消し又は訴因の変更を弾力的に行うことのほか、求刑合意と併せて、一部の事実について、不起訴処分、公訴取消し、訴因変更等を行うことを合意に含めることも検討する。

(2) 処分の軽減等に関する留意事項

○ 処分の軽減等の内容は協力行為の重要性に応じて定められるべきものであるから、本人及び弁護人に一たび提示した処分の軽減等の内容は、基本的には、その後の本人及び弁護人との交渉で譲歩すべきではない。

　したがって、協議における聴取では、本人及び弁護人にもその旨伝えた上で、本人が提供し得る協力行為の具体的な内容等を十分に聴き取っておくことが肝要である。

○ 本人の事件に被害者がいる場合は、被害者の処罰感情等にも十分に配慮する必要がある。

4 合意について

(1) 合意に関する基本的な考え方

○ 合意に基づく供述の信用性は、他人の刑事事件の公判において慎重に判断されることになる上、合意をした本人が合意後に虚偽の供述をして無関係の第三者を巻き込み、あるいは、事実を歪曲して第三者に責任を転嫁する事態はあってはならないため、そのような事態が生じないよう、合意に際しては、協議における本人の供述の信用性の吟味を徹底して行う必要がある。

○ 協議における本人の供述につき、裏付証拠が十分にあるなど積極的に信用性を認めるべき事情がある場合にのみ、合意することとする。

　協議における本人の供述が既に収集されている証拠と整合するだけでなく、例えば、協議における供述を得た上で、更に捜査をしたところ、捜査官の知り得なかった事実が確認され、あるいは供述中の重要部分について裏付証拠が新たに得られたという場合などは、積極的に信用性を認めるべき事情があると考えられる。

○ 合意が成立した場合、検察官は誠実に合意を履行する。

(2) 合意に関する留意事項

① 合意内容書面の作成

合意内容書面については、検査官、本人及び弁護人が連署して作成する。

合意内容書面においては、本人の事件及び他人の刑事事件、本人による協力行為並びに検察官による処分の軽減等について、特定して記載することが必要である（後記サンプル4参照）。

合意内容書面は、本人の事件の記録に原本を編てつし、（立件後は）他人の刑事事件の記録にその謄本を編てつして保管することとする。

以下〈略〉

5 合意後の公判について

(1) 本人の事件の公判について

○ 検察官は、本人の事件の公判において、合意内容書面の証拠調べ請求を行うことに加え、必要に応じ、本人の協力行為の内容や真相解明への貢献度等を立証することが考えられる。

○ 特に、求刑について合意をした場合、合意した求刑を上回る判決がなされると、本人の離脱事由となり、合意が無に帰すとともに、求刑合意に対する信頼が失われ、合意制度の定着に影響を及ぼしかねない。求刑について合意した場合には、公訴の取消し又は訴因の変更等、求刑以外の合意事項があれば、それらを誠実に履行するほか、求刑に沿う判決が得られるよう、協力行為の具体的内容や真相解明への貢献度等を適切に主張・立証することが重要である。仮に、求刑を上回る判決が言い渡された場合には、量刑不当を理由として控訴することも検討する。

(2) 他人の刑事事件の公判について

他人の刑事事件の公判において、合意に基づく供述調書又は証人尋問によって立証を行う場合、その供述・証言については、裁判所において、信用性の有無を慎重に判断されることとなろう。検察官としては、裏付証拠が十分に存在するなど積極的に信用性を認めるべき事情があることを立証することにより、信用性を的確に立証する必要がある。

6 合意からの離脱

(1) 検察官による合意からの離脱に関する判断の在り方

検察官は、離脱事由が生じた場合、基本的には離脱すべきである。もっとも、その離脱事由が形式的でささいなものであるときは、本人から全体として有用な協力が得られており、今後も同様の協力行為を得る必要があるのであれば、合意から離脱する必要はない。

(2) 合意離脱告知書の作成　〈略〉

サンプル1　協議開始書〈略〉
サンプル2　協議経過報告書〈略〉
サンプル3　協議終了に関する確認書〈略〉

資料3

サンプル4−1

合 意 内 容 書 面

　検察官及び被疑者Ａ（以下「被疑者」という。）は、本日、刑事訴訟法第350条の4の規定により、下記のとおり合意し、その弁護人乙野次郎（以下「弁護人」という。）は、検察官及び被疑者Ａがその合意をするに当たり、同法第350条の3第1項の同意をする。

記

（被疑者による協力行為等）

1　被疑者は次に掲げる行為をするものとする。

　①　被疑者又は検察事務官（以下「検察官等」という。）による別紙1（省略）の刑事事件についての取調べに際し、真実の供述をすること。

　②　検察官等から上記①の取調べのために出頭を求められたときは、検察官等の指定する日時及び場所に出頭し、かつ、出頭後は検察官等の許可なく退去しないこと。

　③　検察官等が上記①の取調べに際してその録音・録画を実施するときは、これを拒まないこと。

　④　検察官等が上記①の取調べに際し、被疑者にその供述を聴取した供述調書を閲覧させ、又は読み聞かせて、誤りがないかどうかを確認した場合において、誤りがないときは、その旨を申し立てること。

　⑤　検察官等から刑事訴訟法第198条第5項に基づき、上記④の供述調書に署名押印をすることを求められたときは、これに応じて署名押印すること。

　⑥　別紙1の刑事事件について、証人として尋問を受ける場合において、証言を拒むことなく、真実の証言をすること。

　⑦　被疑者を証人として尋問する旨の供述がなされたときは、裁判所又は検察官の指定する日時及び場所に出頭し、宣言をすること。

（検察官による処分の軽減等）

2　検察官は、別紙2（省略）の刑事事件について、公訴を提起しないものとする。

資料編

サンプル4―2

[その他]

3　検察官、被疑者及び弁護人は、上記1及び2に記載された事項は、別紙
　　1及び2の刑事事件以外のいかなる事件についても効力を有しないことを
　　確認するとともに、検察官、被疑者及び弁護人の間には、上記1及び2に
　　記載した事項のほか、いかなる取決めも存しないことを確認する。

　　平成○○年○○月○○日
　　　　　　　　　○○地方検察庁　検察官検事　甲　野　太　郎　㊞
　　　　　　　　　被　疑　者　　　　　　　　　Ａ　　　　　　　㊞
　　　　　　　　　弁　護　人　　　　　　　　　乙　野　次　郎　㊞

サンプル5　合意離脱告知書〈略〉

（転載許諾済み）

資料4

〔資料4〕 企業等不祥事における第三者委員会ガイドライン（日本弁護士連合会）

「企業等不祥事における第三者委員会ガイドライン」の策定にあたって

2010年7月15日
改訂　2010年12月17日
日本弁護士連合会

　企業や官公庁、地方自治体、独立行政法人あるいは大学、病院等の法人組織（以下、「企業等」という）において、犯罪行為、法令違反、社会的非難を招くような不正・不適切な行為等（以下、「不祥事」という）が発生した場合、当該企業等の経営者ないし代表者（以下、「経営者等」という）は、担当役員や従業員等に対し内々の調査を命ずるのが、かつては一般的だった。しかし、こうした経営者等自身による、経営者等のための内部調査では、調査の客観性への疑念を払拭できないため、不祥事によって失墜してしまった社会的信頼を回復することは到底できない。そのため、最近では、外部者を交えた委員会を設けて調査を依頼するケースが増え始めている。

　この種の委員会には、大きく分けて2つのタイプがある。ひとつは、企業等が弁護士に対し内部調査への参加を依頼することによって、調査の精度や信憑性を高めようとするものである（以下、「内部調査委員会」という）。確かに、適法・不適法の判断能力や事実関係の調査能力に長けた弁護士が参加することは、内部調査の信頼性を飛躍的に向上させることになり、企業等の信頼回復につながる。その意味で、こうした活動に従事する弁護士の社会的使命は、何ら否定されるべきものではない。

　しかし、企業等の活動の適正化に対する社会的要請が高まるにつれて、この種の調査では、株主、投資家、消費者、取引先、従業員、債権者、地域住民などといったすべてのステーク・ホルダーや、これらを代弁するメディア等に対する説明責任を果たすことは困難となりつつある。また、そうしたステーク・ホルダーに代わって企業等を監督・監視する立場にある行政官庁や自主規制機関もまた、独立性の高いより説得力のある調査を求め始めている。そこで、注目されるようになったのが、企業等から独立した委員のみをもって構成され、徹底した調査を実施した上で、専門家としての知見と経験に基づいて原因を分析し、必要に応じて具体的な再発防止策等を提言するタイプの委員会（以下、「第三者委員会」という）である。すなわち、経営者等自身のためではなく、すべてのステーク・ホルダーのために調査を実施し、それを対外公表することで、最終的には企業等の信頼と持続可能性を回復することを目的とするのが、この第三者委員会の使命である。

　どちらのタイプの委員会を設けるかは、基本的には経営者等の判断に委ねられ

293

資料編

る。不祥事の規模や、社会的影響の度合いによっては、内部調査委員会だけで目的を達成できる場合もある。しかし、例えば、マスコミ等を通じて不祥事が大々的に報じられたり、上場廃止の危機に瀕したり、株価に悪影響が出たり、あるいは、ブランド・イメージが低下し良い人材を採用できなくなったり、消費者による買い控えが起こったりするなど、具体的な2ダメージが生じてしまった企業等では、第三者委員会を設けることが不可避となりつつある。また、最近では、公務員が不祥事を起こした場合に、国民に対する説明責任を果たす手段として、官公庁が第三者委員会を設置するケースも増えている。

　第三者委員会が設置される場合、弁護士がその主要なメンバーとなるのが通例である。しかし、第三者委員会の仕事は、真の依頼者が名目上の依頼者の背後にあるステーク・ホルダーであることや、標準的な監査手法であるリスク・アプローチに基づいて不祥事の背後にあるリスクを分析する必要があることなどから、従来の弁護士業務と異質な面も多く、担当する弁護士が不慣れなことと相まって、調査の手法がまちまちになっているのが現状である。そのため、企業等の側から、言われ無き反発を受けたり、逆に、信憑性の高い報告書を期待していた外部のステーク・ホルダーや監督官庁などから、失望と叱責を受ける場合も見受けられるようになっている。

　そこで、日本弁護士連合会では、今後、第三者委員会の活動がより一層社会の期待に応え得るものとなるように、自主的なガイドラインとして、「第三者委員会ガイドライン」を策定することにした。依頼企業等からの独立性を貫き断固たる姿勢をもって厳正な調査を実施するための「盾」として、本ガイドラインが活用されることが望まれる。

　もちろん、本ガイドラインは第三者委員会があまねく遵守すべき規範を定めたものではなく、あくまでも現時点のベスト・プラクティスを取りまとめたものである。しかし、ここに1つのモデルが示されることで第三者委員会に対する社会の理解が深まれば、今後は、企業等の側からも、ステーク・ホルダー全体の意向を汲んで、本ガイドラインに準拠した調査が求められるようになることが期待される。また、監督官庁をはじめ自主規制機関等が、不祥事を起こした企業等に対し第三者委員会による調査を要求する場合、公的機関等の側からも、本ガイドラインに依拠することが推奨されるようになるものと予想される。これまでも、監督官庁による業務改善命令の一環として第三者委員会の設置が命じられる場合も見受けられたが、将来的には、単に第三者委員会の設置を命ずるにとどまらず、本ガイドラインに依拠した第三者委員会の調査を求めるようお願いしたい。

　いずれにせよ、今後第三者委員会の実務に携わる弁護士には、裁判を中心に据えた伝統的な弁護、代理業務とは異なり、各種のステーク・ホルダーの期待に応えるという新しいタイプの仕事であることを十分理解し、さらなるベスト・プラクティスの構築に尽力されることを期待したい。

資料4

企業等不祥事における第三者委員会ガイドライン

2010年7月15日
改訂　2010年12月17日
日本弁護士連合会

第1部　基本原則

　本ガイドラインが対象とする第三者委員会（以下、「第三者委員会」という）とは、企業や組織（以下、「企業等」という）において、犯罪行為、法令違反、社会的非難を招くような不正・不適切な行為等（以下、「不祥事」という）が発生した場合及び発生が疑われる場合において、企業等から独立した委員のみをもって構成され、徹底した調査を実施した上で、専門家としての知見と経験に基づいて原因を分析し、必要に応じて具体的な再発防止策等を提言するタイプの委員会である。

　第三者委員会は、すべてのステークホルダーのために調査を実施し、その結果をステークホルダーに公表することで、最終的には企業等の信頼と持続可能性を回復することを目的とする。

第1．第三者委員会の活動
1．不祥事に関連する事実の調査、認定、評価

　第三者委員会は、企業等において、不祥事が発生した場合において、調査を実施し、事実認定を行い、これを評価して原因を分析する。

(1)　調査対象とする事実（調査スコープ）

　第三者委員会の調査対象は、第一次的には不祥事を構成する事実関係であるが、それに止まらず、不祥事の経緯、動機、背景及び類似案件の存否、さらに当該不祥事を生じさせた内部統制、コンプライアンス、ガバナンス上の問題点、企業風土等にも及ぶ。

(2)　事実認定

　調査に基づく事実認定の権限は第三者委員会のみに属する。

　第三者委員会は、証拠に基づいた客観的な事実認定を行う。

(3)　事実の評価、原因分析

　第三者委員会は、認定された事実の評価を行い、不祥事の原因を分析する。

　事実の評価と原因分析は、法的責任の観点に限定されず、自主規制機関の規則やガイドライン、企業の社会的責任（CSR）、企業倫理等の観点から行われる[1]。

2．説明責任

1　第三者委員会は関係者の法的責任追及を直接の目的にする委員会ではない。関係者の法的責任追及を目的とする委員会とは別組織とすべき場合が多いであろう。

295

資料編

第三者委員会は、不祥事を起こした企業等が、企業の社会的責任（CSR）の観点から、ステークホルダーに対する説明責任を果たす目的で設置する委員会である。

３．提言

第三者委員会は、調査結果に基づいて、再発防止策等の提言を行う。

第２．第三者委員会の独立性、中立性

第三者委員会は、依頼の形式にかかわらず、企業等から独立した立場で、企業等のステークホルダーのために、中立・公正で客観的な調査を行う。

第３．企業等の協力

第三者委員会は、その任務を果たすため、企業等に対して、調査に対する全面的な協力のための具体的対応を求めるものとし、企業等は、第三者委員会の調査に全面的に協力する。[2]

第２部　指針

第１．第三者委員会の活動についての指針

１．不祥事に関連する事実の調査、認定、評価についての指針

(1)　調査スコープ等に関する指針

①第三者委員会は、企業等と協議の上、調査対象とする事実の範囲（調査スコープ）を決定する。[3]調査スコープは、第三者委員会設置の目的を達成するために必要十分なものでなければならない。

②第三者委員会は、企業等と協議の上、調査手法を決定する。調査手法は、第三者委員会設置の目的を達成するために必要十分なものでなければならない。

(2)　事実認定に関する指針

①第三者委員会は、各種証拠を十分に吟味して、自由心証により事実認定を行う。

②第三者委員会は、不祥事の実態を明らかにするために、法律上の証明による厳格な事実認定に止まらず、疑いの程度を明示した灰色認定や疫学的認定を行うことができる。[4]

(3)　評価、原因分析に関する指針

①第三者委員会は、法的評価のみにとらわれることなく、[5]自主規制機関の規則やガイドライン等も参考にしつつ、ステークホルダーの視点に立った事実評

2　第三者委員会の調査は、法的な強制力をもたない任意調査であるため、企業等の全面的な協力が不可欠である。

3　第三者委員会は、その判断により、必要に応じて、調査スコープを拡大、変更等を行うことができる。この場合には、調査報告書でその経緯を説明すべきである。

4　この場合には、その影響にも十分配慮する。

296

価、原因分析を行う。

②第三者委員会は、不祥事に関する事実の認定、評価と、企業等の内部統制、コンプライアンス、ガバナンス上の問題点、企業風土にかかわる状況の認定、評価を総合的に考慮して、不祥事の原因分析を行う。

2．説明責任についての指針（調査報告書の開示に関する指針）

第三者委員会は、受任に際して、企業等と、調査結果（調査報告書）のステークホルダーへの開示に関連して、下記の事項につき定めるものとする。

①企業等は、第三者委員会から提出された調査報告書を、原則として、遅滞なく、不祥事に関係するステークホルダーに対して開示すること[6]。

②企業等は、第三者委員会の設置にあたり、調査スコープ、開示先となるステークホルダーの範囲、調査結果を開示する時期を開示すること[7]。

③企業等が調査報告書の全部又は一部を開示しない場合には、企業等はその理由を開示すること。また、全部又は一部を非公表とする理由は、公的機関による捜査・調査に支障を与える可能性、関係者のプライバシー、営業秘密の保護等、具体的なものでなければならないこと[8]。

3．提言についての指針

第三者委員会は、提言を行うに際しては、企業等が実行する具体的な施策の骨格となるべき「基本的な考え方」を示す[9]。

5　なお、有価証券報告書の虚偽記載が問題になっている事案など、法令違反の存否自体が最も重要な調査対象事実である場合もある。

6　開示先となるステークホルダーの範囲は、ケース・バイ・ケースで判断される。たとえば、上場企業による資本市場の信頼を害する不祥事（有価証券報告書虚偽記載、業務に関連するインサイダー取引等）については、資本市場がステークホルダーといえるので、記者発表、ホームページなどによる全面開示が原則となろう。不特定又は多数の消費者に関わる不祥事（商品の安全性や表示に関する事案）も同様であろう。他方、不祥事の性質によっては、開示先の範囲や開示方法は異なりうる。

7　第三者委員会の調査期間中は、不祥事を起こした企業等が、説明責任を果たす時間的猶予を得ることができる。したがって、企業等は、第三者委員会が予め設定した調査期間をステークホルダーに開示し、説明責任を果たすべき期限を明示することが必要となる。ただし、調査の過程では、設定した調査期間内に調査を終了し、調査結果を開示することが困難になることもある。そのような場合に、設定した調査期間内に調査を終了することに固執し、不十分な調査のまま調査を終了すべきではなく、合理的な調査期間を再設定し、それをステークホルダーに開示して理解を求めつつ、なすべき調査を遂げるべきである。

8　第三者委員会は、必要に応じて、調査報告書（原文）とは別に開示版の調査報告書を作成できる。非開示部分の決定は、企業等の意見を聴取して、第三者委員会が決定する。

9　具体的施策を提言することが可能な場合は、これを示すことができる。

資料編

第2．第三者委員会の独立性、中立性についての指針
1．起案権の専属
　調査報告書の起案権は第三者委員会に専属する。
2．調査報告書の記載内容
　第三者委員会は、調査により判明した事実とその評価を、企業等の現在の経営陣に不利となる場合であっても、調査報告書に記載する。
3．調査報告書の事前非開示
　第三者委員会は、調査報告書提出前に、その全部又は一部を企業等に開示しない。
4．資料等の処分権
　第三者委員会が調査の過程で収集した資料等については、原則として、第三者委員会が処分権を専有する。
5．利害関係
　企業等と利害関係を有する者[10]は、委員に就任することができない。

第3．企業等の協力についての指針
1．企業等に対する要求事項
　第三者委員会は、受任に際して、企業等に下記の事項を求めるものとする。
　①企業等が、第三者委員会に対して、企業等が所有するあらゆる資料、情報、社員へのアクセスを保障すること。
　②企業等が、従業員等に対して、第三者委員会による調査に対する優先的な協力を業務として命令すること。
　③企業等は、第三者委員会の求めがある場合には、第三者委員会の調査を補助するために適切な人数の従業員等による事務局を設置すること。当該事務局は第三者委員会に直属するものとし、事務局担当者と企業等の間で、厳格な情報隔壁を設けること。
2．協力が得られない場合の対応
　企業等による十分な協力を得られない場合や調査に対する妨害行為があった場合には、第三者委員会は、その状況を調査報告書に記載することができる。

第4．公的機関とのコミュニケーションに関する指針
　第三者委員会は、調査の過程において必要と考えられる場合には、捜査機関、監督官庁、自主規制機関などの公的機関と、適切なコミュニケーションを行うこ

10　顧問弁護士は、「利害関係を有する者」に該当する。企業等の業務を受任したことがある弁護士や社外役員については、直ちに「利害関係を有する者」に該当するものではなく、ケース・バイ・ケースで判断されることになろう。なお、調査報告書には、委員の企業等との関係性を記載して、ステークホルダーによる評価の対象とすべきであろう。

とができる。[11]

第5．委員等についての指針
1．委員及び調査担当弁護士
(1) 委員の数
第三者委員会の委員数は3名以上を原則とする。
(2) 委員の適格性
第三者委員会の委員となる弁護士は、当該事案に関連する法令の素養があり、内部統制、コンプライアンス、ガバナンス等、企業組織論に精通した者でなければならない

第三者委員会の委員には、事案の性質により、学識経験者、ジャーナリスト、公認会計士などの有識者が委員として加わることが望ましい場合も多い。この場合、委員である弁護士は、これらの有識者と協力して、多様な視点で調査を行う。
(3) 調査担当弁護士
第三者委員会は、調査担当弁護士を選任できる。調査担当弁護士は、第三者委員会に直属して調査活動を行う。

調査担当弁護士は、法曹の基本的能力である事情聴取能力、証拠評価能力、事実認定能力等を十分に備えた者でなければならない。
2．調査を担当する専門家
第三者委員会は、事案の性質により、公認会計士、税理士、デジタル調査の専門家等の各種専門家を選任できる。これらの専門家は、第三者委員会に直属して調査活動を行う。[12]

第6．その他
1．調査の手法など
第三者委員会は、次に例示する各種の手法等を用いて、事実をより正確、多角的にとらえるための努力を尽くさなければならない。

(例示)

①関係者に対するヒアリング

委員及び調査担当弁護士は、関係者に対するヒアリングが基本的かつ必要不可

11　たとえば、捜査、調査、審査などの対象者、関係者等を第三者委員会がヒアリングしようとする場合、第三者委員会が捜査機関、調査機関、自主規制機関などと適切なコミュニケーションをとることで、第三者委員会による調査の趣旨の理解を得て必要なヒアリングを可能にすると同時に、第三者委員会のヒアリングが捜査、調査、審査などに支障を及ぼさないように配慮することなどが考えられる。

12　第三者委員会は、これらの専門家が企業等と直接の契約関係に立つ場合においても、当該契約において、調査結果の報告等を第三者委員会のみに対して行うことの明記を求めるべきである。

欠な調査手法であることを認識し、十分なヒアリングを実施すべきである。

②書証の検証

　関係する文書を検証することは必要不可欠な調査手法であり、あるべき文書が存在するか否か、存在しない場合はその理由について検証する必要がある。なお、検証すべき書類は電子データで保存された文書も対象となる。その際には下記⑦（デジタル調査）に留意する必要がある。

③証拠保全

　第三者委員会は、調査開始に当たって、調査対象となる証拠を保全し、証拠の散逸、隠滅を防ぐ手立てを講じるべきである。企業等は、証拠の破棄、隠匿等に対する懲戒処分等を明示すべきである。

④統制環境等の調査

　統制環境、コンプライアンスに対する意識、ガバナンスの状況などを知るためには社員を対象としたアンケート調査が有益なことが多いので、第三者委員会はこの有用性を認識する必要がある。

⑤自主申告者に対する処置

　企業等は、第三者委員会に対する事案に関する従業員等の自主的な申告を促進する対応[13]をとることが望ましい。

⑥第三者委員会専用のホットライン

　第三者委員会は、必要に応じて、第三者委員会へのホットラインを設置することが望ましい。

⑦デジタル調査

　第三者委員会は、デジタル調査の必要性を認識し、必要に応じてデジタル調査の専門家に調査への参加を求めるべきである。

２．報酬

　弁護士である第三者委員会の委員及び調査担当弁護士に対する報酬は、時間制を原則とする[14]。

　第三者委員会は、企業等に対して、その任務を全うするためには相応の人数の専門家が相当程度の時間を費やす調査が必要であり、それに応じた費用が発生することを、事前に説明しなければならない。

３．辞任

　委員は、第三者委員会に求められる任務を全うできない状況に至った場合、辞任することができる。

４．文書化

13　たとえば、行為者が積極的に自主申告して第三者委員会の調査に協力した場合の懲戒処分の減免など。

14　委員の著名性を利用する「ハンコ代」的な報酬は不適切な場合が多い。成功報酬型の報酬体系も、企業等が期待する調査結果を導こうとする動機につながりうるので、不適切な場合が多い。

資料4

　第三者委員会は、第三者委員会の設置にあたって、企業等との間で、本ガイドラインに沿った事項を確認する文書を取り交わすものとする。

5. 本ガイドラインの性質

　本ガイドラインは、第三者委員会の目的を達成するために必要と考えられる事項について、現時点におけるベスト・プラクティスを示したものであり、日本弁護士連合会の会員を拘束するものではない。

　なお、本ガイドラインの全部又は一部が、適宜、内部調査委員会に準用されることも期待される。

以　上

資料編

〔資料5〕　監査役監査基準（日本監査役協会）（抜粋）
監査役監査基準

公益社団法人日本監査役協会

昭和 50 年 3 月 25 日制定
平成27年 7 月23日最終改正

前注
（各条項のレベル分けについて）

Lv.	事項	語尾
1	法定事項	原則「ねばならない」、「できない」に統一する。 ただし、法令の文言を勘案する場合もある。
2	不遵守があった場合に、善管注意義務違反となる蓋然性が相当程度ある事項	原則「ねばならない」に統一する。
3	不遵守が直ちに善管注意義務違反となるわけではないが、不遵守の態様によっては善管注意義務違反を問われることがあり得る事項	原則「する」に統一する（「行う」等を含む。）。
4	努力義務事項、望ましい事項、行動規範ではあるが上記1〜3に該当しない事項（検討・考慮すべきものの具体的な行動指針は示されていない事項等）	状況に応じて文言を選択する。 なお、努力義務事項については、「努める」に統一するほか、行動規範ではあるが上記1〜3に該当しない事項は、原則「〜ものとする」に統一する。
5	権利の確認等上記1〜4に当てはまらない事項	状況に応じて文言を選択する。

第2章　監査役の職責と心構え

（監査役の心構え）

第3条

5．監査役は、監査意見を形成するに当たり、よく事実を確かめ、必要があると

資料5

認めたときは、弁護士等外部専門家の意見を徴し、判断の合理的根拠を求め、その適正化に努める。【Lv. 4】

第6章　業務監査

（企業不祥事発生時の対応及び第三者委員会）

第27条

1．監査役は、企業不祥事（法令又は定款に違反する行為その他社会的非難を招く不正又は不適切な行為をいう。以下本条において同じ。）が発生した場合、直ちに取締役等から報告を求め、必要に応じて調査委員会の設置を求め調査委員会から説明を受け、当該企業不祥事の事実関係の把握に努めるとともに、【Lv. 4】原因究明、損害の拡大防止、早期収束、再発防止、対外的開示のあり方等に関する取締役及び調査委員会の対応の状況について監視し検証しなければならない。【Lv. 2】

2．前項の取締役の対応が、独立性、中立性又は透明性等の観点から適切でないと認められる場合には、監査役は、監査役会における協議を経て、取締役に対して当該企業不祥事に対する原因究明及び再発防止策等の検討を外部の独立した弁護士等に依頼して行う第三者委員会（本条において「第三者委員会」という。）の設置の勧告を行い、あるいは必要に応じて外部の独立した弁護士等に自ら依頼して第三者委員会を立ち上げるなど、適切な措置を講じる。【Lv. 3】

3．監査役は、当該企業不祥事に対して明白な利害関係があると認められる者を除き、当該第三者委員会の委員に就任することが望ましく、【Lv. 4】第三者委員会の委員に就任しない場合にも、第三者委員会の設置の経緯及び対応の状況等について、早期の原因究明の要請や当局との関係等の観点から適切でないと認められる場合を除き、当該委員会から説明を受け、必要に応じて監査役会への出席を求める。【Lv. 3】監査役は、第三者委員会の委員に就任した場合、会社に対して負っている善管注意義務を前提に、他の弁護士等の委員と協働してその職務を適正に遂行する。【Lv. 3】

第8章　監査の方法等

（会計監査人との連携）

第47条

5．監査役は、会計監査人から取締役の職務の執行に関して不正の行為又は法令若しくは定款に違反する重大な事実（財務計算に関する書類の適正性の確保に影響を及ぼすおそれがある事実を含む。）がある旨の報告等を受けた場合には、監査役会において審議のうえ、必要な調査を行い、取締役会に対する報告又は取締役に対する助言若しくは勧告など、必要な措置を適時に講じなければならない。【Lv. 2】

資料編

〔資料6〕 捜索差押許可状（サンプル）

捜　索　差　押　許　可　状	
被 疑 者 の 氏 名 及 び 年 齢	年　　月　　日生
被疑者に対する●●●●被疑事件について、下記のとおり捜索及び差押えをすることを許可する。	
捜索すべき場所、身体又は物	
差し押さえるべき物	別紙記載のとおり。
有効期間	平成　　年　　月　　日まで
有効期間経過後は、この令状により捜索又は差押えに着手することができない。この場合には、これを当裁判所に返還しなければならない。 有効期間期間内であっても、捜索又は差押えの必要がなくなったときは、直ちにこれを当裁判所に返還しなければならない。	
年　　月　　日 ● ● 地 方 裁 判 所 　　　　裁 判 官　　　　　　　　　　　　㊞	
請求者の官公職氏名	●●地方検察庁　検察官 検事

別紙

差し押さえるべき物

　本件に関係ありと思料される一切の帳簿書類、会計伝票類、元帳類、メモ、社内作成文書、手帳、スケジュール帳、備忘録、往復文書、契約関係書類、稟議関係書類、預金通帳、同証書、有価証券、印鑑等の文書及び物件

資料7

〔資料7〕 押収品目録（サンプル）

					年領　　　号	
押　収　品　目　録					被疑者	
符合	番号	品名	数量	被差押人、差出人又は遺留者の住居、氏名	所有者の住居、氏名	備考

305

事項索引

【アルファベット】

AI　202

D&O 保険　122,209

ESG 経営　167

FCPA　→海外贈収賄防止法

【ア】

アムネスティ・プラス　212

域外適用　200

一事不再理　34,43

えん罪　57

押収品目録　139

大阪地検特捜部による郵便不正事件
　捜査をめぐる不祥事　19

【カ】

カーブアウト　54,173,174

海外贈収賄防止法　220

会計監査　125

会計監査人　127,134

　——の役割　134

外国公務員に対する贈賄罪　3,14,
　26,31,62

下位者　6,9

会社休暇　111,112

外部の専門家の活用　66

課徴金減免制度　→リニエンシー

株主代表訴訟（のリスク）　56,95,
　96,122,123,124,166,187

仮還付　138

火力発電事業会社に係る不正競争防
　止法違反　1,6,14,54,62

軽い求刑　18,23,35

軽い罪による起訴　23,35

カルテル　12,53,55

監査報告　126

監査役　126,128,129,130,131,135

　——の対応　125

官製談合　194

間接強制調査　188

企業の犯罪リスクと合意制度　123

企業犯罪　3

偽証罪　32,33

起訴議決　47

起訴相当議決　47

起訴便宜主義　35

起訴猶予　9,11,35

客観的証拠・資料　7,10,70,71,73

客観的真実　32

求刑　35,38

求刑相場　56

求刑を上回る判決　38

協議における供述　23,24

協議の開始　23

協議の申入れ　11,23

供述調書　41

供述の真偽が不明の場合　85

供述の信用性判断のポイント　83,
　120

強制処分、強制捜査（逮捕・勾留、
　捜索・差押え）　7,70,121,135,
　136,137

強制捜査への対応　135

行政調査　188

共犯者　7

業務監査　125

業務上横領　59

業務命令　69

協力行為　7,22,31

協力行為を怠った場合　34

虚偽供述　50

虚偽供述等処罰罪　34,43,51,111

虚偽供述を防止するための措置　50

虚偽告訴等　41,111

虚偽の陳述　32

虚偽有価証券報告書提出罪　15

勤怠管理　111

口裏合わせ　70,185,186

クラスアクション　232,236

経営判断　97,98,124

刑事処分の減免　4,6,10

減給処分　117

検察官　4,18,23

検察審査会　46

検察の在り方検討会議　20

合意違反　42

合意からの離脱　42

　——からの離脱事由　42

　——からの離脱の効果　43

合意制度と取締役会　100

　——と取締役会決議　103

　——に関する会社の意思決定　91

　——に関する会社の意思決定権限
　　171

　——に関する会社の意思決定のタ
　　イミング　107

　——に関する会社の意思決定のメ
　　カニズム　109

　——に関する社内規程　98

　——の当面の運用に関する検察の
　　考え方　13,196,285

　——の適用事例　14

　——の利用に関し社員から会社に
　　協力が求められた場合　109

　——の利用を怠った場合　94,
　　121,170,194

　——の利用を社員に勧めること
　　98

307

事項索引

──を利用しなかった場合のリス
　ク　123

合意内容　24

合意内容書面　24,44,291

合意内容書面等の取調べ　24,51

合意内容の不履行　45

合意内容の履行　24

合意の失効　46,47

　　──の成立　24

　　──の不成立　39

　　──不成立の場合の協議における
　　供述の取扱い　40

合意離脱書面（合意離脱告知書）
　43,44

公正取引委員会（公取委）　12

厚生労働省モデル就業規則　115

公訴棄却　43

公訴の取消し　35

広報担当部門　148

子会社調査権　126

国際捜査共助　213

告発方針　187

告発問題協議会　189

個人の収監　212

コンプライアンス　69,99,101,220,
　231

【サ】

罪証隠滅工作　104

財政経済関係犯罪　3,18,25,26

裁量型課徴金制度　192,198,215

差止請求権　126

自己負罪型　3,19

事実調査の実施体制　64

　　──の迅速性　67

　　──の必要性、重要性　64

　　──の留意点　68

事実認定　9,53

自浄能力　11

自然人　30,31

指定弁護士　117

私的独占　26

自動車メーカー元代表取締役会長に
　係る金商法違反　1,5,15,30,53,
　61,103,104

自白法則　80

司法制度改革審議会　19

司法妨害罪　143

社員が会社に無断で協議・合意して
　しまうおそれ　68,93

社外監査役　130,164

社外取締役　164

社長が特定犯罪の被疑者となった場
　合　165

社内リニエンシー　11,12,154,155,
　159,161,162
収賄（受託収賄）　60,62
受注調整　27,142
上位者　3,5
上位者が合意制度を利用する意向を
　示している場合　112,114
証言　33
証拠隠滅（隠ぺい）　41,70,71,122,
　136,141,142
証拠隠滅の使用制限　41,45,48
　　──の提出その他の必要な協力
　　33
　　──保全の重要性　70,142
情報管理、保秘の徹底　70,94,102
新時代の刑事司法制度特別部会　20
真実の供述　32
ステークホルダー　5,54,86,150,
　168,173
住友電工カルテル株主代表訴訟
　122,208
セイクレスト事件　133
正式裁判　37
ゼロトレランス　160
善管注意義務（違反）　90,105,107,
　124,128,131,169,207,223,235
専属告発　187
訴因の追加・変更　36

早期対応　9
捜査・公判協力型　1,19,57
捜索押収　41
捜索差押許可状　136
捜査差押え　138,140,141
捜査妨害　136,141
捜査密行の原則　146
贈賄　59,62
組織的犯罪　1,25
訴追裁量　9,10
即決裁判手続　36

【タ】
第三者委員会　64,65,66,129,130,
　144,145,169
　　──型　66
　　──に関するガイドライン　65,
　　293
代表取締役　171
他社の社内情報・動向の把握　193
ダスキン株主代表訴訟　95,96
他人　3,5,18,27
他人の刑事事件　28
他人の刑事事件との関係（関係する
　犯罪の関連性の程度）　29
談合　53
懲戒解雇　116
懲戒処分　100,115,116,118,119

309

事項索引

ディスカバリ　200

適法性監査　→業務監査

デジタル・フォレンジック　186，
　202，203

電子データに関する差押え　137

独占禁止法違反に対する刑事告発及
　び犯則事件の調査に関する公正取
　引委員会の方針　→告発方針

特定犯罪　3，25

　——の例（汚職の罪）　26

　——の例（会社法違反）　26

　——の例（金商法違反）　26

　——の例（公務の作用を妨害する
　　罪）　26

　——の例（財産犯罪）　26

　——の例（租税法違反）　26

　——の例（特定犯罪に関する犯人
　　隠避等）　27

　——の例（独禁法違反）　26

　——の例（入札談合等関与行為防
　　止法違反）　26，194

　——の例（文書偽造の罪）　26

独任制　129

特別休暇　112

取締役会　206，207，210，213

取調べの録音・録画　20

【ナ】

内部告発　11，93

内部調査　7，9，66，116，118，119，
　169

　——型　65，66

　——チームの位置付け、権限　67

　——チームの編成　66

　——への協力義務　116

内部通報（制度）　11，101，154，155，
　156，162

内部通報窓口　163

内部統制　128

二次不祥事　149

日米犯罪人引渡条約　175，230

任意調査　188

任意提出　41，64

年次有給休暇　111

【ハ】

派生証拠　11，41

犯則事件　188

犯則調査　188

犯人蔵匿等　41

ヒアリング対象が社長の場合　164

　——の相手方が言い逃れや否認に
　　終始している場合　80

　——の相手方が録音の許可を求め
　　てきた場合　75

310

事項索引

──の相手方への接し方、質問の
仕方 76,79

──の回数 81

──の記録 74

──の留意点 73

被疑者、被告人 →被疑者等

被疑者等 3,18,23,27

引っ張り込みの危険 7,24,28,49,
57,64,79

引っ張り込みへの対応 48,49

秘匿特権 201,206,207,211,213,
214,215,216,233

人質司法 16

否認・弁解、黙秘 10,11

秘密の暴露 120

秘密録音、隠し録音 74

不起訴（処分） 3,18,23,35

不起訴合意 9,11

不起訴処分の見直し（再起） 34,
46

不起訴相当議決 47

不起訴不当議決 47

複数回にわたる捜索差押え 141

複数対象者の同時ヒアリング 81

複数の被疑者等との合意 29

不正競争防止法違反（虚偽表示）
153

不正の早期発見ツール 12

普通解雇 117

物読み 137

不当な取引制限 2,26,28,182

文書管理規程 233

粉飾決算 27

米国カルテル裁判で日本企業が無罪
となった事例 220

米国司法省（DOJ） 174,175,199

弁護士意見 106

弁護士の紹介 89

弁護人 4,18,23

──の選任 87

──の同意 48

──の必要的関与 50,87

──の役割 48

──費用 88

ベンダー 201

報告請求・業務財産調査権 125

法人 30,31

法人税法違反 26,31

法制審議会 20

法定休暇 111

ボーダーウォッチング 230

【マ】

マスコミ対応 145

マネージメントオーバーライド
128

311

モラルハザード　160

【ヤ】

ヤメ検　87

有罪証拠　18

有事対応マニュアルの整備　136,
143

誘導質問（誘導尋問）　77

【ラ】

ライブドア事件　131

ラポール　76

離脱　34,42

離脱事由　42

リニア談合事件　2,6,143

リニエンシー　19,105,122,186,
188,190,191,192,197,204,205,
208,221,222,223,224

リニエンシー申請　105,186,187

略式手続　36

略式命令　36

量刑　37,38,39

量刑不当による控訴申立て　46

両罰規定　5,31

連邦量刑ガイドライン　37,56,179,
220

論告　35

【ワ】

ワークプロダクト（the work-
product doctrine）　216

著者略歴

山口　幹生（Mikio Yamaguchi）

弁護士　弁護士法人大江橋法律事務所（東京事務所）カウンセル
公認不正検査士

　1989年検事任官。東京地検、横浜地検、福岡地検、広島地検等において財政経済事犯等を中心とした捜査処理に従事。その間、英国LSEへの留学、法務省刑事局、同司法法制部、内閣司法制度改革審議会事務局において国際捜査共助、司法制度の企画立案や、東京地検特捜部において政治家に対する贈収賄・政治資金規正法違反その他の重要知能犯事件の捜査処理を担当。2011年横浜地検特別刑事部長、2012年同地検刑事部長、2013年広島地検次席検事を歴任し、2014年退官、同年大江橋法律事務所（東京事務所）に入所し、現在に至る。

〔取扱分野〕　刑事法、独占禁止法、金融商品取引法、ホワイトカラークライム、コンプライアンス、企業不祥事・危機管理対応。各種企業不祥事に関する第三者委員会委員、役員責任調査委員会委員および同責任追及に係る損害賠償請求訴訟・訴訟代理人等を務め、社外監査役も経験。

　そのほか、企業不祥事等に関する各種セミナー・講演、役員研修の講師もこなす。第一東京弁護士会・民事介入暴力対策委員、同スポーツ法研究部会部会員。

〔主な著作〕　『Q&Aでわかる日本版「司法取引」への企業対応』（共著、同文舘出版、2017年）ほか。

入江　源太（Genta Irie）

弁護士　麻布国際法律事務所代表

　検事任官後、米国留学（UC Davis LLM.）、その後、隼あすか法律事務所パ

ートナー、パイオニア株式会社社内弁護士などを経て現在に至る。

〔取扱分野〕 社内不正調査、独占禁止法（国際カルテルを含む）、コンプライアンス体制構築およびその維持に関する業務（海外子会社を含む）等。米国、シンガポール、英国、ブラジル、中国等との間の国際仲裁案件や国際民事訴訟、刑事訴訟対応等も行っており、国内だけでなく海外の刑事・民事に関する動向も見据えたうえでリスク分析を行う。

〔主な著作〕 『カルテル規制とリニエンシー』（共編、三協法規出版、2014年）、『金融商品と不法行為』（共著、三協法規出版、2012年）、『同族会社相続の法務と税務』（共著、学陽書房、2014年）ほか、これらに関するセミナーも取り扱う。

ゼミナール

企業不正と日本版司法取引への実務対応

——国際カルテルへの対応まで——

2019年6月21日　第1刷発行

定価　本体3,800円＋税

著　　者　　山口幹生　入江源太

発　　行　　株式会社　民事法研究会

印　　刷　　株式会社　太平印刷社

発 行 所　株式会社　民事法研究会

〒150-0013　東京都渋谷区恵比寿3-7-16

〔営業〕　TEL 03(5798)7257　FAX 03(5798)7258

〔編集〕　TEL 03(5798)7277　FAX 03(5798)7278

http://www.minjiho.com/　info@minjiho.com

落丁・乱丁はおとりかえします。　ISBN978-4-86556-298-9　C2032　¥3800E

カバーデザイン：袴田峯男

リスク管理実務マニュアルシリーズ

様々なクレーム・不当要求やトラブル事例に適切に対処するためのノウハウと関連書式を開示！

悪質クレーマー・反社会的勢力対応実務マニュアル
―リスク管理の具体策と関連書式―

藤川　元　編集代表　市民と企業のリスク問題研究会　編（A5判・351頁・定価 本体3800円＋税）

会社役員としての危急時の迅速・的確な対応のあり方、および日頃のリスク管理の手引書！

会社役員のリスク管理実務マニュアル
―平時・危急時の対応策と関連書式―

渡邊　顯・武井洋一・樋口　達　編集代表　成和明哲法律事務所　編（A5判・432頁・定価 本体4600円＋税）

従業員による不祥事が発生したときに企業がとるべき対応等を関連書式と一体にして解説！

従業員の不祥事対応実務マニュアル
―リスク管理の具体策と関連書式―

弁護士　安倍嘉一　著　　　　　　　　　　　　　　　　（A5判・328頁・定価 本体3400円＋税）

社内（社外）通報制度の導入、利用しやすいしくみを構築し、運用できるノウハウを明示！

内部通報・内部告発対応実務マニュアル
―リスク管理体制の構築と人事労務対応策Q＆A―

阿部・井窪・片山法律事務所　石嵜・山中総合法律事務所　編（A5判・255頁・定価 本体2800円＋税）

弁護士・コンサルティング会社関係者による実務に直結した営業秘密の適切な管理手法を解説！

営業秘密管理実務マニュアル
―管理体制の構築と漏えい時対応のすべて―

服部　誠・小林　誠・岡田大輔・泉　修二　著　　　　　（A5判・284頁・定価 本体2800円＋税）

企業のリスク管理を「法務」・「コンプライアンス」双方の視点から複合的に分析・解説！

法務リスク・コンプライアンスリスク管理実務マニュアル
―基礎から緊急対応までの実務と書式―

阿部・井窪・片山法律事務所　編　　　　　　　　　　　（A5判・764頁・定価 本体6400円＋税）

情報漏えいを防止し、「情報」を有効活用するためのノウハウを複合的な視点から詳解！

企業情報管理実務マニュアル
―漏えい・事故リスク対応の実務と書式―

長内　健・片山英二・服部　誠・安倍嘉一　著　　　　　（A5判・442頁・定価 本体4000円＋税）

発行　民事法研究会

〒150-0013 東京都渋谷区恵比寿3-7-16
（営業）TEL 03-5798-7257　FAX 03-5798-7258
http://www.minjiho.com/　　info@minjiho.com

最新実務に役立つ実践的手引書

多重代表訴訟、株主による組織再編等の差止請求等平成26年会社法改正ほか最新の法令・実務に対応！

会社訴訟・仮処分の理論と実務〔増補第3版〕

新谷　勝　著　　　　　　　　　　　　（Ａ5判上製・766頁・定価　本体7400円＋税）

企業活動における戦略的視点から運営・支配、株主管理における株式活用の手法を具体的事例を基に解説！

戦略的株式活用の手法と実践

Ｒ＆Ｇ横浜法律事務所　編　　　　　　（Ａ5判・366頁・定価　本体4000円＋税）

中小企業再生支援協議会スキーム、事業再生ADRなど、主要な私的整理の概要や実務の留意点を簡潔に解説！

私的整理の理論・実務と書式
―法的整理への移行、労務、登記、税務実務まで―

藤原総一郎　監修　山崎良太・稲生隆浩　編　　　（Ａ5判・455頁・定価　本体5300円＋税）

法改正や技術の進歩により新規の労働問題が生じている分野の事例を追録・充実させ大幅な改訂！

Ｑ＆Ａ現代型問題社員対策の手引〔第5版〕
―職場の悩ましい問題への対応指針を明示―

高井・岡芹法律事務所　編　　　　　　（Ａ5判・366頁・定価　本体4000円＋税）

事例ごとの適正な懲戒処分が一目でわかる！　巻末には関連書式・事例別判例一覧を掲載！

懲戒処分の実務必携Ｑ＆Ａ
―トラブルを防ぐ有効・適正な処分指針―

三上安雄・増田陳彦・内田靖人・荒川正嗣・吉永大樹　著　　（Ａ5判・359頁・定価　本体3800円＋税）

構成および内容を抜本的に見直し、仮想通貨に関する記述を新たに（かつ大幅）に追加し、改訂！

バーチャルマネーの法務〔第2版〕
―電子マネー・ポイント・仮想通貨を中心に―

北浜法律事務所　編　編集代表　中森亘・籔内俊輔・谷口明史・堀野桂子（Ａ5判・404頁・定価　本体4300円＋税）

発行　民事法研究会

〒150-0013　東京都渋谷区恵比寿3-7-16
（営業）TEL03-5798-7257　FAX 03-5798-7258
http://www.minjiho.com/　　info@minjiho.com

最新実務に役立つ実践的手引書

改正入国管理法をはじめ「働き方改革」による各種関連法の改正にも完全対応し、大幅改訂！

外国人雇用の実務必携Q＆A〔第2版〕
―基礎知識から相談対応まで―

本間邦弘・坂田早苗・大原慶子・渡 匡・西川豪康・福島継志 著（A5判・331頁・定価 本体3600円＋税）

Vチューバーとの業務委託契約、SNS上の権利侵害やエンタメ業界の労働問題など8設問を新設！

エンターテインメント法務Q＆A〔第2版〕
―権利・契約・トラブル対応・関係法律・海外取引―

エンターテインメント・ロイヤーズ・ネットワーク 編 （A5判・398頁・定価 本体4200円＋税）

契約類型別に裁判例を分類・分析し、「事案の特徴」「判決文」「判決の特徴と意義」の順で懇切・丁寧に解説！

判例 消費者契約法の解説
―契約類型別の論点・争点の検証と実務指針―

升田 純 著 （A5判・373頁・定価 本体4000円＋税）

民法（債権法）・民事執行法・商法等の改正を収録するとともに、船舶執行関連の法改正にも対応させ改訂！

書式 不動産執行の実務〔全訂11版〕
―申立てから配当までの書式と理論―

園部 厚 著 （A5判・689頁・定価 本体6100円＋税）

宗教法人法・墓理法・労働関係法・情報関係法・税法、その他日常業務に関連する書式例132件を収録！

宗教法人実務書式集

宗教法人実務研究会 編 （A5判・345頁・定価 本体4000円＋税）

「保育施設」「介護施設」「スポーツ団体」「事業再編の当事会社」などの類型を追録し改訂増補！

判例にみる損害賠償額算定の実務〔第3版〕

升田 純 著 （A5判・598頁・定価 本体5400円＋税）

発行 民事法研究会

〒150-0013 東京都渋谷区恵比寿3-7-16
（営業）TEL03-5798-7257 FAX 03-5798-7258
http://www.minjiho.com/ info@minjiho.com